'맥신 그린(Maxine Greene)의 예술 교육 철학'과 심미적 체험 기반 문학 수업 연구

'맥신 그린(Maxine Greene)의 예술 교육 철학'과 심미적 체험 기반 문학 수업 연구

초판 1쇄 발행 2025년 3월 3일

지은이 이안정
펴낸이 장길수
펴낸곳 지식과감성⁺
출판등록 제2012-000081호

교정 한장희
디자인 오정은
편집 오정은
검수 김지원, 이현
마케팅 김윤길

주소 서울시 금천구 벚꽃로298 대륭포스트타워6차 1212호
전화 070-4651-3730~4
팩스 070-4325-7006
이메일 ksbookup@naver.com
홈페이지 www.knsbookup.com

ISBN 979-11-392-2443-6(93370)
값 23,000원

• 이 책의 판권은 지은이에게 있습니다.
• 이 책 내용의 전부 또는 일부를 재사용하려면 반드시 지은이의 서면 동의를 받아야 합니다.
• 잘못된 책은 구입하신 곳에서 바꾸어 드립니다.

지식과감성⁺
홈페이지 바로가기

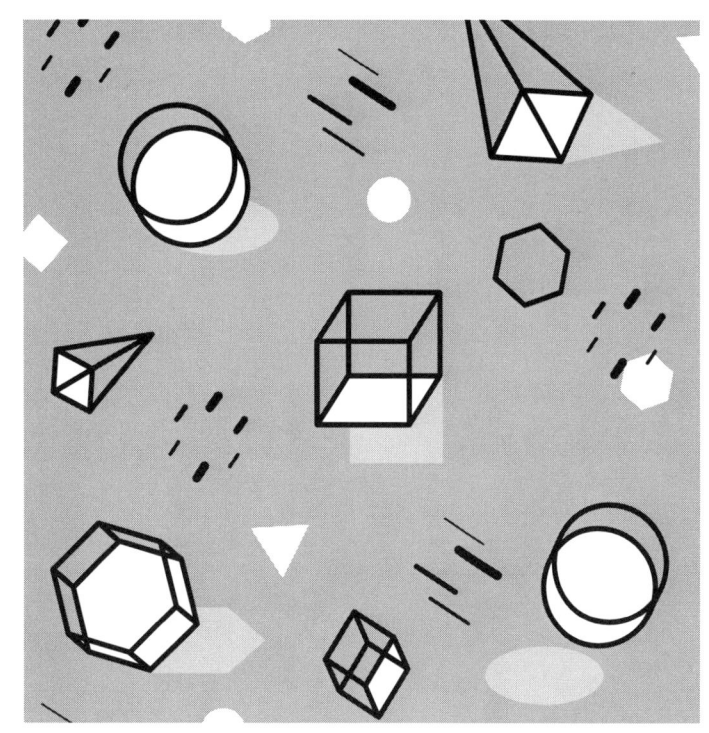

'맥신 그린(Maxine Greene)의 예술 교육 철학'과 심미적 체험 기반 문학 수업 연구

이안정

심미적 체험 기반 문학 수업의 효과성 연구
- '맥신 그린(Maxine Greene)의 예술 교육 철학'이
창의적 사고 및 공동체 역량에 미치는 영향을 중심으로

| 머리말 |

문학 수업은 단순히 텍스트를 읽고 분석하는 과정을 넘어, 학생들이 자신과 세상을 새롭게 이해하고, 타인과 관계를 맺으며, 미래를 상상하는 중요한 배움의 장입니다. 국어교사로서 저는 교실에서 이루어지는 매 순간의 문학 수업이 학생들에게 단순한 지식을 전달하는 것을 넘어, 그들의 내면에 감동을 일으키고 사고의 지평을 넓히는 강력한 경험이 될 수 있음을 목격하곤 합니다. 특히, 심미적 체험은 문학교육의 핵심적인 가치로, 학생들이 문학 속에서 발견한 아름다움과 가치를 자신의 삶 속에서 재구성하고 확장할 수 있도록 돕는 역할을 합니다. 본 연구는 이러한 심미적 체험을 중심에 둔 문학교육의 방향을 탐구하며, 맥신 그린(Maxine Greene)의 예술 교육 철학을 바탕으로 그 효과와 가능성을 분석하고자 합니다. 맥신 그린은 예술이 인간에게 새로운 시각과 사고방식을 제공하며, 이를 통해 삶과 세상에 대한 더 깊은 이해를 가능하게 한다고 강조했습니다. 그녀의 철학은 학생들이 예술과 문학을 통해 스스로 '깨어 있음(wide-awakeness)'과 '변화(praxis)'를 경험하도록 돕는 데 초점이 맞추어져 있습니다. 2022 개정 국어과 교육과정은 학생들의 심미적 감수성과 전인적 성장을 중요한 목표로 삼고 있습니다. 본 연구는 이러한 교육적 목표에 부응하여, 문학 수업이 학생들에게 창의적 사고와 공동체 의식을 함양하고, 나아가 삶과 세상을 새롭게 바라보는 통찰을 제공할 수 있는 길을 모색하고자 했습니다. 연구 결과는 심미적 체험 기반 문학 수업이 학생들의 창의적 사고 능력과 공동체 역량을 강화하는 데 실질적으로 기여할 수 있음을 입증하며, 문학교육이 단순한 텍스트 해석을 넘어, 삶과 연결된 교육으로 자리매김해야 함을 시사합니다.

교사로서 저는 현장에서 문학 수업을 통해 학생들과 함께 배우고 성장해 왔습니다. 문학 작품은 학생들에게 감동을 주고, 질문을 던지며, 그들의 삶에 새로운 가능성을 열어줍니다. 심미적 체험 중심의 수업은 학생들이 문학을 단순히 이해하는 것을 넘어, 작품에서 발견한 가치를 자신의 삶 속에서 실천하고, 타인과 협력하며, 더 나은 사회를 꿈꿀 수 있도록 돕습니다. 특히, 본 연구에서 제안하는 '가치 전이하기' 단계는 심미적 체험이 학습자의 삶과 공동체 속에서 구체적인 행동으로 이어지도록 설계되었습니다.

이 책은 문학을 통해 학생들에게 창의적이고 협력적인 사고를 가르치고, 공동체적 연대와 사회적 책임감을 키우기 위한 실천적 방안을 담고 있습니다. 교사와 학생이 함께 문학의 세계를 탐구하며 배우고 성장하는 과정은 교실을 넘어 교육의 본질을 다시 생각하게 합니다.

이 자리를 빌려, 각자의 교실에서 학생들과 깊은 교감을 나누며 묵묵히 헌신하고 계신 모든 국어교사 선생님들께 깊은 감사의 마음을 전합니다. 학생들의 잠재력을 발견하고 이를 실현할 수 있도록 끊임없이 고민하고 노력하는 선생님들의 열정과 노력은 이 연구가 탄생할 수 있었던 가장 큰 원동력이었습니다. 아울러, 문학교육과 심미적 체험, 창의적 사고, 공동체 역량 등에 대한 풍부한 이론적 논의와 연구를 통해 이 책이 만들어질 수 있도록 영감을 주신 여러 연구자분들께도 진심 어린 감사를 드립니다. 심미적 교육과 예술 철학, 그리고 문학교육의 방향성을 제시해 주신 선행 연구들은 본 연구가 더 깊고 넓은 시야를 가질 수 있도록 도와주었습니다. 특히, 학문적 토대를 마련하고 교육의 실천적 방향성을 고민해 온 연구자들의 노력은 현장에서 교사들이 더욱 창의적이고 효과적인 수업을 설계할 수 있는 든든한 기반이 되었습니다.

이 책이 국어교육의 현장에서 문학 수업의 가능성을 확장하고, 교사와 학생 모두에게 새로운 영감을 제공하는 길잡이가 되기를 바랍니다. 더불어, 교실에서의 실천과 연구가 상호 보완하며 성장할 수 있도록 이 책이 작은 다리가 되기를 희망합니다.

2025년 3월
저자

목차

머리말　　6

1부
심미적 체험 기반 문학 수업: 왜 지금 주목해야 하는가　13

1. 심미적 체험 기반 문학 수업 연구의 의의와 필요성 …………………… 14
2. 심미적 체험과 문학 체험의 관계 ………………………………………… 20
  가. 문학의 심미성 / 20
  나. 심미적 문학 체험의 개념과 범주 / 24
  다. 심미적 체험에 기반한 문학교육의 지향 / 31

2부
심미적 문학 체험을 위한 교육적 접근과 이론적 배경   35

1. 맥신 그린의 교육철학과 심미적 체험 문학교육 ················· 36
    가. 맥신 그린의 생애와 철학적 배경 / 36

    나. 맥신 그린의 교육철학 및 방법: LCE 예술 교육 / 37

    다. 맥신 그린의 교육철학에 기반한 심미적 체험 문학교육의 지향점 / 65

2. 심미적 체험과 창의적 사고 및 공동체 역량 ···················· 68
    가. 심미적 체험과 창의적 사고 역량 / 68

    나. 심미적 체험과 공동체 역량 / 72

    다. 맥신 그린의 심미적 체험과 창의적 사고 및 공동체 역량 / 76

3. 심미적 체험 문학 교수·학습 모형 ···························· 79
    가. 문학 체험을 위한 교수·학습 모형의 이론적 검토 / 79

    나. 심미적 체험을 위한 교수·학습 모델 구축 / 83

3부
심미적 체험 기반의 문학 수업 설계와 수행 — 97

1. 심미적 체험 기반 문학 수업의 모형 …………………… 98
가. LCE 미적 체험과 문학교육의 접점 및 수업 모형 개발 방향 / 98
나. 수업 목표 설정과 제재 선정 / 102
다. 수업 모형 구안 / 113

2. 심미적 체험 기반 문학 수업의 실제 …………………… 120
가. 수업 실행의 전제 조건 / 120
나. 심미적 체험 기반 문학 수업의 구현 / 124

4부
심미적 체험 기반 문학 수업의 효과성 분석 — 133

1. 연구 방법과 절차 …………………………………………… 134
가. 연구 대상 / 134
나. 연구 설계 / 135

2. 검사 도구와 분석 방법 …………………………………… 138
가. 창의적 사고 역량 검사 / 138
나. 공동체 역량 검사 / 141
다. 자료수집 및 분석 / 142

3. 연구 결과 및 분석 ··· 144
　　가. 실험 집단과 통제 집단의 동질성 검증 / 144
　　나. 독립표본 t-검정, 공분산분석(ANCOVA)을 통한 심미적 체험 기반 문학 수업의
　　　　효과성 분석 / 147
　　다. 심미적 체험 기반 문학 수업의 결과 분석 / 150
　　라. 심미적 체험 기반 문학 수업의 현상학적 분석 / 154

5부 심미적 체험 기반 문학교육의 실천적 함의　　179

참고 문헌　　188

1부

심미적 체험 기반 문학 수업
: 왜 지금 주목해야 하는가

1.
심미적 체험 기반 문학 수업 연구의 의의와 필요성

본 연구는 맥신 그린의 예술 교육 철학을 바탕으로 심미적 체험 기반 문학교육 방안을 제안하고, 이를 통해 중학생의 창의적 사고와 공동체 역량을 증진시키는 것을 목적으로 한다. 특히, '가치 전이하기' 단계는 학습자가 심미적 체험을 통해 내면화한 경험을 자신의 삶의 맥락으로 확장하고, 공동체 내에서의 상호작용과 협력을 실천하도록 돕는 핵심 과정으로 설계되었다. 이를 통해 학습자는 문학 작품에서 체득한 가치를 행동으로 전환하며 타인과의 협력과 사회적 책임감을 함양하게 된다. 본 연구는 심미적 체험이 창의적 사고와 공동체 역량을 촉진하는 효과적인 교육적 접근임을 실증적으로 검증하고, 문학교육의 심미적 가치를 극대화할 수 있는 실천 방안을 모색하고자 한다.

문학은 오랜 시간 동안 인간의 정신적 삶을 형성하고 가꾸는 데 중요한 역할을 해왔다. 문학은 인간의 성장 과정에서 지적·정의적 발달을 지원하며, 세계를 인식하고 정신을 발전시켜 삶의 주체로 서는 데 필요한 기반을 제공한다. 즉, 문학은 우리가 마주하는 삶 속에서 가치 있는 경험의 총체로 이해될 수 있다. 이러한 관점에서 학습자가 주체적으로 문학을 향유할 수 있도록 돕는 것이 문학교육의 궁극적인 목표라고 할 수 있다. '문학은 언어 예술'로서 삶 속에 존재하며, 그 예술성은 '미(美)'라는 개념으로 집약된다(김대행 외, 2000: 189). 아름다움을 추구하는 것은 인간의 본능적 욕망이자 능력으로 간주될 수 있으며, 이러한 아름다움은 인간성 회복의 문제와 밀접하게 연결되어 있다. 나아가 문학교육의 목표는 문학 능력을 향상시킴으로써 인간다움을 성취하고, 이를 통해 심미적 인간을 형성하는 데 있다(김대행 외, 2000: 5). 이러한 심미적 경험을 통해 발현되는 인간다움의 본질은 궁극적으로 자유를 추구하는 데 있다.

미학적 경험에 따르면, 낯설고 강한 힘에 복종하지 않는 실천적 자유, 그런 실천적 자유로부터의 자유가 존재한다. 그런 자유는 고유한 힘들을 또 다른 방식으로 펼쳐내는 해방이기 때문이다. 미학의 마지막 말은 인간적인 자유이다(C. Menke-Eggers, 2013: 168).

미학적 경험은 낯설고 강력한 외부의 힘에 순응하지 않으려는 실천적 자유를 강조하며, 이러한 자유는 저항의 차원을 넘어선 해방의 경험으로 이어진다. 이는 고유한 힘들을 새로운 방식으로 발현하고 확장하는 과정에서 나타나는 자유로, 궁극적으로 인간의 본질적 자유를 지향한다. 메넥(Menke-Eggers, 2013: 168)은 미학의 최종적인 결론이 바로 이러한 인간적인 자유에 있다고 주장한다. 따라서 미학적 경험은 단순히 미(美)를 감상하거나 예술적 가치를 이해하는 데 그치지 않고, 주체가 자유롭게 자신을 표현하고 세계와 관계를 맺는 해방적 실천을 가능하게 하는 핵심적 통로로 작용한다. 이는 문학과 같은 예술 영역에서 특히 중요한 의미를 지니며, 문학교육의 철학적 기반으로 작용할 수 있다.

문학교육에서 심미성은 문학을 예술 작품으로서의 가치를 이해하고 학습자가 이를 통해 삶의 의미를 재구성하는 데 필수적인 요소로 강조된다. 이는 문학의 형식과 구조를 다루는 교육적 논의에서 미적 역할로서의 심미성이 문학을 예술로 규정하는 기본 조건에 기반하고 있음을 시사한다.

특히, 최근 문학교육에서 '심미' 개념에 대한 관심이 본격적으로 대두된 이유는 문학 수업에서 학습자의 주체성을 강화하려는 새로운 교육적 흐름과 깊이 연계되어 있다. 2022 개정 국어과 교육과정은 미래 사회가 요구하는 핵심 역량을 함양하는 것을 목표로 삼고, 학습자의 전인적 성장을 지원하는 방향으로 설계되었다. 이 과정에서 '심미적 감성 역량'은 주요 핵심 역량 중 하나로 강조되며, 국어과 교육과정에서도 이를 반영하여 학습자의 심미적 감수성을 함양하는 데 중점을 두고 있다. 이는 학습자가 문학을 통해 심미적 경험을 쌓고, 이를 바탕으로 자신의 삶과 세계를 재구성하며 전인적 성장을 이루도록 하는 것을 교육적 목표로 삼고 있음을 보여준다.

심미성을 중심으로 한 문학교육, 즉 심미적 문학교육을 지향하는 연구들은 교육의 현상과 목표에 따라 심미성 개념을 다양하게 정의하고 활용하고 있다. 이에 따라, 문학교육에서 심미성이 어떠한 맥락에서 중요한 의미를 가지는지와 그 이론적 기반을 면밀히 고찰하는 작업은 필수적이다. 이러한 고찰은 문학교육에서 심미성이 가지는 위상을 성찰하는 동시에, 나아가 심미적 체험 교육의 개념을 정립하기 위한 중요한 선행 과제로 간주된다.

　심미성을 중점적으로 다루는 문학교육 연구들에서 '심미'라는 개념은 주로 수식적 기능을 하는 '심미적'이라는 용어의 형태로 나타나며, 문학교육에서 독자의 위상을 강조하고 학습자의 체험이나 주관적 반응을 중시하는 관점에서 활용되어 왔다. 이러한 관점은 듀이(Dewey, 1934)의 프라그마티즘 미학, 특히 일상적 경험으로서의 예술을 강조하는 그의 사상에서 출발한 것으로 볼 수 있다. 듀이의 '일상의 미학'이라는 관점은 이후 아이즈너(Eisner, 1994)의 예술적 교육과 그린(Greene, 1977, 2001)의 심미적 교육 논의를 통해 교육적으로 구체화되었다. 이러한 이론적 흐름은 국어교육을 포함한 다양한 교과 교육에서 학습자의 심미적 체험과 창의적 사고를 촉진하는 중요한 교육적 방향으로 자리 잡기 시작하였다. 그러나 문학교육에서 심미성은 그 중요성과 개념적 깊이에 비해 논의가 다소 분산적으로 이루어져 온 경향이 있다. 이는 심미성이 내포하는 현상의 복합성과 연구마다 지향하는 바가 상이하기 때문이며, 이로 인해 이론적 층위에서 일관된 흐름을 형성하지 못한 점이 주요 원인으로 지적된다. 그럼에도 불구하고, 최근 문학교육의 예술적 측면에 대한 관심이 높아지고 심미성의 교육적 중요성이 부각되면서 이를 중심으로 한 본격적인 논의가 활발히 이루어지고 있다. 김현주(2018)는 문학과 예술의 관계를 재정립하며 고전문학교육에 예술 교육적 접근을 도입할 필요성을 제안하였다. 또한, 김성진(2020)은 문화예술교육의 중요성과 예술의 의미 변화 속에서 문학교육이 제 역할을 충분히 수행하지 못하고 있음을 지적하며, 이를 예술 교육의 관점에서 재조명해야 한다고 주장하였다. 이러한 논의는 심미적 교육과 예술 교육이 전 세계적으로 중요한 흐름으로 자리 잡고 있음을 보여주며 변화하는 문화와 예술의 관계 및 예술과 문학 개념의 재정의에 기반을 두고 있음을 시사한다. 그러나 심미적 인간의 형성을 지향하기 위한 심미성이 실제적인 교육 현장에서 어떻게 구현되는지에 대해서는 여전히 모호한 답변에 머무르고 있다. 이는 오랫동안 문학교육이 예술 교육이 아닌 국어교육의 범주로 여겨져 왔던 관점과 밀접하게 관련되어 있다. 이러한 배경 속에서 문학교육이 인지적 차원에 편중되어 있다는 문제의식이 제기되었으며, 학습자의 주관적 체험의 발생과 심화가 단순히 방법적 차원이 아니라 문학교육의 근본적인 목표로 자리 잡아야 한다는 입장이 2010년대 이후의 연구들을 중심으로 전개되었다. 이에 대해 이지훈(2014)은 문학교육에서 인지적 요소와 정의적 요소 간의 불균형을 비판하며, 이를 해결하기 위해 현대시 교육에 미적 경험 개념을 도입할 것을 주장하였다. 또한, 조현일(2013a, 2013b)은 문학교육에 미학 이론을 본격적으로 도입하여 문학 고유의 즐거움을 느끼는 미적 향유를 문학교육의 핵심 목표로 설정하였다. 두 연구는 문학교육에서 미적 경험과 미적 향유의 중요성을 강조하며 새로운 관점을 제시했으나, 이론적 접근에 치중되어 있어 실제 교육 현장에서의 구체적인 실행 방안이나 적용 사례가 부족하다는 한계를 보인다. 또한, 정의적 요소의 중요성을 언급하기는 했으나, 이 요소가 어떤 방식으로 문학교육에 통합되어야 하는지에 대한 심도 있는 논의는 부족하다.

문학의 모든 요소가 심미성과 연관된다는 관점을 취할 경우, 심미성은 문학의 다른 속성과 관계를 설정하는 데 어려움을 겪게 된다. 이러한 상황은 아름다움이 교육적으로 어떻게 이해되고 가르쳐져야 하는지에 대한 구체적인 해결책을 제시하기 어렵게 만든다. 결과적으로, 이러한 중요성과 실현 간의 괴리는 실제 교육 현장에서 문학의 아름다움에 대한 교수·학습이 제대로 이루어지지 못하는 문제를 초래한다. 이 문제는 이론과 현실 간의 간극에서 비롯된 것으로 볼 수 있다. 문학교육의 목표와 이상은 미적 향유와 같은 심층적인 경험을 강조하지만, 실제 교육 현장에서는 이러한 목표가 체계적으로 구현되지 못하거나, 인지적 이해에 치중하면서 정의적·미적 경험이 소홀히 다뤄지는 경우가 많다. 따라서, 이 간극을 좁히기 위해서는 이론적으로 정교화된 미학적 관점을 교육 현장에 효과적으로 적용할 수 있는 구체적인 방안이 필요하다.

인간의 감성적 영역과 관련된 능력을 계발하기 위해서는 교육에서 감성적 영역이 지니는 고유한 체계를 충분히 참조할 필요가 있다. 미학은 예술에 대한 사유가 이루어지는 관념을 분석하며, 이를 통해 예술과 삶의 연계성을 성찰하고 예술에 대한 사유 방식을 탐구한다. 이러한 관점은 예술이 단순히 미적 경험을 넘어 삶의 본질적인 요소들과 깊이 연결되어 있음을 인식하게 한다(Michael J. Parsons & H. Gene Blocker, 김광명 역, 1998: 23-25). 학습자의 심미적 체험을 중시하는 연구 경향은 문학교육에 예술로서의 문학이라는 관점을 도입하며 학습자들에게 보다 풍부하고 질적인 경험을 제공할 수 있는 기반을 마련했다는 점에서 중요한 의의를 지닌다. 그러나 이러한 논의의 상당수는 이론적 방향성을 제시하는 데 머물고 있으며, 이를 실제 교육 현장에서 구현할 수 있는 구체적이고 실천적인 방안이 부족하다는 한계를 안고 있다.

문학 체험은 독자의 개인적 특수성과 맥락에 따라 상호작용의 양상이 달라지는 복합적이고 역동적인 과정으로, 이를 표준화된 교수·학습 모형으로 정형화하는 것은 어려운 과제로 인식된다. 이러한 상황에서 문학교육은 문학 체험의 다양성과 특수성을 반영한 유연한 접근이 필요하다. 진선희(2006)는 문학 체험의 심리적 특성을 심층적으로 분석하여 학습자 중심의 문학교육 설계에 필요한 이론적 기반을 제시하였다. 이 연구는 독자의 시적 체험과 창작자의 심리적 경험을 탐구하고, 이를 교육적 시사점과 연결하는 방향성을 제안함으로써 문학교육의 설계와 실천에 중요한 기여를 한다. 그러나 문학 체험의 주관성과 맥락 의존성으로 인해, 체험의 보편적 특성을 정의하거나 이를 기반으로 한 교육 모델을 설계하는 데에는 여전히 한계가 존재한다.

또한, 교육 현장에서 활용 가능한 구체적이고 체계적인 교수·학습 모형의 부재는 실천적 어려움을 초래하고 있다. 따라서 문학 체험의 특성과 심미적 체험을 반영한 실질적이고 체계적인 교수·학습 전략의 개발은 향후 지속적으로 논의되어야 할 중요한 과제이다. 교육 현장에서의 문학 수업은 다양한 맥락적 요소가 역동적으로 작용하기 때문에 모든 상황에 적용 가능한 일종의 만능 이론은 존재할 수 없다. 그러나 표준화의 어려움을 이유로 실제 교육 현장에서 나타나는 문제들을 연구 범주에서 배제한다면, 실천적인 연구 담론의 발전은 불가능하다. 그러므로 문학교육 연구는 현장의 구체적인 문제를 포착하고 이를 반영하여 실천적이고 유의미한 방향으로 나아가야 한다.

더불어, 2022 개정 교육과정은 미래 사회에서 요구되는 인재의 특성으로 '포용성과 창의성을 갖춘 주도적인 사람으로의 성장'을 강조하고 있다. 이는 변화하는 학습자를 위한 교육이 실질적이고 맥락적인 지식을 형성하며, 학습자의 개인적인 삶과 연계하여 실천할 수 있도록 하는 포용성과 창의성을 필수적으로 갖추어야 함을 시사한다. 즉, 앞으로의 교육은 학생들이 복잡한 문제를 창의적으로 해결하고, 다양한 사회적 맥락에서 타인과 협력할 수 있는 역량을 함양하는 데까지 확대되고 있다. 이러한 변화는 특히 창의적 사고와 공동체 역량이 필수적인 시대적 요구로 부상하면서 더욱 중요하게 강조되고 있다.

맥신 그린의 예술 교육 철학은 이러한 시대적 요구에 부합하는 교육적 접근을 제시한다. 맥신 그린은 예술을 통해 학습자가 깊이 있는 심미적 체험을 경험함으로써 자신과 세계를 새롭게 인식하고 창의적 사고를 촉진할 수 있는 가능성을 강조했다. 그녀의 철학은 예술이 인간에게 새로운 사고방식을 제시하고, 공감을 통해 타인과의 관계를 재구성할 수 있는 능력을 부여한다는 점에서 독창적이다. 이러한 접근은 학습자가 예술을 통해 정서적 만족을 얻는 것을 넘어, 삶의 문제를 창의적으로 탐구하고, 타인과 협력하며, 사회적 연대를 형성하는 데 기여할 수 있는 교육적 잠재력을 제공한다.

국내 연구에서는 심미적 교육과 관련하여 예술 분야를 중심으로 학생들을 대상으로 한 연구가 다수 진행되었으나, 문학예술 분야에서 이루어진 연구는 여전히 드문 상황이다. 다만, 맥신 그린의 예술 교육 철학과 심미적 교육에 관한 연구는 비교적 활발히 이루어져 왔다. 그러나 이들 연구는 대체로 심미적 경험이 교사와 학생의 창의적 역량에 미치는 영향을 이론적으로 논의하는 데 초점이 맞춰져 있으며, 이를 실증적으로 뒷받침하는 연구는 부족하다는 한계를 지닌다. 특히, 실제 교육 환경에서 심미적 경험과 융합적 사고가 학생들의 창의적 사고에 어떤 영향을 미치는지에 대한 구체적인 자료와 사례 연구가 미흡한 실정이다. 따라서, 앞으로의 과제는 실증적 연구를 통해 심미적 교육의 효과를 검증하고, 이를 기반으로 현장에서 실천 가능한 교육 모델을 제시하는 것이 중요하다. 이에 본 연구는 맥신 그린의 예술교육 철학을 바탕으로 한 심미적 체험 기반 문학교육 방안을 제안하고자 한다. 이를 위해 맥신 그린의 예술교육 철학, LCE의 예술교육, 그리고 문학교육을 분석하여 도출한 수업 원리를 근간으로 문학 수업에서 효과적으로 적용할 수 있는 설계 방안을 제시하고자 한다. 이 설계는 학습자들이 수업을 통해 '널리 깨어 있음'과 '변화'의 개념을 실천할 수 있도록 지원하며, 문학 작품을 매개로 자기 성찰과 개인적·사회적 성장을 경험할 수 있는 환경을 조성하는 것을 목표로 한다. 나아가, 이러한 심미적 체험 기반 문학 수업이 중학생의 창의적 사고와 공동체 역량에 미치는 긍정적 영향을 검증하고, 문학 수업이 창의력과 협력적 사고를 증진하는 데 기여할 수 있는지를 확인하여 그 효과성을 입증하고자 한다.

궁극적으로, 본 연구는 문학교육에서 심미적 체험의 가치를 극대화하여 학생들의 창의적 사고와 공동체 의식을 함양할 수 있는 교육적 실천 방안을 모색하는 데 있다. 이는 문학예술 교육의 심미적 접근이 교육 현장에서 창의성과 융합적 사고를 촉진하는 구체적인 방안을 제시함으로써, 문학교육의 새로운 가능성을 모색할 수 있는 기반을 제공할 것이다. 나아가, 본 연구 결과는 문학 수업에서 어려움을 겪는 학생들에게 동기 유발뿐만 아니라, 창의적 사고 및 공동체 역량을 향상시키는 긍정적인 대안이 될 것으로 기대된다. 앞선 논의를 바탕으로 본 연구에서 설정한 구체적인 연구 문제는 다음과 같다.

연구 문제1. 심미적 체험 기반 문학 수업이 기존 문학 수업 방법과 비교하여 어떤 변별적 효과를 나타내는가?
연구 문제2. 심미적 체험 기반 문학 수업은 중학생의 창의적 사고 역량에 어떠한 영향을 미치는가?
연구 문제3. 심미적 체험 기반 문학 수업은 중학생의 공동체 역량에 어떠한 영향을 미치는가?

2.
심미적 체험과
문학 체험의 관계

가. 문학의 심미성

   문학은 '인간의 삶'을 소재로 하여 '가치 있는 삶'을 이야기한다는 점에서 다른 교과와 구별된다. 이러한 문학교육의 특수성은 문학교육의 궁극적인 목표를 "개인의 정신적 성장을 통해 가치관을 수립하고 습관화하며, 주체적 판단력을 인격화하여 개성 있는 주체성을 확립한 인간을 형성하는 것"으로 삼고 있다(김대행 외, 2000: 44-67). 따라서 문학교육은 학습자가 문학 텍스트를 통해 다양한 삶의 가치를 경험하고, 그 가치를 주체적으로 판단하고 수용하여 내면화할 수 있는 과정과 방법을 제공해야 한다. 그러나 지금까지 문학교육 현장에서는 문학 텍스트를 통해 '삶의 가치'를 논의하는 과정이 배제되어 왔다(정기철, 2001: 30). 현재 문학교육은 우리 사회 교육의 현실적 문제를 개선하고, 교육의 본래 목적을 조화롭게 아우를 수 있는 방안을 모색하는 것이 시급하다. 이러한 방안은 교육과 문학의 본질을 다시 검토하는 과정에서 가능할 것이다.

   예술의 창작과 수용은 인간의 미적 욕구에서 비롯된 활동으로 인간은 예술을 창작하고 향유하며 미적 가치를 추구한다. 이로 인해 생겨나는 심미성은 예술의 본질적 특성 중 하나로 자리 잡는다. 문학 또한 예술의 한 장르로서 미적 가치를 추구한다. 따라서 문학이 지니는 미적 가치가 무엇인지, 그리고 이를 통해 학습자에게 교육하고자 하는 문학의 심미적 특성이 무엇인지 검토하는 일은 문학교육에서 반드시 다루어야 할 본질적 과제이다.

   박인기 외(2005: 78-79)는 문학 수용에 필요한 사고력으로 심미적 사고력, 관계적 사고력,

통합적 사고력, 비판적 사고력을 제시하며 문학 텍스트의 수용 과정이 관계적 사고력, 통합적 사고력, 비평적 사고력의 단계를 거쳐 이루어진다고 보았다. 이때 심미적 사고력은 각 단계에서 전반적으로 영향을 미친다고 분석하였다.

문학교육을 통해 학습자의 어떤 능력을 신장시킬 것인지에 대해 고민할 필요가 있다. 문학교육의 목표는 '학습자의 문학 능력을 향상시켜 문학적 가치를 내면화하는 것'이다. 문학의 심미성이 텍스트와 독자의 상호작용 속에서 발현된다면 문학교육이 추구하는 문학 능력은 곧 문학의 심미적 요소를 인식하고 수용할 수 있는 능력이라 할 수 있다. 즉, 심미성은 문학의 본질적 특성으로 문학 텍스트의 심미적 요소를 올바르게 이해하고 이를 제대로 수용할 수 있는 능력은 문학적 역량과 깊이 관련된다.

국어교육을 언어교육과 문학교육으로 구분할 때 문학교육에서 다루는 텍스트는 '언어 예술'이라는 점에서 국어교육의 다른 영역과 구별되는 가장 큰 특징을 지닌다. 그러나 문학교육적 차원에서 '아름다움'과 이를 탐색하는 '심미성'의 의미에 대해 명확한 합의는 아직 이루어지지 않았다. 심미성이 문학의 핵심을 이룬다는 전제 아래 각 교육 및 연구에서 지향하는 학습자상과 교육 목표에 따라 심미성 개념은 다양한 기반 위에서 서로 다른 의미로 사용되고 있는 양상을 보인다. 심미성을 중심으로 한 문학교육 연구, 즉 심미적 문학교육을 표방하는 연구들은 현상과 교육 목표에 따라 심미성 개념을 각기 다르게 규정하며 사용한다. 따라서 문학교육에서 심미성 개념이 어떤 맥락에서 중요하게 다루어지는지와 그 이론적 토대를 고찰하는 작업은 문학교육에서 심미성의 위상을 성찰하고 심미적 체험 교육의 개념을 규정하기에 앞서 반드시 이루어져야 할 중요한 선행 과제이다.

우선 심미성은 느낌, 감정, 감동, 향유 등과 같은 정의적 개념과 밀접하게 관련되며 무학교육에서 학습자의 주관적이고 다양한 반응과 감상을 중시하는 관점으로 나타난다. 이러한 논의들은 학습자의 주체적 문학 활동을 지향하며 이를 위한 교육 목표를 설정하는 데 중점을 둔다. 이 관점은 기존 문학교육의 인지적이고 분석적인 접근 방식에 대한 비판적 문제의식에서 출발한다는 공통점을 지닌다(염창권, 2008; 고정희, 2019). 특히, 기존 문학교육이 학습자들의 주체적 참여를 충분히 이끌어내지 못하고 교실 담론에서 학습자가 소외되는 현상을 비판하며 이를 대안으로 심미성의 중요성을 강조한다. 이와 같은 논의의 연장선상에서 문학을 언어적 차원보다는 예술적 차원으로 규정하고 심미적 교육(aesthetic education)의 관점과 방법론을 적극적으로 도입하는 연구가 주목된다(최수진, 2015; 문선영, 2019; 김성진, 2020). 반면에 문학을 언어적 구조물로 보고, 이를 감상하는 과정에서 나타나는 심미적 특성을 논의하는 연구도 있다. 이러한 연구들은 문학을 예술의 한 장르로서 사회적 관습과 미적 효과를 위한 형식을 갖춘 작품으로 간주하며 문학의 형식적 특성을 심미적 감상의 핵심 요소로 정의한다(임환모, 2013; 윤호경, 2018, 2020).

이상의 논의를 유형화하여 살펴보면 문학교육에서 심미성 개념은 학습자의 체험, 감성, 정서 등 주관적 반응 등을 중요시하는 지향점과 문학의 예술적 특수성을 교차하는 차원에서 논의되고 있음을 알 수 있다. 심미성을 중심으로 한 연구들은 문학 읽기에서 학습자의 고유한 반응과 창의적 체험을 중시하며, 이를 통해 학습자가 일상에서 문학을 즐기는 주체적 존재로 성장할 수 있도록 돕는 교육 목표를 지향한다. 이는 문학교육이 학습자를 중시하는 관점과 예술적 특수성을 통합적으로 고려해야 함을 시사한다. 하지만 심미성 개념은 다양한 연구에서 일관되게 정의되지 않으며 인접 개념들과의 관계가 불분명한 경우가 많다. 심미성을 중심으로 한 논의는 때로 산발적이고 부분적으로만 다루어지며 일부 연구에서는 심미성 개념을 사용하지 않더라도 논리 전개에 큰 차이가 없다는 점에서 개념적 한계가 드러난다. 이는 심미성 개념이 문학교육에서 분명한 역할을 지니고 있음에도 불구하고, 그 구성 요소, 실체, 적용 차원에 대한 논의가 충분히 구체화되지 않았음을 보여준다. '심미성'이라는 용어가 '아름다움을 살펴 찾는 것'을 의미한다는 점에서 문학교육의 심미적 체험에 대한 논의는 심미적 체험의 행위와 구현 과정에 초점을 맞추는 경향이 있다. 그러나 문학 심미적 체험의 핵심은 '아름다움'이라는 개념과 '현상'에 대한 탐구가 중심에 놓여야 한다. 인간이 아름다움을 추구하고 표현하려는 본성에 대한 탐구는 문학교육의 중요한 내용으로 포함되어야 하며 이를 통해 학습자들이 인간의 미적 본성을 성찰할 기회를 가질 필요가 있다(고정희, 2019).

심미성이 아름다움과 연결되는 경험적 차원의 조건과 내용으로 정의된다면, 박이문(2016: 524-526)은 예술 영역에서 가장 중요한 문제를 어떤 대상을 예술 작품으로 판단하기 위한 필요조건과 충분조건을 설정하고 그 원칙을 마련하는 데 있다고 본다(Stecker, 2003). 이러한 맥락에서 문학 감상에 있어 '미'가 어디에 있는지 그리고 심미적 체험이 학습자에게 어떤 심적 상태와 행위를 유발하는지 탐구하는 것이 필요하다. 또한, 심미적 체험은 학습자의 지각, 감정, 태도, 행위의 바탕이 되는 특별한 심적 상태와 관련되며 이 상태가 언제 심미적인 것으로 전환되는지를 설명하는 작업이 중요하다(Levinson, 2003).

본 연구는 앞선 논의를 토대로 '심미성' 개념을 개인의 주관적 체험, 감정, 상상력을 중심으로 이해하고 예술을 감정의 표현이자 내적 세계의 투영으로 간주하며, 창조적 자유와 독창성에 가치를 두는 낭만주의 미학을 이론적 기반으로 채택한다. 이는 다음과 같은 이유에서 본 연구의 흐름과 일치한다.

첫째, 미적 경험의 주체적·개인적 특성에 대한 강조이다. 낭만주의 미학은 예술 감상을 작품의 외재적 특성 평가에 국한하지 않고, 이를 경험하는 개인의 내적 반응과 상상력을 본질로 삼는다. 이는 본 연구가 심미적 체험을 학습자의 주체적 경험으로 간주하는 연구 방향과 자연스럽게 부합한다.

둘째, 현대 미학의 동향과의 연계성이다. 현대 미학은 예술과 삶의 연계성, 개인의 주체적 경험에 초점을 맞추고 있으며, 낭만주의 미학은 예술을 통해 주체의 자기 성찰, 정서적 성장, 창조적 가능성을 발견할 수 있는 기회를 제공한다. 이는 심미적 교육의 철학적 기반과 일치하며, 본 연구의 심미적 체험 중심 문학교육 목표와도 부합한다.

셋째, 인간 중심적 미학의 강조이다. 낭만주의 미학은 인간의 감정적 반응과 창조적 자유를 중시하며, 미적 경험을 객관적 판단에 국한하지 않고 인간다움의 본질을 탐구하는 수단으로 확장한다. 이는 심미적 경험의 교육적 잠재력을 탐구하는 본 연구와 밀접하게 연관된다. 물론, 낭만주의 미학은 지나치게 주관적이고 보편적 기준의 결여로 인해 현대 미학 논의에서 비판을 받기도 한다. 그러나 본 연구는 이러한 비판을 다양성의 가치로 재해석한다. 예술 감상과 창작은 개인의 경험과 해석에 따라 다르게 표현되며, 이는 미적 경험의 다원적 가능성을 열어주는 중요한 특징으로 본다. 따라서, 낭만주의 미학은 심미적 체험의 본질인 감정과 상상력을 탐구하는 데 가장 적합한 이론적 틀을 제공한다. 낭만주의 미학의 교육적 유용성은 특히 문학교육과 심미적 교육에서 두드러진다. 이는 학생들의 상상력, 자율성, 창조적 잠재력을 개발하는 데 기여하며, 학생들이 자신의 경험을 재해석하고 새로운 의미를 창조하도록 돕는다. 본 연구는 이러한 체험 중심의 미학적 접근을 바탕으로 낭만주의 미학의 전통을 현대적으로 계승하고자 한다. 이는 철학적 전통을 이어받는 데 그치지 않고, 현대 심미론과 교육적 요구에 부응하는 논의의 장을 마련하고자 한다. 따라서 낭만주의적 미학은 인간의 창조성과 자율성을 탐구하는 데 있어 여전히 중요한 통찰을 제공하며 이는 심미적 체험 연구의 핵심적 기반으로 작용할 수 있다.

나. 심미적 문학 체험의 개념과 범주

 심미적 체험은 일반적으로 미(美)를 경험하고 아름다움을 느끼는 것으로 이해되지만 이는 단순히 정의될 수 없는 복합적인 개념이다. 미학 분야에서는 오래전부터 '미'를 체험하는 것에 대해 다양한 논의가 이루어졌고 이러한 논의는 현재까지도 지속되고 있다. 심미적 체험에 대한 가장 전통적인 논의 중 하나는 '미'가 대상 속에 있는 속성인지 아니면 주관 속에 있는 속성인지에 대한 존재론적 문제이다. 고대 그리스인들은 '아름답다'라는 표현을 인간에게 즐거움과 감탄을 불러일으키는 다양한 대상에 적용했다. 처음에 미의 개념은 습관, 행위, 법률, 도덕, 과학, 진리와 같은 광범위한 영역에 걸쳐 적용되는 의미를 가졌다. 그러나 '미'는 때로는 더 좁은 의미로 이해되기도 했다. 예를 들어 '비례가 맞는', '완전한 사물', '조화'처럼 미의 본질을 객관적인 형식적 속성으로 간주하는 경우이다. 이러한 미에 대한 관점은 근대까지 서구 미학 이론의 주요 흐름을 이루어왔다(오병남, 2003: 21-23). 이러한 객관론자의 입장에 따르면 '미'는 대상 자체에 내재한 속성으로 존재하기 때문에, 만약 어떤 사람이 그것을 아름답다고 느끼지 못한다면 이는 그 대상을 경험하는 사람의 문제로 간주된다. 반면에 주관론자들은 미를 주관적인 감정, 즉 대상을 지각하는 주체가 느끼는 쾌와 불쾌의 문제로 본다. 그들은 미를 경험할 때 발생하는 심리적 현상에 주목하며 마음속에서 환기되는 즐거움을 미의 본질로 간주한다. 이로 인해 미를 경험하는 주체의 조건에 대한 관심이 커지면서 '미적 태도'라는 개념이 등장하게 되었고, 이는 미적 경험을 위한 감상자의 태도로 정의된다(최경석, 2007: 7). 미적 체험, 혹은 미적 교육은 예술 작품이나 자연과 같은 미적 대상을 경험하며 감정과 인식을 형성하는 과정을 의미한다. 단순한 관찰을 넘어서, 그 대상을 통해 감동과 통찰을 얻으며 자신의 감정과 사상이 변화하는 과정을 포함한다. 이러한 미적 체험은 예술을 통해 감성을 자극하고 창의적 사고를 발전시키는 중요한 과정으로 작용한다. 예술 작품을 감상하며 느끼는 아름다움과 감동 그리고 그로 인해 불러일으키는 다양한 감정과 사고는 세상을 바라보는 시각을 확장하고 더 깊은 이해를 가능하게 한다. 또한, 미적 체험은 자신과 타인의 감정을 이해하고 표현하는 능력을 향상시키는 데 기여한다. 예술을 통해 느낀 감정을 자신의 언어로 표현하는 과정은 자기 인식을 증진시킬 뿐만 아니라, 타인의 감정을 이해하고 공감하는 능력도 함께 발달시킨다. 결과적으로 미적 체험은 감성적·창의적 발달뿐 아니라, 인간적 성장과 성숙에도 중요한 역할을 한다. 기존의 미학 분야에서조차 '미적 경험', '미적 체험', '심미적 경험', '심미적 체험' 등의 용어가 혼재되어 사용되고 있다. '체험'이라는 용어는 독일어 'Erlebnis'를 번역한 것으로 경험이 대상과 어느 정도의 거리를 두고 이루어지는 것이라면 체험은 대상과의 직접적이고 총체적인 접촉을 의미한다. 경험은 외부 세계의 다양한 것들을 알게 되는 지식 획득의 계기를 강조하는 반면, 체험은 기쁨, 슬픔, 환멸, 고통 등을 내면으로 느끼는 감정적 동요를 강조한다(김유동, 1992: 130). 백기수(1981) 또한 '미의 체험'을 미를 궁극적인 가치로 여기는 가치 체험으로 정의하며, 이는 주로 객관성과 보편성을 요구하는 경험과 달리 인격적이고 개성적인 주관성에 근거를 둔다고 설명한다. 독자가 문학 작품을 읽으며 느끼는 아름다움은 개인마다 다를 수 있다는 입장을 반영하여, 본고에서는 '경험'보다 '체험'이라는 용어가 더 적절하다고 판단된다. 이에 '심미적 체험'이라는 용어로 통일하여 사용하고자 한다.

음악과 미술 같은 전통적 예술 교육에서 강조되는 심미적 체험은 문학교육에서도 핵심적인 역할을 한다. 문학은 언어를 예술적으로 활용해 인간의 삶, 경험, 감정, 사상 등을 표현하는 창작 활동으로 소설, 시, 희곡, 에세이 등 다양한 장르를 통해 각기 다른 심미적 경험을 제공한다. 이러한 미적 체험은 작가의 창작 의도와 사회적·문화적 배경에 따라 달라지며, 이는 문학교육에서 심미성을 다루는 중요한 이유가 된다. 문학은 문화, 사회, 심리학 등 여러 학문 분야에서 연구 대상으로 다뤄지며, 우리의 일상 속에서도 중요한 가치를 지닌다.

문학 체험은 문학 작품의 세계를 이해하고 작가의 의도와 메시지를 파악하며 이를 개인적으로 해석하고 감정을 느끼는 과정을 포함한다. 독자는 작품을 통해 주관적으로 이해하고 공감하며 그로부터 통찰과 성찰을 도출하게 된다. 또한, 문학 체험은 개인의 창의적 사고와 감성적 표현 능력을 강화하고, 사회적, 문화적, 역사적 맥락에 대한 깊이 있는 이해를 촉진한다. 이러한 이유로 문학 체험은 심미적 교육의 중요한 요소로 간주되며 교육 현장에서는 학생들이 문학 작품을 통해 깊이 있는 학습과 성찰을 경험할 수 있도록 다양한 교육적 접근이 이루어지고 있다.

김대행(2000: 189-196)은 문학을 언어를 통한 예술로 정의하며 그 예술성은 '미'라는 개념으로 설명된다고 주장한다. 여기서 '미'는 단순히 아름다움만을 뜻하는 것이 아니라, 추함까지도 포괄하는 개념으로 문학의 궁극적인 목적은 이러한 다양한 형태의 미를 실현하는 데 있다. 따라서 문학 활동은 단순한 이해와 표현을 넘어 독창적인 미적 가치를 창조하고 구현하는 예술적 행위로 정의된다. 김대행의 이론에 따르면 문학 작품을 통해 미를 체험하고 그로 인해 형성된 심미적 감정을 내면화하는 것이 중요한데 이는 문학교육의 주요 목표가 된다. 즉, 문학교육은 학생들이 문학 작품을 이해하는 것뿐만 아니라, 그 과정을 통해 심미적 감각을 개발하고 자신의 감정과 생각을 표현하는 능력을 향상시키는 데 중점을 둔다. 이러한 맥락에서 김대행의 이론은 문학교육이 단순한 지식 전달을 넘어 학생들의 심미적 감각과 창의적 표현 능력을 키우는 중요한 과정임을 강조한다. 이를 통해 학생들은 문학 작품을 매개로 세상을 더 깊이 이해하고, 자신의 감정과 생각을 더욱 풍부하게 표현하는 능력을 배양할 수 있다. 결국, 문학교육에서의 미적 체험은 학생들이 문학 작품을 통해 미를 감각적으로 경험하고 그로부터 형성된 다양한 감정과 사고를 통해 자신과 세상을 더 깊이 이해하는 것을 의미한다. 이는 문학교육이 단순히 정보를 전달하는 것을 넘어 학생들의 창의적 사고와 심미적 발달을 촉진하는 중요한 역할을 한다는 점에서 그 의의가 크다.

김희경(2007: 12)의 문학 관련 이론에 따르면 심미적 체험은 예술가와 예술작품 사이의 관계가 학습자와 문학 작품 사이에서도 동일하게 성립하는 과정이다. 즉, 학습자는 문학 작품에 구현된 미적 가치를 통해 작가가 창작 과정에서 느꼈던 주관적 느낌과 반응을 공감하고 인식하는 경험을 하게 된다. 이러한 관점에서 심미적 체험은 작품을 통해 작가의 세계를 깊이 이해하고, 그 과정에서 자신의 감정과 사고를 발견하고 표현하는 과정으로 볼 수 있다. 따라서 문학교육에서 심미적 체험은 문학 작품과 작가 그리고 자신과의 깊은 연결을 경험할 수 있다는 점에서 그 가치가 매우 크다. 2022 개정 교육과정 총론에서는 미래 사회에 필요한 핵심역량으로 '자기 관리 역량, 지식정보처리 역량, 창의적 사고 역량, 심미적 감성 역량, 협력적 소통 역량, 공동체 역량'을 제시하고 있다. 특히 학교 교육과정을 통해 중점적으로 기르고자 하는 '심미적 감성 역량'은 인간에 대한 공감과 문화적 감수성을 바탕으로 삶의 의미와 가치를 성찰하고 향유하는 능력을 강조하고 있다(2022, 교육부). 2022 개정 교육과정의 고등학교 '문학' 영역에서는 이러한 심미적 감성 역량을 강화하기 위해 다양한 문학 경험과 활동을 통해 학생들이 문학 작품을 수용하고 생산하는 능력을 기르며, 인간과 세계에 대한 깊은 이해로 문학 활동의 적극적인 주체로 살아갈 수 있는 태도를 함양하는 것을 목표로 한다. 이 과정에서 학생들은 문학 작품의 가치와 아름다움을 이해하는 능력을 키우고 창작 경험을 통해 자신의 감정과 생각을 문학적으로 표현하고 소통하는 능력을 배양하게 된다. 결과적으로 문학교육은 학생들이 문화 향유의 주체로 성장하고, 창의적 사고와 심미적 감성을 기르는 데 중요한 역할을 하며, 이를 통해 현대 사회에서 필요한 다양한 역량을 함양하도록 돕는다.

2022 개정 교육과정의 핵심 아이디어로 "문학은 상상력과 창의성을 발휘하여 인간의 삶을 언어로 형상화하는 생산 행위이자, 그 결과물을 통해 타자와 소통하고 아름다움을 향유하는

수용 행위"라는 점이 강조된다. 이 관점에서 문학은 삶의 의미와 가치를 탐구하고 정서적·미적 성장을 도모하는 예술적 행위로서의 가치를 드러낸다. 이에 따른 성취기준을 살펴보면 '[12문학01-01] 문학이 인간과 세계에 대한 이해를 돕고 삶의 의미를 깨닫게 하며 정서적·미적으로 삶을 고양함을 이해한다.', '[12문학01-09] 다양한 매체로 구현된 작품의 창의적 표현 방법과 심미적 가치를 문학적 관점에서 수용하고 소통한다.' 그리고 '[12문학01-12] 주체적인 문학 활동을 생활화하여 지속적으로 문학을 즐기는 태도를 지닌다.'가 있다. 특히, [12문학01-12]는 학생들이 일상에서 문학 작품의 수용과 생산 활동에 주체적으로 참여하고 문학을 지속적으로 즐기는 태도를 형성하여, 능동적이고 지속적인 문학 향유자로 성장할 수 있도록 설정되었다. 이는 학생들이 자신의 흥미와 관심사에 따라 문학 작품을 찾고 읽거나 쓰는 데서 기쁨과 즐거움을 느끼며 다양한 작품을 접하고 문학적 경험을 확장할 수 있도록 하는 데 중점을 둔다. 이러한 활동은 일상생활 속에서 지속적으로 이루어지고, 성인기에도 문학 생활화가 이어질 수 있는 기반을 마련하는 데 목적이 있다. 이를 위해 학교 안팎에서 다양한 문학 활동에 참여하며 이러한 활동은 학생들이 문학을 생활화하고 사회적·문화적 맥락 속에서 문학적 감수성을 계발하는 기회를 제공한다. 특히, '문학과 영상'의 핵심 아이디어는 "문학은 다양한 형상화 방법을 가진 언어 예술인 동시에 다른 예술 분야에 영감을 주는 상상력의 원천"이라는 점을 강조하고 있다(2022, 교육부). 이처럼 심미적 체험과 문학 체험은 밀접하게 연결되어 있으며, 서로를 보완하는 역할을 한다. 문학 체험은 심미적 체험의 일환으로, 문학 작품을 읽고 이해하며 느끼는 감정과 통찰을 의미한다. 이는 단순히 언어와 구조, 테마에 대한 이해를 넘어 작품 속 세계를 체험하고 그로 인해 생기는 다양한 감정과 사고를 포함한다. 따라서 문학교육에서는 심미적 체험과 문학 체험이 상호 보완되며, 이 과정에서 학생들은 문학 작품의 미적 가치를 이해하고 이를 바탕으로 자신의 감정과 생각을 표현하는 능력을 향상시키는 것을 목표로 한다.

심미적 문학 체험은 개인의 자아 성장과 사회적 이해를 촉진하는 데 중요한 역할을 수행한다. 문학 작품은 독자로 하여금 다양한 삶의 문제와 인간 본질에 대해 사유하게 하고, 이를 통해 자기 자신과 사회를 새롭게 이해하는 계기를 제공한다. 이러한 체험은 개인의 감성적·창의적 성장을 도모함과 동시에, 민주적 공동체에서의 역할에 대한 이해를 심화하고 타인과의 소통 및 공감을 증진시키는 데 기여할 수 있다. 문학교육에서 심미적 체험은 학생들에게 문학 작품을 매개로 자신의 감정과 사고를 표현하며, 비판적 사고와 창의적 해석 능력을 함양할 수 있는 중요한 기회를 제공한다. 이는 맥신 그린의 철학에서 강조된 바와 같이, 상상력과 자기 성찰을 자극하여 개인과 사회의 변화를 촉진하는 교육적 경험으로서 의의를 지닌다. 이를 위해 심미적 체험의 특징과 본질을 규명하고, 미학적 논의에서 언급되는 주요 특징을 기반으로 그 구성 요소를 설정하는 작업이 필수적이다. 미학적 논의에 따르면 심미적 대상은 예술 작품에 국한되지 않으며, 자연이나 인간을 포함하여 다양한 존재를 포괄한다. 이러한 점에서 심미적 체험의 범위는 매우 폭넓게 확장될 수 있음을 알 수 있다.

본 연구는 이러한 심미적 체험의 대상 중 언어 예술로서의 문학, 특히 시 작품에 주목하여 그 특수성을 탐구하고자 한다. 문학 감상에서의 심미적 체험은 언어를 매개로 시 장르의 본질적 특성과 구성 요소, 그리고 독자와의 소통 과정에서 나타나는 현상적 체험을 중심으로 분석될 필요가 있다. 이를 통해 문학 감상에서의 심미적 체험이 지닌 독창성과 교육적 의미를 명확히 이해하고, 문학교육에서 이를 실천적으로 활용할 수 있는 방안을 모색하고자 한다. 더불어, 심미적 체험을 논의함에 있어 몰입, 상상력, 감동 등은 주요 핵심 요소로 작용하며, 이는 심미적 기반 문학 수업의 교육적 가능성을 제안하는 핵심적인 근거이기도 하다.

1) 몰입

Csikszentmihalyi(2004: 29)가 제시한 몰입의 개념은 개인이 높은 집중 상태에서 자신의 능력을 최대한 발휘하며 활동에 몰두할 때 경험하는 심리적 상태를 의미한다. 심미적 체험에서 몰입은 감상자가 대상과의 관계를 심화하고 심미적 가치를 온전히 경험하는 데 핵심적인 역할을 한다. 몰입은 예술 작품이나 심미적 대상을 경험할 때 감상자가 대상을 향한 주의와 관심을 집중하며 단순히 표면적인 관찰을 넘어 감각적, 정서적, 인지적 수준에서 대상을 적극적으로 체험하는 과정을 포함한다. 특히, 시 감상의 과정에서 몰입은 독자가 시의 세계로 깊이 들어가 작품 속에서 높은 수준의 집중 상태를 유지함으로써 심미적 체험을 온전히 이루는 데 필수적이다. 본 연구에서 정의하는 '몰입'은 대상에 대한 집중과 관심을 의미하며, 이는 대상에 완전히 빠져 동일시되는 상태로 한정되지 않는다. 몰입은 대상과의 깊은 관계 형성을 기반으로 하되, 비판적 사고와 자율적 해석이 가능한 균형 잡힌 인지적·정서적 상태를 포함한다. 이에 대해 최미숙(2001)은 시 감상의 방법으로 '공감적 시 읽기'와 '비판적 시 읽기'를 제시한다. 공감적 시 읽기는 감정이입을 통해 작품의 정서와 생각을 체험적으로 이해하는 방식으로, 정서적 몰입을 강화한다. 비판적 시 읽기는 작품과 거리를 두고 미적 가치를 객관적으로 판단하는 방식으로,

분석적 사고를 발전시킨다. 두 방법은 배타적인 관계에 있지 않으며, 독자의 목적과 취향에 따라 선택적이거나 혼합적으로 활용될 수 있다. 공감적 읽기는 독자가 작품의 정서를 직접 체험하며 심미적 몰입을 강화하는 반면, 비판적 읽기는 분석적 사고를 통해 작품의 미적 가치를 비판적으로 탐구하는 데 기여한다. 이를 통해 독자는 시를 다각도로 접근하고 풍부한 심미적 체험과 비판적 통찰을 얻을 수 있다. 몰입은 문학교육이나 예술 교육에서 학습자가 심미적 체험을 통해 감정적, 창의적, 비판적 사고를 개발할 수 있도록 하는 중요한 기제이다. 따라서 몰입을 유도하는 환경과 활동을 설계하는 것이 심미적 체험 기반의 교육에서 필수적이다. 이에 몰입은 심미적 체험의 시작점으로 체험의 질과 깊이를 결정하는 핵심 요소로 볼 수 있다. 이를 통해 학습자는 대상과의 정서적 연결을 강화하고, 심미적 가치를 풍부하게 확장하고 내면화할 수 있다.

2) 상상력

시 감상은 언어를 매개로 독자의 의식 속에서 펼쳐지는 상상의 세계를 경험하는 과정이다. 쇼펜하우어는 문학을 '언어에 의해 상상력을 발동시키는 예술'로 정의하며, 독자는 언어를 통해 전달된 추상적 내용을 자신의 상상력을 통해 구체화한다. 이 과정에서 독자는 자신의 개성, 지식, 감정을 바탕으로 시 속에서 드러나지 않은 세부적인 요소를 보완하며 이를 통해 의미를 창조한다. Arnheim(1984, 393-394)은 독자가 언어의 추상성을 자신의 상상력으로 구체화하는 과정을 설명하며, 시 감상이 독자의 상상력을 활용해 의미를 구성하는 상상적 체험임을 강조한다. 이미지, 장면, 감각, 정서 등은 독자의 상상 속에서 형성되며, 이는 시 감상의 본질을 이룬다. 이러한 상상적 체험은 독자와 시의 세계를 연결하고 감정적 공감과 창의적 해석을 도출하는 데 핵심적인 역할을 한다. 윤여탁(1999: 246)은 시적 상상력을 자연, 세계, 사회, 현실 등 다양한 대상을 언어적으로 전이하여 시적 표현으로 재구성하는 능력으로 정의한다. 이는 대상을 재현하는 것을 넘어 언어를 통해 새롭게 해석하고, 독자에게 새로운 정서적·지적 경험을 제공한다. 언어적 전이는 대상을 시적 이미지, 상징, 비유 등으로 변환하여 새로운 의미를 부여하며, 문학적 상상력은 이를 통해 창조적 해석과 변형의 과정을 이끈다. 문학적 상상력은 문학의 미학적 본질을 형성하며 독자가 세상을 새로운 시각으로 이해하고 표현할 수 있도록 돕는다. 이는 시 감상과 창작에서 중요한 역할을 하며, 교육적으로 활용하면 학생들의 창의적 사고와 언어적 표현 능력을 향상시키는 데 기여할 수 있다.

본 연구는 예술 감상, 특히 시 감상 과정에서 독자의 상상력이 핵심적인 역할을 수행함을 강조한다. 상상력은 독자가 언어를 해석하고 재구성하며, 이를 통해 작품 속 세계를 능동적으로 창조하는 과정에서 중요한 매개체로 작용한다. 시 교육에서 상상력은 독자가 작품에 정서적으로 몰입하도록 유도하고, 창의적 사고를 확장하는 데 핵심적인 도구로 기능한다. 이러한 과정을 통해 학생들은 시의 의미를 자신만의 방식으로 이해하며, 작품과 개인적 경험을 연결하여 세계를 새롭게 인식할 수 있는 기회를 얻게 된다. 따라서 시 교육은 독자의 상상력을 적극적으로 활용할 수 있는 환경을 마련하는 것을 목표로 해야 한다. 이를 통해 학습자는 문학과 자신의 삶을 연계하며 창의적이고 비판적인 사고를 발전시킬 수 있도록 체계적으로 설계된 학습 경험을 제공받을 수 있다. 이러한 접근은 시 감상의 본질적 가치를 강조하며, 학생들의 정서적 성장과 인지적 역량 강화를 위한 효과적인 교육적 방향을 제시한다.

3) 감동

이남호(1990: 13-14)는 시를 읽는 과정에서 독자가 느끼는 즐거움과 감동의 본질을 설명하며 시가 소리, 의미, 리듬의 언어적 조화를 통해 독자에게 미적 즐거움을 제공한다고 언급하였다. 시는 독자가 정리되지 않은 감정을 명쾌하게 표현된 상태로 만나게 하여 공감과 감동을 불러일으키며, 독자가 자신의 내면을 이해하고 정리하는 데 도움을 준다. 이러한 경험은 시 감상이 독자가 새로운 통찰을 얻고 세상과 자신에 대한 깨달음을 얻는 정서적 공감의 중요한 예술적 활동임을 보여준다. 김대행 외(2000: 194) 또한 문학 작품 감상을 통해 독자가 느끼는 아름다움과 심미적 체험의 본질을 논의하며, 문학 작품이 독자에게 정서적 감동과 감각적 아름다움을 제공한다고 주장한다. 이 과정은 독자의 내면에 깊은 감흥을 일으키며 정서적 변화를 촉진한다. 심미적 체험은 독자와 작품 간의 교감을 통해 미적 가치를 경험하는 과정으로 이어진다. 이러한 경험은 독자가 자신의 내적 세계를 확장하고 삶과 세계에 대한 심층적 이해를 도모하도록 돕는다. 박인기(1996)는 독자가 문학 텍스트를 수용하는 과정에서 나타나는 두 가지 주요 양상으로 깨침과 울림을 제시하였다. 깨침은 독자의 주지적 자질을 기반으로 세상과 자신에 대한 인식이 문학적으로 확장되는 경험을 의미하며, 주로 지적 성장과 사고력 강화를 도모한다. 반면, 울림은 감동을 수반하는 심미적 체험으로, 독자가 작품을 통해 대상 세계를 통합적으로 해석하고 의미화하는 과정이다. 특히, 울림은 작품의 예술적 구조를 균형 있게 수용하는 과정에서 형성되며, 깨침과 상호 보완적인 관계를 이루어 독자의 지적·정서적 성장을 촉진한다. 이러한 관점은 문학교육의 목표와 방법론을 설계하는 데 중요한 시사점을 제공한다. 아른하임(1984)은 예술이 단순히 쾌락을 제공하는 것을 넘어 쾌락이 어떻게 생성되고 의미를 전달하는지 탐구해야 한다고 주장하였다. 그는 심미적 체험이 감각적 몰입, 사고력, 판단력, 정서가 상호작용하는 다차원적 과정임을 강조하며, 예술작품과의 깊은 교감을 통해 의미를 구성하고 이해하는 경험으로 정의하였다. 결론적으로, 심미적 체험에서의 감동은 문학교육과 예술 교육의 핵심적 목표로 설정될 수 있다. 이는 학생들로 하여금 작품의 심미적 가치를 체험하고, 이를 통해 정서적 몰입과 인지적 성찰을 통해 내적 성장과 세계에 대한 이해를 심화하도록 돕는다. 이러한 교육적 목표를 달성하기 위해 학생들이 작품의 형식적·의미적 요소를 깊이 탐구하고 이를 자신의 경험과 연결할 수 있는 환경을 제공하는 것이 중요하다. 감동은 예술적 가치를 발견하고 이를 통해 인간의 정서와 사고를 확장하며 풍요롭게 하는 문학과 예술의 본질적 역할을 명확히 보여준다.

다. 심미적 체험에 기반한 문학교육의 지향

최근 문학교육의 흐름은 작품이나 작가 중심의 전통적인 해석에서 벗어나 학습자의 심미적 체험과 창의적인 해석 및 수용을 강조하는 학습자 중심 교육으로 전환되고 있다. 이러한 접근은 학생들이 문학 작품을 통해 자신만의 감정과 생각을 표현하고 창의적인 해석을 통해 독자적인 의미를 생성하는 능력을 키우는 데 주된 목적이 있다.

심미적 체험에 기반한 문학교육은 학생들이 문학 작품을 통해 미적 가치를 체험하고 그 과정에서 자기 성찰과 감성적 성장을 이루는 것을 목표로 한다. 이를 위해 문학교육은 작품의 아름다움과 감동을 단순히 감상하는 것을 넘어 예술을 통해 개인적·사회적 이해를 확장하는 경험을 포함해야 한다. 심미적 체험은 학생들이 문학 작품을 깊이 이해하고 작가의 세계를 느끼는 과정에서 감정과 생각을 더욱 풍부하게 표현할 수 있도록 돕는다. 이러한 교육적 접근은 문학 작품을 감각적으로 경험하고 내면화하여 자신의 삶과 연계할 수 있는 총체적이고 통합적인 교육을 지향한다. 이러한 접근은 문학 작품이 학습자에게 내면적 변화를 유도하고, 창의적 사고와 공동체 의식을 함양할 수 있는 교육적 방향을 제시한다. 문학 작품을 통해 학습자는 예술적 경험을 수용하며 이를 통해 자아 성찰과 사회적 연대감을 기를 수 있는 기회를 얻게 된다.

심미적 체험에 기반한 문학교육의 구체적인 지향점은 다음과 같다.

첫째, 심미적 감수성의 발달과 미적 경험의 내면화이다. 2022 개정 교육과정에서 강조된 심미적 감성 역량은 문학교육의 핵심 요소 중 하나로 학생들이 문학 작품을 통해 감정을 표현하고 아름다움을 향유할 수 있는 능력을 기르는 것을 목표로 한다. 심미적 체험은 학습자로 하여금 문학 작품의 미적 요소를 발견하고 이를 감상하는 능력을 기르는 데 중점을 둔다. 문학 작품의 언어적 표현, 구조, 상징 등 예술적 특징을 이해하고 감동을 느끼는 과정을 통해 학습자는 심미적 감수성을 발달시킬 수 있다. 이러한 과정은 학생들이 작품에 내재된 아름다움과 감동을 느끼는 동시에 예술적 정서와 경험을 삶의 맥락에서 통합적으로 수용할 수 있도록 돕는다.

둘째, 정서적 공감과 사회적 연대감의 형성을 통한 민주적 공동체 의식 함양이다. 심미적 체험은 학습자가 문학 작품 속 등장인물과 상황에 감정적으로 몰입할 수 있도록 함으로써 타인에 대한 공감 능력과 사회적 연대감을 형성하는 데 중요한 역할을 한다. 문학은 학습자에게 인간 본질에 대한 깊은 사유를 제공하며, 이를 통해 사회적 공감 능력과 소통 역량을 기르는 계기를 마련한다. 문학 작품은 다양한 가치와 관점을 경험할 수 있는 장을 제공하여 학습자가 자신의 생각을 비판적으로 형성하고, 타인과의 의미 있는 소통을 통해 공동체 속에서 서로 다른 삶을 이해하고 수용하는 태도를 키울 수 있게 한다. 이 과정에서 학습자는 정서적 공감을 기반으로, 사회적 책임감과 연대 의식을 갖춘 민주적 공동체의 일원으로 성장할 수 있는 토대를 형성하게 된다. 특히, 맥신 그린의 예술 교육 철학에서 강조된 상상력과 자기 성찰의 과정은 문학 작품을 통해 개인적·사회적 변화를 촉진하는 교육적 경험을 가능하게 한다. 상상력을 통해 학습자는 문학 작품의 상황과 인물에 몰입하여 타인의 입장을 이해하고, 공감하는 능력을 키우며 자기 성찰을 통해 자신의 사회적 역할과 책임을 깊이 고민하게 된다. 이러한 교육적 접근은 학생들이 사회적 책임감과 소속감을 갖춘 공동체의 구성원으로 성장할 수 있도록 돕는다. 학생들은 문학 작품을 통해 개인의 삶을 공동체적 맥락에서 바라보고, 민주적 가치와 협력 의식을 내면화하며 개인과 사회가 상호작용하는 과정에서 변화와 성장을 경험할 수 있다.

셋째, 삶과 문학의 연계성을 통한 의미의 발견이다. 심미적 체험 기반의 문학교육은 학습자가 문학 작품을 매개로 자신의 삶을 반추하고 이를 통해 새로운 의미를 발견하도록 이끈다. 문학 작품을 일상적 경험과 연계하여 해석하는 과정을 통해 학생들은 실제 삶에 적용 가능한 가치를 지니고 있음을 깨닫는다. 이러한 교육은 학습자에게 자신의 정체성을 형성하고 삶의 가치관을 확립하는 데 중요한 기회를 제공한다. 문학 작품 속 다양한 상황과 인물 그리고 그들의 선택과 경험은 학습자가 자신의 삶을 새로운 시각으로 바라보도록 돕는다. 이를 통해 학생들은 문학을 단순히 감상하는 것을 넘어 자신의 경험과 연관된 삶의 문제를 탐구하며, 자아 성찰과 가치 발견의 과정을 경험할 수 있다.

넷째, 정서적 몰입과 상상력의 촉진이다. 심미적 체험에 기반한 문학교육은 학생들이 문학 작품 속 세계에 몰입하고 상상력을 활성화할 수 있도록 돕는 것을 목표로 한다. 정서적 몰입은 학생들이 작품 속 정서와 상황에 공감하며 감정적으로 연결되는 경험으로 작품의 의미를 깊이 이해하고 자신의 내면을 탐구할 기회를 제공한다. 상상력은 작품의 언어적·상징적 표현을 바탕으로 학생들이 보이지 않는 세부 요소를 상상하고, 새로운 의미를 창출하는 데 핵심적인 역할을 한다. 상상력은 학습자가 작품의 맥락과 상징성을 해석하고, 이를 개인의 경험과 연계하는 과정을 통해 창의적 사고와 문제 해결 능력을 강화하는 데 필수적이다. 문학교육은 다양한 체험적 활동과 열린 질문을 활용하여 학생들이 문학 작품과 정서적·상상적으로 깊이 상호작용할 수 있는 환경을 조성해야 한다. 이러한 활동은 학생들에게 정서적 공감과 창의적 탐구를 촉진하며, 문학 작품의 의미를 자신의 경험과 연계하여 내적 성찰과 타인에 대한 이해를 심화하는 데 기여한다.

다섯째, 통합적이고 전인적인 성장 촉진이다. 문학교육에서 심미적 체험을 활용하는 궁극적인 목표는 학습자의 전인적 성장을 도모하는 데 있다. 문학 수업은 지식과 감성, 사고와 관계 형성을 통합하는 학습의 장으로 기능해야 하며 이를 통해 학습자는 자기 성찰과 자아 성장의 기회를 얻는 동시에 사회적 연대와 소통 능력을 함양할 수 있다. 문학 작품의 미적 가치를 인식하고, 이를 자신의 삶에 대한 통찰과 성찰로 반추하는 경험은 학습자에게 내적 성찰과 외적 성장의 기회를 동시에 제공한다. 문학을 매개로 학습자는 자신의 정체성을 탐구하고 사회적 관계와 연대 의식을 형성하며 창의적 사고와 비판적 사고를 종합적으로 발전시킬 수 있다.

마지막으로, 정서적 성장과 내적 성찰의 강화이다. 문학교육은 학생들이 문학 작품을 매개로 자신의 정서를 이해하고 표현하며 감동을 체험하는 과정을 통해 내적 성찰과 정서적 성장을 도모하는 데 중요한 역할을 한다. 문학 작품은 다양한 삶의 경험과 정서를 간접적으로 제공하며, 이를 통해 학생들은 자신의 감정을 탐구하고 조화롭게 다룰 수 있는 기회를 갖게 된다. 작품 속 인물과 서사는 학생들로 하여금 자신을 투영하거나 공감할 수 있는 창을 제공하며, 이를 통해 감동은 학습자의 내적 변화를 유발하고 새로운 통찰을 제공한다. 또한, 문학은 인간의 본질과 사회적 문제를 탐구하는 매개로서, 학생들이 삶과 세계를 통합적으로 이해하고 내적 성장을 이루도록 돕는다. 다양한 심미적 체험 활동은 학생들이 작품과의 교감을 심화하고, 이를 통해 정서적 성숙과 사회적 공감을 증진시키는 데 기여한다. 이러한 활동은 학생들이 정서적 몰입을 경험하며 자신의 내면을 탐구하고, 이를 통해 삶을 풍요롭게 하는 기회를 제공한다.

결론적으로, 심미적 체험 기반 문학교육은 문학 작품을 통해 미적 가치를 체득하고, 이를 바탕으로 삶에 대한 깊은 통찰과 성찰을 경험하도록 돕는 데 중요한 역할을 수행한다. 이러한 교육은 학습자의 개인적 성장과 사회적 책임감을 동시에 강화하며 문학을 매개로 세상을 바라보는 시각을 확장하고 사회적 관계를 형성할 수 있는 기회를 제공한다. 특히, 문학을 통한 감동과 미적 체험은 학습자의 자아 성장과 더불어 사회적 참여를 실천하는 데 있어 핵심적인 교육적 도구로 기능한다. 나아가, 심미적 체험 기반 문학교육은 학습자의 정서적·인지적 성장을 도모할 뿐만 아니라, 사회적 책임감과 연대 의식을 함양하는 데 기여한다는 점에서 중요한 시사점을 제공한다.

2부

심미적 문학 체험을 위한
교육적 접근과 이론적 배경

1.
맥신 그린의 교육철학과
심미적 체험 문학교육

가. 맥신 그린의 생애와 철학적 배경

  맥신 그린(Maxine Greene, 1917~2014)은 90세를 넘겨서까지 강의를 이어간 미국 교육학계의 열정적인 철학자이자 교육자이다. 평생에 걸친 연구와 교육 활동을 통해 예술과 교육의 본질에 대한 깊은 통찰을 제공한다. 그린의 철학은 미적 교육과 인간의 개인적, 사회적 변화에 중점을 두었으며 예술을 통해 개인이 '깨어 있는' 상태를 경험할 수 있다고 강조한다. 이러한 '깨어 있음'은 개인이 자신의 삶과 세상을 보다 깊이 이해하고 새로운 가능성을 탐색하여 실현할 것을 권장한다. 맥신 그린은 예술이 개인의 사회적 상상력을 자극하여 창의적인 사고와 행동을 통해 개인이 자신의 삶과 사회를 더 나은 방향으로 변화시키는 데 기여할 수 있다고 주장한다. 맥신 그린은 1917년 브루클린에서 태어나 어린 시절부터 사회 문제에 관심을 가졌다. 10대 시절 노동자들의 열악한 환경을 보며 특권적 배경에 죄책감을 느꼈고 유럽 여행 중 반파시스트 성향을 강화한다. 2차 세계대전 후 경제적 어려움을 겪고 1947년에 뉴욕대학교로 돌아가 존 듀이와 알베르트 카뮈의 영향을 받아 실존주의와 현상학에 관심을 가지게 된다. 이후 NYU, Montclair State College, Brooklyn College에서 철학과 문학을 가르치며 예술적 예시를 통해 철학을 쉽게 설명하는 독특한 방식으로 학계에서 인정받았다. 1965년 콜롬비아 대학교 Teachers College 교수로 활동하면서 다양한 철학 학회에서 의장을 맡으며 영향력을 넓혔고 1984년 미국교육연구협회(AERA)의 첫 여성 회장이 된다. 1976년부터 링컨센터 예술교육 연구소(LCE) 철학자로서 예술 워크숍을 주도했고 예술, 상상력, 탐구 고등학교 설립에 기여한다. 또한, 2003년에는 사회적 상상력과 예술, 교육을 위한 Maxine Greene Foundation
을 설립했다. Totten(2007: 315-317)에 따르면 맥신 그린은 학자로서 평생 '철학하기(doing
philosophy)'와 '가르치기'에 헌신했다. 맥신 그린은 철학을 단순한 이론적 지식이 아닌 '동사
(verb)'적인 개념, 즉 '마음챙김'의 실천으로 이해하고 이를 자신의 삶 속에서 실천해 왔다. 이
러한 철학적 태도는 세상을 의식적으로 그리고 비판적으로 바라보게 하며 스스로에게 질문
을 던지고 깊이 사고하도록 이끈다. 특히, 맥신 그린은 1976년부터 링컨센터 예술교육원(LCE,
Lincoln Centre Education)의 철학자로 활동하며 해당 기관에 교육적 기반을 제공한다. 이
는 맥신 그린의 교육철학과 예술에 대한 가능성을 구현할 수 있었던 중요한 계기가 된다. 또한,
LCE에서 예술가들과의 교류는 맥신 그린에게 있어 예술 교육의 중요성에 확신을 주었으며, 이
는 그녀의 철학적 방향에도 많은 영향을 미친다(Greene, 1998: 11). 맥신 그린의 연구와 사상
은 동료 학자들과 후배들뿐만 아니라, 다양한 분야의 지식인들과 일반 대중에게도 큰 영감을
불어넣어 왔다. 그녀의 심미적 교육 철학은 예술을 단순한 미적 감상의 대상이 아닌 개인과 사
회의 변화를 촉진하는 강력한 도구로서의 역할을 강조한다. 이는 예술을 통해 개인이 '깨어 있
는' 상태를 경험하고, 이를 바탕으로 삶과 세상을 심도 있게 이해하며 새로운 가능성을 탐구하
고 실현하는 것을 중요하게 여겼다. 그녀의 철학은 교육, 예술, 철학 등 다양한 분야에서 활동
하는 사람들에게 새로운 시각과 접근법을 제시하며, 그들의 연구와 창작 활동에 큰 영향을 미
치고 있다. 특히, 예술이 개인의 인식과 상상력을 자극하여 더 나은 사회적 변화를 이끌어낼 수
있다는 그린의 주장은 오늘날에도 많은 교육자와 예술가들에게 강력한 메시지를 전하고 있다.
이러한 맥신 그린의 사상과 연구는 여전히 많은 사람에게 중요한 귀감이 되고 있으며, 그 영향
력은 시간이 지나도 계속해서 확장되고 있다는 점에서 시사하는 바가 매우 크다.

나. 맥신 그린의 교육철학 및 방법: LCE 예술 교육

1) 맥신 그린의 교육철학

　맥신 그린은 예술을 단순한 교육의 내용으로만 보지 않고 새로운 관점과 인식을 제공하는 예
술의 능력을 교육이 지향해야 할 '방법적 패러다임'으로 인식한다. 예술적 사고는 고정된 사고

방식을 탈피하고 창의적이고 비판적인 시각을 통해 세상을 새롭게 이해하는 데 중요한 역할을 한다. 맥신 그린은 예술적 경험이 자신의 삶에서도 언제나 '돌파구' 역할을 해왔음을 회고하며, 이러한 경험이 그녀의 철학적 탐구와 교육적 실천에 큰 영향을 미쳤다고 강조한다(Greene, 1998: 9). 그녀가 문학과 예술을 자신의 글 속으로 끌어들이며 비유, 은유, 예술적 개념을 통해 복잡한 철학적 개념을 풀어내는 방식은 예술이 다양한 삶을 표현하는 데 매우 적합한 언어임을 보여준다(Goodman & Teel, 1998: 60). 맥신 그린은 이러한 방식으로 철학을 더 깊고 풍부하게 전달하며 예술의 언어가 인간의 복잡한 경험을 보다 명확하게 드러내는 중요한 도구임을 강조한다. 이처럼 교육과 철학의 맥락에서 예술과 문학을 통합하는 맥신 그린의 독특한 접근 방식은 예술적 언어가 사람들의 생각과 경험을 표현하고 공유하는 데 중요한 역할을 한다는 점을 강조한다. 맥신 그린의 글쓰기 방식은 예술에 대한 깊은 애정과 이해를 잘 반영하고 있다. 예술을 단순한 학문적 주제로 삼는 것이 아니라, 일상 속에서 예술을 받아들이고 실천하는 모습을 보여주며 자신의 글을 통해 독자들이 예술의 세계로 자연스럽게 입문하고 몰입할 수 있도록 안내한다(Totten, 2007: 311). 또한, 맥신 그린은 사람들이 예술을 통해 새로운 시각과 깊은 이해를 얻을 수 있도록 돕는다. 이는 그녀의 심미적 교육철학을 반영하는 것으로 예술이 개인의 성장과 사회적 변화를 촉진하는 데 중요한 역할을 한다는 그녀의 견해를 잘 보여준다. 맥신 그린의 철학은 예술이 단순한 감상의 대상이 아니라 우리를 더 깊이 있는 성찰과 변화로 이끄는 도구임을 강조한다.

맥신 그린이 이해하는 '예술'은 기존의 미적 교육에서 연구되던 개념과는 다소 차이가 있다. 그린은 예술을 단순히 미적 감상의 대상으로 보지 않고 개인과 사회를 이해하고 변화시키는 도구로 인식한다. 그린은 예술과 '미'를 전인적 인격 형성을 위한 중요한 원리로 바라본 쉴러(Friedrich von Schiller, 1795-1805)의 관점을 확장한다. 쉴러와 그린 모두 예술과 미의 중요성을 강조했지만, 쉴러는 예술을 인간 내면의 조화와 전인적 인격 형성에 중점을 둔 반면, 맥신 그린은 예술을 개인과 사회적 변화의 촉매로 보며 개인의 인식 확장과 가능성 실현에 중점을 두었다는 점에서 그들의 접근 방식과 강조점은 다르다고 할 수 있다. 맥신 그린이 주장하는 '예술'은 조화롭고 이상적인 것이라기보다는 오히려 그 균형이나 익숙함을 '깨뜨리는' 매개체라 할 수 있다. 그녀는 예술이 단순히 아름답고 평온한 감정을 불러일으키는 것이 아니라, 때로는 기존의 관점과 감정을 흔들고 새로운 통찰과 변화를 촉진하는 강력한 도구로 작용한다는 점을 주지시킨다(Greene, 2011: 244).

맥신 그린의 심미적 교육은 존 듀이의 미적 체험 개념과 유사하게 예술을 '경험의 대상'으로 간주한다. 이는 그린이 듀이로부터 많은 영향을 받았음을 보여준다. 듀이에 따르면 근대 이후 예술과 일상은 지나치게 단절되어 예술은 인간 경험과 유리된 '외형'으로만 존재하게 된다. 본래 예술은 우리의 일상에 깊이 스며든 삶의 일부였으며 춤, 음악, 회화 등은 공동체의 중요한 삶의 요소로서 집단생활의 의미를 완성하는 데 기여한다. 그러나, 근대 경제적 세계주의의 발달로 인해 예술은 본래의 토착적 지위를 상실하고 특정한 문화의 상징으로만 여겨지게 된다. 이에 듀이는 예술과 일상 사이에 존재하는 '심연'을 극복해야 한다고 주장하며 미적 체험의 중요성을 강조한다(Dewey, 2003: 27).

지각을 위해 감상자는 자신의 고유한 경험을 창조해야 하며, 그 창조된 경험은 원작자가 경험했던 것과 비슷한 관련성을 지녀야 한다. 문자 그대로 동일한 창조는 아니지만, 세부적으로 같을 필요는 없다. 다만 예술가가 의도적으로 경험한 구조화 과정과 유사한 요소의 정리 또는 배치 과정이 필요하다. 재창조 과정이 없다면, 그 대상은 예술작품으로 지각되지 않는다. 예술가는 자신의 취향에 따라 선택하고, 단순화하며, 명료화하고, 요약하거나 응축한다. 감상자 또한 이 과정을 그 자신의 관점과 취향에 따라 거쳐야 한다. 두 과정에서 물리적으로 흩어져 있는 세부사항들을 한데 모아 경험된 전체를 형성하면서 진정한 의미의 이해가 나타나는 것이다(Dewey, 2005: 56: 김수진, 2013: 13에서 재인용).

이처럼 존 듀이는 예술 감상자가 자신의 경험을 창조하는 과정을 통해 예술작품을 더 깊이 이해하고, 그 이해를 바탕으로 자신의 삶과 세상을 더욱 심도 있게 바라보게 된다고 주장한다. 이는 예술가가 작품을 창조하는 과정과 유사하다. 예술가는 선택과 응축, 단순화와 명료화의 과정을 거치며 자신의 관점과 취향에 따라 작품을 창조한다. 감상자 역시 자신의 관점과 취향에 따라 작품을 분석하고 종합하면서 그 의미를 이해한다. 이 과정에서 감상자는 예술작품의 개별적인 세부사항을 종합하여 전체적인 경험을 형성하게 되고 이러한 통합적 경험이 진정한 이해를 가능하게 한다. 이러한 통합적 경험이 없으면, 대상은 예술작품으로 인식되지 않는다는 것이 듀이의 주장이다. 따라서 듀이의 미적 체험 개념은 예술 감상이 단순한 미적 즐거움을 넘어서 개인의 성장과 사회적 변화를 촉진하는 중요한 경험적 과정임을 강조한다.

미적 체험, 즉 심미적 경험은 인간 의식과의 교류를 통해 하나의 '의미'로 습득될 수 있다. 이러한 교류는 예술의 지각과 인지, 감동, 그리고 그 감동을 통한 상상을 포함하는 '참여적 개입'과 '의식적 개입'을 통해 더욱 확장될 수 있다(Greene, 2011: 263). 그러므로 심미적 경험은 단순한 미적 감상에 그치지 않고, 인간의 의식과 교류하면서 그 의미를 형성하는 과정인 것이다. 이러한 경험은 예술을 지각하고 인지하며 그로 인해 감동을 느끼고 상상력을 발휘하는 참여적이고 의식적인 개입을 통해 의미를 형성하게 된다. 이는 예술을 통해 우리가 세상을 이해하고 그 이해를 바탕으로 삶과 세상을 개선하는 데 도움을 줄 수 있는 경험적 과정임을 강조한다. 이 점에서 맥신 그린의 심미적 교육과 존 듀이의 미적 체험 개념은 공통된 강조점을 지닌다. 맥신 그린은 "경험을 바탕으로 다양한 예술에 동참함으로써 더 많이 보고, 들리지 않는 소리를 더 많이 듣고 억압된 대상을 더 의식하게 되며 이를 통해 다시 한번 사고하게 된다"(Greene, 문승호 역, 2019: 195)고 설명하며 심미적 교육의 필요성을 강조한다(Greene, 1995: 195). 이와 같이 그녀는 예술 체험이 우리의 인식과 사고를 풍부하게 하며 일상에서 간과되기 쉬운 부분에 대한 인식을 고양시킨다고 주장한다.

심미(審美)는 대상을 통해 아름다움을 살피는 것이며 심미안(審美眼)은 대상에 내재한 미적 특성에 의식적으로 주의를 기울이고 아름다움을 발견하는 지적 통찰력으로 정의할 수 있다. 듀이와 맥신 그린 모두 심미안이 예술 작품을 통해 고양되고 이를 통해 완결된 심미적 경험이 가능해진다고 주장한다. 심미적 교육이란 '예술과의 감상적, 문화적, 참여적 관계를 양성하기 위한 의도적 노력'으로 정의되며, 이를 통해 학습자는 주목해야 할 대상을 인식하고 작품의 가치를 자신의 삶에 적용할 수 있게 된다(Greene, 문승호 역, 2019: 28). 즉, 맥신 그린의 심미적 교육은 자신의 삶과 사회에 무관심하고 무감각한 상태에서 벗어나 '깨어 있는' 변혁적 행동과 실천적 상상력을 갖추도록 도우며 그 맥락 속에서 성찰을 유도한다. 또한, '맥락 속'에서 굳어진 사고를 해체하고 그 과정에서 예술과의 심미적 만남을 가능하게 한다.

맥신 그린은 심미적 교육의 구현 요소를 다음과 같이 체계적으로 정리하였다.[1]

---

[1] Maxine Greene 홈페이지(Maxine Greene Institute, https://maxinegreene.org) 발췌(임새롬 역, 2022: 40). Maxine Greene Institute에서는 심미적 교육을 위한 이러한 접근 방식의 일부가 Greene의 철학적 저술에 근거하여 LCE에서 수년 동안 예술가와 직원들을 교육하는 과정에서 시작되었음을 밝히고 있다.

<표 2-1> 맥신 그린의 심미적 교육의 구현 요소

정 의	설 명
주요 자원으로서 특정 작품들에 초점을 맞춤	예술 형식의 맥락에서 공명(마음을 울리는 감동)을 위해 선택된 예술작품과 선택된 특정 예술 작품은 특정 주제, 교육과정 목표의 활용성과 접근 가능성을 다룬다.
예술 만들기	연구대상이 되는 예술 작품의 규율에 내재된 고유한 예술 과정의 실제 경험, TA 그리고/또는 교육자의 지도하에 활동 전의 워크숍과 활동 후의 피드백이 적어도 한 번은 진행되기를 추천한다.
탐구 (수업 전, 수업 중, 수업 후의 질문들)	발문 전략 및 질의를 기반으로 한 가르치고 배우는 과정들은 (예술 작품의 실행을 통한) 경험 전반에 걸쳐 두드러진다.
성찰 (수업 전, 수업 중, 수업 후)	수업에 깊이 참여하도록 도움을 주는 다양한 방식들과 그리기, 성찰적 글쓰기, 시각적 묘사와 토론 활동에 담긴 운동 감각적 경험을 포함하는 다양한 방식을 통해 되돌아본다.
조사(연구)	사회적 맥락, 학술적 연구, 예술가의 전기적 정보 및 인간관계 등과 같이 예술 작품을 통해 표현되는 세계를 조명하는 예술 작품과 관련된 맥락 정보를 포괄한다.

<표 2-1>에서 도출할 수 있는 맥신 그린의 예술 교육 철학의 구현 요소는 예술 작품, 매체 탐구, 그리고 예술 작품의 제작을 포함하며 이는 감각적 경험과 직접 경험, 성찰 및 맥락적 정보와 결부된다. 이러한 철학은 학습자의 능동적 학습을 기반으로 한다. 여기서 예술 작품은 단순히 감상하거나 학습의 대상으로 보지 않고 교육의 궁극적인 목적도 아니라고 주장한다. 또한, 예술 작품은 박물관이나 미술관에서 유리된 유물로 존재하는 것이 아니라, 인간의 '비전'과 '의미체'로서 성공적인 심미적 교육의 자원으로 활용되기 위해 앞서 언급한 구현 요소들을 고려해야 한다.

맥신 그린의 심미적 교육은 수동적인 학습 방식을 거부하며, 예술과 상상력을 교육의 중심에 두고 능동적인 작품 해석을 학습 환경에 도입하는 것을 의미한다. 즉, 맥신 그린의 심미적 교육은 예술, 미학, 교육의 다양한 층위를 연계하여 사회적 변화를 추구하는 '실천의 철학'으로 기능한다. 특히, 예술의 가치를 발견하고 이를 일상 속에서 확장하고 실천하는 것을 강조한다. 이를 통해 예술 경험은 우리의 인식과 이해를 확장하고 심화시키며, 그 과정에서 사고를 재구

성하여 삶과 세상에 대한 새로운 관점과 이해를 형성하는 데 기여한다. 이러한 과정은 예술이 우리의 삶과 세상을 더 나은 방향으로 변화시키는 데 필요한 창의적 사고와 행동을 촉진하는 중요한 역할을 한다.

다음은 심미적 교육에서 가장 중요하게 여겨지는 핵심 요소들에 대한 설명이다.

(1) 철학하기

맥신 그린의 심미적 교육에서 가장 먼저 이루어지는 단계는 예술 작품과의 만남이다. 학습자는 의식적으로 예술 작품에 주목하고 1:1 소통을 통해 작품과 직접적으로 교류하면서 교육이 시작된다. 이 과정에서 교사는 학습자에게 질문을 던지고 학습자는 그 질문을 숙고하거나 자신의 관점에서 새로운 질문을 생성하면서 더욱 깊은 예술적 만남으로 나아간다. 이때, 교사의 질문은 단순히 악기를 다루는 방법이나 작품의 사실적인 설명 혹은 감정적인 반응을 묻는 것이 아니다. 오히려 학습자가 예술 작품과 소통한 결과를 삶과 연관지을 수 있는 '좋은 질문'을 던지는 것이 중요하다. 이러한 질문은 학습자의 심미적 경험을 촉진하고 자극하며 기존의 예술 교육에서 흔히 사용되는 질문과는 차이가 있다. 교사는 학습자가 스스로 발견할 수 없는 부분을 볼 수 있도록 비계(scaffolding)를 설정하여 학습자가 작품을 통해 '깊이 알아차리고 패턴을 인식하며 내면에서 창조된 의미와 다양한 관점의 모호함과 함께 살아가도록' 지원한다[2].

좋은 질문은 교사의 철학에서 비롯된다. 철학이란 단순히 내용 지식을 설명하거나 정답을 알려주는 것이 아니라, 우리가 무심코 받아들였던 것들에 대해 의문을 제기하고 그 인식에 대해 '만약에?'라는 가정을 통해 상상함으로써 존재에 대한 깊은 통찰에 접근하는 것을 의미한다(Greene, 양은주 역, 2007: 19). 맥신 그린은 이러한 철학적 접근을 '철학하기'라 명명하며 심미적 교육에서 교사의 철학적 사고가 매우 중요함을 강조하였다. 예술가는 세상에 질문을 던지는 철학자와 같은 존재이며, 교사는 예술적 삶의 존재로서 학습자를 심미적 경험으로 인도하는 또 다른 철학자인 것이다. 철학은 교사가 심미적 교육의 목적과 의미를 명확하게 정의할 뿐만 아니라, 이를 효과적으로 전달하기 위한 교육 용어, 개념, 그리고 학습 내용을 명료화하는

---

[2] 이 각각의 요소는 LCE에서 '상상적 사고를 위한 역량'으로 원리화되었다.

과정에도 기여한다(Greene, 양은주 역, 2007: 19-20).

좋은 수업은 단순히 흥미로운 학습 방법이나 교과 내용의 이해에 그치는 것이 아니다. 오히려 학습 내용이 어떻게 조직되는지에 대한 배경적 지식, 즉 그 교과를 구성하는 다양한 주요 개념, 원리, 사실뿐만 아니라 교과의 성격과 목표에 대한 개괄적인 이해가 있을 때 비로소 가능하다. 이러한 교사의 철학적 기반은 학습 내용과 방법을 넘어, 심미적 경험을 통해 학습자가 더 깊은 이해와 창의적 사고를 할 수 있도록 돕는 중요한 요소가 된다(박인기, 2011: 281).

(2) 몸의 감각 경험

감각(感覺, sense)은 각 감각 기관을 통해 외부 자극을 인식하고 이를 지각(知覺)하여 특정 반응을 이끌어내는 능력을 말한다. 전통적으로 시각, 청각, 후각, 미각, 촉각 등 오감(五感)으로 설명되지만 학자에 따라 언어 감각, 자아 감각, 근감각, 열 감각, 균형 감각 등으로 세분화되기도 한다. 감각은 단순한 자극의 수용을 넘어서 그 신호에 의미와 체계를 부여하는 해석 과정인 지각(知覺)과 연결된다. 이 과정에서 감정과 느낌이 발생하며 각기 다른 경험과 지식에 따라 같은 감각 정보라도 다르게 해석된다. 이는 뇌의 편집 과정을 통해 범주화 및 재구성되는 '간접 지각이론'으로 설명된다.

맥신 그린은 감각에 대한 논의에서 듀이, 사르트르, 메를로-퐁티의 진보적, 실존주의적, 현상학적 입장을 수용하며 감각 경험의 중요성을 강조했다. 이러한 철학자들은 감각 경험이 세상을 이해하고 인식하는 데 핵심적인 역할을 한다고 보았다. 듀이는 감각 경험이 개인에게 새로운 관점과 이해를 제공하는 중요한 통로라고 보았다. 사르트르와 메를로-퐁티는 감각 경험이 인간 존재와 세상에 대한 근본적인 이해를 형성하는 데 중요한 역할을 한다고 주장한다. 맥신 그린은 이들의 철학을 바탕으로 예술을 통한 체험이 개인의 '널리 깨어 있는' 탐색 과정을 촉진한다고 보았다. 이를 통해 새로운 가능성을 발견하고 실현할 수 있으며 이러한 과정은 심미적 교육의 중요한 요소로 작용한다.

감각은 인간이 외부 자극을 받아들이는 첫 번째 관문으로서 직접적인 경험을 통해 질성적 경험을 시작하게 된다. 그러나 서양 철학사에서는 이성, 정신, 관념에 비해 감각은 명확하게 개념화하거나 명제화할 수 없다는 이유로 신체와 상상력과 함께 질적으로 낮은 것으로 평가받아 왔다. 그러나 듀이는 감각의 중요성을 재조명하며 세계와의 상호작용 및 소통을 가능하게 하는 유일한 수단으로서 신체와 감각의 역할을 강조한다. 그는 감각 기관이 다른 사물들과 관계를 맺기 위해 확장성을 띠며 단순히 외부에서 주어지는 형식을 수동적으로 받아들이지 않고, 새로운 형식을 창조하는 경향을 지닌다고 보았다. 또한, 감각 기관이 포착하는 모든 감각적 질성들이 유기체 전체의 작용에 의해 형성되며 이 과정에서 감각적 질성들은 유기체 전체로 퍼져나가면서 신체와 융합하려는 성향을 가진다고 주장한다. 이는 곧 '전체 몸의 지각'이라는 개념으로 설명될 수 있다(Dewey, 박철홍 역, 2016: 260).

강진숙·장유정(2012)은 오늘날의 미디어 시대를 '생체 감각이 마비된 시대'로 우려하고 있다. 그들은 기계의 매개로 인해 감각이 확장되고 있지만, 그와 동시에 직접적인 생체 감각은 쇠퇴하고 있다고 지적한다. 이러한 현상은 경계의 모호함, 공간의 부정, 거리감과 현존감의 상실을 야기하며 결국 사회적, 공간적 토대의 붕괴로 이어져 궁극적으로 모든 감각의 상실이라는 부작용을 초래할 수 있다고 본다.

기술의 진보에 따라 학교 교육에서도 자연물을 활용한 교육은 점차 사라지고 있으며 이는 곧 감각적인 학습과 점점 거리가 멀어지고 있음을 시사한다. 현재의 학교 교실은 다양한 정보화 기기와 시청각 자료들로 채워져 있으며, 교사들은 AI를 활용하여 수업을 진행하고 학생들은 TV나 태블릿 PC, 인터넷을 통한 학습이 일상화되고 있다. 이와 관련하여 홍경아(2018: 13-14)는 학생들이 학교에서 새로운 기계를 접하는 경험만으로는 충분하지 않다고 주장한다. 오히려 학생들이 감각적 활동을 통해 인간만이 가진 본성을 몸으로 체득하는 시간이 필요하며 이를 통해 기계와 자신의 감각 인식을 유연하게 결합할 수 있다고 주장한다.

신체의 감각은 예술의 창작과 감상 모두에 있어 중요한 역할을 한다. 감각은 창작자가 자신의 아이디어를 형상화하는 데 필요한 원천이자 예술 작품을 통해 다른 사람들과 경험을 공유할 수 있는 중요한 매개체이다. 창작 행위는 보는 것, 듣는 것, 느끼는 것과 같은 감각적 경험을 바탕으로 이루어지며, 이러한 감각은 창작자가 자신의 감정, 생각, 아이디어를 표현하는 데 필요한 소재를 제공한다. 예를 들어 화가는 색상, 형태, 질감을 통해 자신의 감정과 생각을 시각적으로 표현하고 작곡가는 소리와 리듬으로 자신의 감정과 생각을 표현한다. 이처럼 창작 과정에서 신체의 감각은 창작자에게 중요한 의미를 지니며 이를 통해 감상자도 창작자의 감각적 경험을 공유하고 새로운 관점과 이해를 얻을 수 있다.

듀이는 창작 행위에서 '행하는 것'과 '감상하는 것'이 예술 작품이 완성될 때까지 지속되며, 이 과정이 작품에 반영된다고 보았다. 그에 따르면 예술 작품 전체에 대한 의식과 긴밀하게 결합되지 않은 눈과 손의 동작은 단지 기계적인 움직임에 지나지 않는다. 반면 창작 행위가 심미적 경험, 즉 예술가의 감각적 경험이 작품에 자연스럽게 녹아들어 있을 때 눈과 손은 창작 활동에서 진정한 의미의 도구가 된다(Dewey, 박철홍 역, 2016: 115). 이러한 관점에서 감각은 창작자가 자신의 개인적인 경험, 감정, 사상을 예술 작품을 통해 표현하고 이를 관객과 공유하는 중요한 매개체 역할을 한다. 이는 맥신 그린의 심미적 교육과도 밀접하게 연결된다. 그린 역시 창작 활동에 필요한 역량은 신체로부터 나오며, 자신의 몸과 감각에 대한 경험적 이해가 심미적 경험을 이끄는 핵심적인 요소라고 보았다. 따라서 창작 활동에서 신체와 감각은 창작자의 내면세계와 감각적 경험을 표현하고 감상자와 소통하는 매개가 되어 심미적 경험을 창작, 감상하는 심미적 교육의 본질적 요소인 것이다.

(3) 미적 체험

맥신 그린은 미적 체험을 '인식적 자각의 충격'으로 정의한다(Greene, 1978: 190). 이는 단순한 주관적 흥분이나 경이로움, 즐거움, 만족감에 그치는 반응이 아니다. 맥신 그린은 예술을 통해 우리가 평소에 인지하지 못하거나 간과하기 쉬운 것들에 대해 새로운 인식과 이해를 얻을 수 있다고 본다. 이 '인식적 자각의 충격'은 일상 속에서 무심코 지나쳤던 것들에 대한 인식을 확장시키고 우리의 사고를 재창조하는 데 중요한 역할을 한다.

맥신 그린의 심미적 교육은 이러한 '인식적 자각의 충격'을 통해 개인의 성장과 사회적 변화를 촉진하는 것을 목표로 한다. 이는 눈앞에서 지각하는 대상에 대한 깊은 인식과 깨달음을 동반한 의식의 반응이다. 즉, 우리가 예술의 특정 매체(그림, 언어, 공간과 몸의 움직임 등)를 접할 때 그 매체가 우리 내면에서 또 다른 가치를 결합하게 만드는 순간이 바로 '미적 체험의 순간'이라는 것이다. 맥신 그린에 따르면 이 미적 체험은 특정 예술 매체의 텍스처, 즉 선이나 색깔, 공간의 형태 등을 느끼고 익숙해지는 과정을 통해 촉발된다. 따라서 이러한 경험을 얻기 위해서는 예술의 다양한 매체의 텍스처의 성격을 깊이 탐구하고 이를 통해 '자신에게' 보여지고 느껴지고 들리는 것을 표현하려는 노력이 필요하다고 주장한다(Greene, 1978: 187). 결국, 맥신 그린의 미적 체험 개념은 예술이 우리의 인식과 이해를 확장시켜 사고의 변화를 이끌어내는 중요한 도구임을 강조한다. 맥신 그린의 심미적 교육은 예술 매체의 텍스처를 탐구하고 이해함으로써 개인의 성장을 촉진하고 궁극적으로 사회적 변화를 이루는 것을 목표로 한다. 맥신 그린에 따르면 이 활동이 미적 체험의 과정이 되기 위해서는 특정 조건이 필요하다. 이는 단순히 개인의 주관적인 경험으로 머무는 것이 아니라, 그 비전을 '남들이 지각할 수 있는 현실'로 변화시키고 그 현실에 이해할 수 있는 형태를 부여해야 한다는 것이다. 즉, 머릿속에 주관적으로만 존재하던 비전을 예술 작품을 통해 실제적이고 '살아있는 것'으로 변환되는 과정이 미적 체험의 핵심이다. 따라서 맥신 그린은 예술 교육에서 결정적으로 중요한 것은 학생들의 지각과 비전을 정의하려 하고 그것을 예술적 담론에 표현해 보려는 노력이라고 말한다(Greene, 1978: 187). 이는 예술 교육의 핵심이 학생들이 자신의 감정, 사상, 경험을 예술을 통해 표현하고 공유함으로써 창의성과 표현력을 발전시키는 데 있음을 시사한다. 즉, 예술 교육에서 가장 중요한 것은 학생들이 자신의 느낌과 비전을 얼마나 성공적으로 표현하느냐가 아니라, 이러한 창조적 노력과 분투를 통해 무엇을 의미하는지 직접 체험하고 이해하는 것이다. 이는 학생들이 예술가들이 창조해 내는 가상의 세계나 현실이 얼마나 특별한지 깨닫게 하고 예술의 본질과 표현 과정에서 새로운 의미를 발견하는 경험 자체가 중요한 교육적 가치로 자리 잡는 것이다.

맥신 그린의 심미적 체험 교육의 지향점을 살펴보면 다음과 같다.

맥신 그린의 미적 교육철학은 '널리 깨어 있음', '상상력', 그리고 '실천'이라는 세 가지 핵심 요소를 중심으로 전개된다. [그림 2-1]을 살펴보면 '널리 깨어 있음'은 우리가 세상을 더 깊이 이해하고, 자신의 생각과 감정을 풍부하게 표현할 수 있는 능력을 의미한다. 이는 존 듀이가 언급한 '마취 상태(anaesthetic)'와 반대되는 개념으로 정서적 무감각에서 벗어나 예술 작품을 통해 사회의 부조리나 불평등을 인식하고 이를 변화시키는 상상력을 발휘하는 것을 의미한다. '상상력'은 새로운 가능성을 탐구하고 자신의 감정과 생각을 예술적 방식으로 표현하는 능력이다. 더 나아가 사회적 변화와 혁신을 위한 중요한 도구로 작용하며 이를 통해 더 나은 미래를 상상하고 실현할 수 있다고 본다. '실천'은 상상력으로 탐구한 가능성을 실제 행동으로 옮기는 과정을 의미한다. 이는 예술을 통해 개인의 자각을 촉진하고 상상력을 기반으로 개인적, 사회적 변화를 실천할 수 있도록 이끄는 것을 교육적 목표로 한다.

[그림 2-1] 맥신 그린의 미적 교육철학 핵심 요소 (고혜진, 2017: 13)

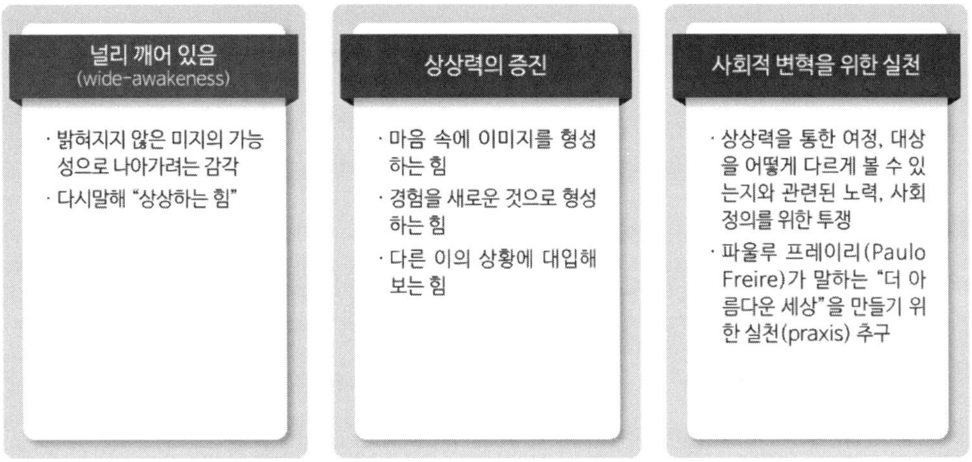

널리 깨어 있음 (wide-awakeness)	상상력의 증진	사회적 변혁을 위한 실천
· 밝혀지지 않은 미지의 가능성으로 나아가려는 감각 · 다시 말해 "상상하는 힘"	· 마음 속에 이미지를 형성하는 힘 · 경험을 새로운 것으로 형성하는 힘 · 다른 이의 상황에 대입해 보는 힘	· 상상력을 통한 여정, 대상을 어떻게 다르게 볼 수 있는지와 관련된 노력, 사회 정의를 위한 투쟁 · 파울루 프레이리(Paulo Freire)가 말하는 "더 아름다운 세상"을 만들기 위한 실천(praxis) 추구

맥신 그린은 미적 교육철학을 통해 사회적 변화를 이끌어낼 수 있다고 주장한다. 그녀의 철학은 우리가 자신을 둘러싼 세상을 깊이 이해하고 이를 바탕으로 사회적 변화를 추구하는 능력을 키우는 데 중점을 둔다. 이는 예술과 교육이 서로 밀접하게 연결되어 있음을 보여주며 예술적 경험이 우리 삶에 어떻게 긍정적인 영향을 미칠 수 있는지를 설명한다. '널리 깨어 있음', '상상력', 그리고 '실천'이라는 세 가지 핵심 요소를 통해 그린의 미적 교육철학은 학습자가 자신과 세상을 이해하고 그 안에서 적극적으로 행동할 수 있는 능력을 개발하는 것을 목표로 한다. 이는 교육이 지식을 전달하는 것에 그치지 않고 학습자가 자신의 세상에서 변화를 이끌어낼 수 있는 힘을 키우는 과정임을 강조한다.

가) 널리 깨어 있음(wide-awakeness)

'널리 깨어 있음(wide-awakeness)'이라는 개념은 사회학자 알프레드 슈츠(Alfred Schutz)가 제안한 것으로 개인이 자신의 주변 환경과 상황을 깊이 이해하고 그 이해를 바탕으로 행동과 결정을 조정하는 능력을 의미한다. 이 개념은 개인이 자신의 경험과 지식을 바탕으로 세상을 인식하고, 새로운 가능성을 탐색하며 그 가능성을 실현하기 위한 행동을 취하는 데 중요한 역할을 한다. 맥신 그린은 이 개념을 교육의 핵심 요소로 본다. 그녀는 교사들이 학습자들의 '널리 깨어 있음'을 촉진하는 데 중요한 역할을 해야 한다고 강조한다. 이를 통해 학습자들이 상상력을 발휘하고 창의적인 아이디어를 도출하며 더 나은 미래를 만들어가는 데 필요한 역량을 키워야 한다고 주장한다.

맥신 그린은 '널리 깨어 있음'에 능숙할 때 수반되는 새로운 관점의 즐거움을 다음과 같이 말한다.

예술은 문화적 다양성과 공동체 형성, 그리고 세상에 대한 '깨어 있음'으로 이어지며, 이러한 탐구 과정에서 경험하게 되는 예술과의 만남에 대해 더 언급하고자 한다. 나뿐만 아니라 다른 이들에게도 예술은 삶의 세상을 보는 새로운 관점을 제공한다. 잘 인지된 예술과의 만남에서 우리는 일상적이고 친숙한 부분들이 놀라우리만치 전혀 친숙하지 않은 경지로 넘나드는 체험을 할 수 있다(Greene, 문승호 역, 2019: 17).

이는 예술을 통해 세상을 이해하는 '널리 깨어 있는' 탐색 과정의 중요성과 그 과정에서 얻는 즐거움을 강조한다. 특히, 이러한 탐색 과정에서 우리는 예술과의 만남으로 새로운 관점을 발현하고 그로 인해 삶과 세상을 새롭게 바라보는 즐거움을 느낄 수 있다고 말한다. 맥신 그린은 또한 예술과의 깊이 있는 만남이 일상적이고 친숙한 것들을 전혀 낯선 경지로 넘나드는 체험을 제공한다고 설명한다. 이러한 경험은 세상을 의미 있게 바라보고 그 이해를 기초로 새로운 가능성을 탐색하며 실현하는 데 기여한다. 이는 교육과 학습의 중요한 목표로서 '널리 깨어 있는' 탐색 과정의 가치를 강조한다. 즉 '널리 깨어 있음'은 예술과의 지각적 만남을 통해 학습자들이 자아를 해방하고 세상을 새로운 시각으로 바라보는 태도를 기르는 것이다. 이는 세상을 수동적으로 바라보는 것이 아닌 능동적으로 주목하고 상호작용하는 태도를 의미한다. 단순히 감상하는 것을 넘어, 예술 작품의 의미를 깊이 탐구하여 전달하는 메시지를 이해하려는 적극적인 노력이 필요한 것이다. 이러한 태도는 예술 작품에만 국한되지 않고 우리의 삶과 사회 전반에도 적용된다. 우리는 '널리 깨어 있는' 태도를 통해 삶과 사회의 부조리를 인식하고 이를 개선하기 위한 새로운 방법을 상상하고 찾아낼 수 있다. 이는 우리가 상상력을 발휘하여 창의적인 아이디어를 만들어내고, 그 아이디어를 실현하기 위한 실질적인 행동으로 나아가는 데 도움을 준다. 따라서, 맥신 그린은 '널리 깨어 있음'이 세상을 이해하고 그 이해를 바탕으로 자신의 삶과 사회를 개선하기 위한 역량을 함양하는 데 중요한 역할을 한다고 주장한다. 이는 우리가 자신의 삶과 사회를 더 나은 방향으로 변화시키기 위한 창의적 사고와 행동을 촉진하는 것을 의미한다.

이러한 '널리 깨어 있음'의 능동성을 발휘하게 하는 핵심 요소는 에이전시(agency)와 실천(praxis)이다. 에이전시는 개인이 자신의 생각과 행동을 스스로 결정하고 통제할 수 있는 능력을 의미한다. 즉, 개인이 자신의 목표를 설정하고 그 목표를 달성하기 위한 구체적인 행동을 계획하며, 그 계획을 실행하는 능력을 의미한다. 실천(praxis)은 개인이 자신의 생각과 목표를 실제 행동으로 전환하는 과정을 의미한다. 즉, 개인이 아이디어를 실행하고 그 결과로 자신의 삶과 세상을 개선하는 능력이다. 에이전시(agency)와 실천은 '널리 깨어 있음'과 사회적 상상력과 긴밀하게 연결되어 있다. Alexander(2005)는 실천에 앞서 에이전시가 선행되어야 함을 강조한다. 에이전시는 개인이 자신의 생각과 행동을 자율적으로 결정하고 조절하는 능력으로 이 능력이 발휘될 때 실천이 뒤따른다. 맥신 그린 역시 에이전시와 실천이 '널리 깨어 있음'의 능동성을 발휘하는 데 필수적이라고 주장한다. 에이전시가 발휘된 후 실천은 그 바탕 위에서 실제 행동으로 이어진다. 이를 통해 개인은 생각과 목표를 구체적인 행동으로 전환하여 삶과 세상을 개선하는 과정으로 연결된다. 결국, 에이전시와 실천을 통해 '널리 깨어 있음'과 '사회적 상상력'은 실제 변화를 이끌어내는 실천적 행동으로 이어지며 이는 개인이 자신의 삶과 사회를 변화시키는 데 중요한 역할을 한다. 따라서 맥신 그린은 에이전시와 실천이라는 두 요소를 강조하며 교육이 개인의 성장과 사회적 변화를 촉진하는 데 기여할 수 있음을 주장한다. 맥신 그린에 따르면 '널리 깨어 있음'은 예술 작품과 세상을 1인칭 시점에서 바라보고 자신을 둘러싼 타인들을 수용하여 다원적인 세계를 현실화시키는 능력을 의미한다. 이는 다원주의적 포용성과 개방성으로 연결되며 이러한 태도가 민주적인 공동체를 형성하는 데 필요한 철학적 기반이 된다. 맥신 그린은 다양한 사람들과 아이디어를 존중하고 받아들이는 능력을 갖추는 데 '널리 깨어 있음'이 중요하다고 강조한다. 이는 다른 사람들의 생각과 경험을 이해하고, 이를 바탕으로 자신의 생각과 행동을 조절하는 능력을 의미한다. 또한, 그녀는 '널리 깨어 있는' 태도가 민주적인 공동체 형성에 필수적인 '선'을 추구하는 데 중대한 역할을 한다고 주장한다. 여기서 '선'은 타인을 존중하고 공정하게 대우하며 모두가 함께 성장하고 발전할 수 있는 환경을 만드는 것을 의미한다. 결국, 이러한 철학은 교육이 개인의 성장을 도모할 뿐만 아니라 더 나아가 사회적 변화를 촉진할 수 있는 중요한 수단임을 보여준다. 맥신 그린은 이상적인 교실을 다음과 같이 묘사했다(Greene, 1995: 167).

우리는 우리의 교실이 정의롭고 보살핌이 가득하며 선에 대한 개념으로 충만하기(full of conceptions of the good)를 원한다. 우리는 가능한 한 많은 사람이 참여하는 대화가 서로에게, 세계에 개방될 수 있도록 구체적으로 표현하기를 원한다.

맥신 그린이 묘사한 이상적인 교실은 정의와 보살핌으로 가득 차 있으며 '선'의 개념을 중심으로 구성된 공간이다. 그녀는 교실이 개인의 성장과 사회적 변화를 촉진하는 중요한 역할을 수행해야 한다고 주장한다. 이 공간에서 학생들은 자신의 생각과 의견을 자유롭게 표현하며 다른 사람들의 생각과 의견을 존중하고 수용하는 능력을 키운다. 이는 교육이 다양한 사람들과 아이디어를 포용할 수 있는 능력을 배양하는 데 기여할 수 있음을 보여준다. 맥신 그린은 또한 교사들이 가능한 많은 학생이 대화에 참여할 수 있도록 장려해야 하며 그 대화는 개인 간의 소통뿐만 아니라 더 넓은 세계에 열려 있어야 한다고 말한다. 이러한 환경에서 학생들은 자신의 생각과 목표를 실제 행동으로 전환하고 그 행동을 통해 자신의 삶과 세상을 개선할 수 있는 기회를 얻는다. 따라서, 맥신 그린의 이상적인 교실은 '널리 깨어 있음'과 '사회적 상상력'을 촉진하는 데 중요한 요소들을 갖춘 공간이 된다. 이러한 교실은 교육이 개인의 성장과 사회적 변화를 촉진하는 데 기여할 수 있음을 분명히 보여준다.

맥신 그린은 특히 일상의 틀에 갇힌 수동적인 태도로는 '깨어 있음'을 경험할 수 없다고 경고한다. 교사들은 학생들이 익숙한 환경에서 벗어나 낯선 상황과 마주하며 성찰하고 탐구할 수 있는 기회를 제공해야 한다고 주장한다. 이러한 경험은 학생들이 사물과 타인을 새로운 관점에서 바라보고, 일상적인 틀에서 벗어나 다양한 가능성을 탐구하는 데 필수적이다. 그러므로 맥신 그린은 교사들이 '널리 깨어 있음'의 자세를 견지하는 것이 필수적이라 강조하며 학생들에게 이러한 자세를 전수해야 한다고 주장한다. 맥신 그린에 따르면 "자신의 예술적 경험에 대해 깊이 생각하거나 즐거움을 만끽한 순간을 기억하는 교사는 예술이 지닌 쟁점을 더 잘 인식하고 중요한 판단을 내릴 수 있다"라고 한다(Greene, 문승호 역, 2011: 54-55). 이는 교사가 '널리 깨어 있음'을 통해 예술 작품을 새로운 시각으로 바라보고 그 안에 담긴 은유적이고 열린 공간에서 미처 깨닫지 못했던 새로운 의미를 발견할 수 있어야 한다는 것을 의미한다. 이러한 준비된 교사만이 학생들에게 심미적인 경험을 제공할 수 있으며 나아가 사회 현상을 바라보는 '새로운 널리 깨어 있음'을 이끌어낼 수 있다. 아울러, 맥신 그린은 '널리 깨어 있음'을 향한 인간의 호기심을 탐색하려는 적극적이고 책임감 있는 태도를 전제로 학생들이 삶에 대한 질문을 통해 삶의 의미를 찾아가도록 돕는 교육을 지향한다.

나) 사회적 상상력(social imagination)

'상상력'은 '머릿속에서 생각하는 힘'으로 새로운 아이디어를 창출하거나, 보이지 않는 미래를 예측하거나 경험하지 않은 상황을 가상으로 체험하는 능력을 의미한다. 이와 같은 맥락에서 상상력은 새로운 가능성을 발견하고 창의적인 해결책을 제시하며 미래를 대비하는 데 필수적인 인간의 중요한 능력을 가리킨다. 즉, '상상력'은 새로운 이미지를 창조하거나 가상의 상황을 체험하거나 미래의 가능성을 예측하는 능력을 나타낸다. 이는 상상력이 창의성, 문제 해결, 미래 대비 등 다양한 분야에서 새로운 가능성을 모색한다는 것을 반영한다.

이러한 관점에서 상상력은 인간의 창의성과 밀접하게 연관되어 있으며 이는 복잡한 문제를 해결하는 새로운 아이디어 발견의 필수적인 요소로 작용한다. 특히, 맥신 그린은 상상력을 '공감을 가능하게 하는 힘'이라고 강조한다(Greene, 문승호 역, 2019: 15). 상상력은 타인의 관점을 이해하고 그들의 경험에 감정적으로 동참하게 함으로써 인간 간의 심층적 연결을 가능하게 한다고 설명한다. 이러한 공감 능력은 중요한 사회적 기술로 모든 인간관계에서 핵심적인 역할을 하며 공감 능력을 키우는 것은 개인의 사회적 성공과 행복을 증진하는 데 도움이 된다. 맥신 그린은 이를 '상상적 수용력'이라고 설명하며 타인의 관심이 나와 다를지라도 이를 상상력을 통해 다른 관점에서 수용하고 공감할 수 있다고 말한다.

LCE의 Booth는 맥신 그린의 예술 교육철학을 바탕으로 상상적 사고를 위한 역량 교육을 실천하면서 상상력을 '만약에(what if)'라는 질문을 통해 세상을 새롭게 바라보고 불확실한 세계에서 해결책을 찾도록 돕는 기술로 정의한다(Booth, 강주헌 역, 2009: 125-128). 이는 상상력이 우리에게 아직 경험하지 않은 가능성을 탐색하고 현재 상황을 다른 관점에서 이해하게 하여 새로운 아이디어를 창출할 수 있도록 도와준다고 강조한다. 특히, 상상력은 불확실한 상황에서도 창의적인 해결책을 찾을 수 있는 중요한 도구이며 이를 통해 우리는 불확실성을 극복하고 문제를 해결할 수 있다. Booth는 상상력이 우리의 사고방식과 행동을 확장하며 세상에 대한 이해를 깊이 변화시킨다는 점에 주목한다. 이러한 접근법은 상상력의 복잡성과 그 중요성을 인식하는 데 도움을 준다.

맥신 그린은 상상력을 대안적인 현실을 가늠할 수 있는 능력으로 정의하며 이를 '마치~처럼'

이라는 은유적 관점을 창출하는 자질로 설명한다. 이는 공감과 감정이입을 통해 더욱 강화되며 상상력의 나래가 펼쳐지지 않는다면 인간은 직해주의, 즉 단순한 문자 그대로의 해석에만 의존하는 오류를 범할 수 있으며 이는 우리가 주변 세계의 실제를 깊이 있게 이해하지 못하게 한다고 경고한다. 상상력은 우리를 가상적인 세계로 이끌어 새로운 가능성을 탐구하고, 개인적, 사회적, 심미적 개방으로 나아가는 중요한 요소이다. 상상력을 통해 우리는 사물에 대한 관점을 전환하고 대안적인 가능성을 탐구하게 된다.

맥신 그린은 이 상상력의 힘을 '사회적 상상력'이라는 개념으로 확장하여 강조한다. 사회적 상상력이란 현재 사회의 결핍을 인식하고, 우리가 속한 환경에서 무엇이 바람직하며 무엇이 가능한지에 대한 비전을 제시하는 능력을 의미한다. 즉, 사회적 상상력은 개인이나 집단이 자신의 사회적 환경을 이해하고 그 안에서 새로운 가능성과 변화를 상상하는 능력을 의미한다. 이는 공동체의 현재 상황을 분석하고 미래의 가능성을 모색하며 사회적 문제를 해결하는 데 필요한 창의적 아이디어를 발견하는 중요한 역할을 한다. 사회적 상상력을 바탕으로 우리는 사회에서 자신의 위치를 인식하고 다른 사람들의 입장과 경험을 이해하며 그로부터 사회적 문제의 본질을 파악하게 된다. 또한, 사회적 상상력은 현재의 사회적 상황이 어떻게 변화할 수 있는지 그 변화를 통해 더 나은 사회를 만들기 위해 어떤 행동을 해야 할지에 대한 비전을 제시한다. 이 과정에서 사회적 상상력은 사회적 문제를 해결하고 사회적 정의를 실현하며 더 나은 미래를 구축하는 데 필수적인 도구로 작용한다.

Rautins와 Ibrahim에 따르면 맥신 그린의 '상상력을 위한 교육'은 교사와 학생들이 상상력을 공유하고 활용해 현실의 문제를 이해하고 해결하는 방법을 탐구하는 교육이다(Rautins & Ibrahim, 2011: 24-36). 이 방법은 우리가 '취약한 세상'에서 직면한 문제나 난관을 인식하고, 그것이 '무엇이어야 하는가'에 대한 생각과 가치를 반영해 해결책을 상상하고 모색하는 과정이다. 이는 교육이 학생들의 상상력을 자극하고 발전시켜 그들이 자신의 경험과 지식을 바탕으로 새로운 아이디어를 창출하고 문제를 해결하며 더 나은 미래를 구축하는 데 필요한 능력을 함양하는 것을 목표로 한다. 이러한 교육 방식은 학생들이 현실의 문제를 깊이 이해하고 그 문제를 해결할 창의적인 아이디어를 발휘하며 실제로 그 아이디어를 실행하는 능력을 키우는 데 도움을 준다. 이는 교육이 개인의 성장과 발전을 넘어서 사회의 발전에도 기여할 수 있음을 보여준다. 이러한 맥신 그린의 관점에서 교사의 역할은 단순히 지식을 전달하는 것 이상을 요구한다. 교사는 학습자의 상상력을 촉진하고 그들이 새로운 관점으로 다양한 가능성을 모색하도록 독려하며, 그들의 창의적 사고를 발전시키는 데 중점을 둬야 한다. 이 과정에서 학습자들은 자신만의 독창적인 사고를 발전시켜 문제 해결을 위한 창의적인 접근 방식을 모색하고 더 나아가 개인의 성장뿐만 아니라 사회적 변화에도 기여할 수 있는 잠재력을 갖추게 된다.

다) 실천으로서의 교육-민주적 공동체

맥신 그린의 심미적 교육철학은 민주적 공동체를 지향하며, 예술과 교육이 개인과 사회에 미치는 영향을 깊이 고찰한다. 그녀는 학교에서 예술의 중요성을 논의하고 사회적 상상력을 지속적으로 확장하는 것이 민주적인 공동체를 향한 과정이라고 강조한다. 특히, 맥신 그린은 예술이 단순한 미적 경험을 넘어 현실을 더 깊이 이해하고 새로운 가능성을 상상하며 자신과 타인 그리고 사회와의 관계를 탐구하는 중요한 도구로 보았다. 이러한 맥락에서 예술 교육은 삶과 사회에 대한 깊은 이해를 발견하고 윤리적이고 책임 있는 행동을 통해 더 나은 사회를 만들어 가는 데 필수적인 역할을 한다. 맥신 그린의 교육철학은 민주적 공동체를 위한 핵심 가치와 태도를 반영하며 교육이 개인의 성장과 사회적 변화를 촉진하는 데 핵심적인 역할을 한다는 것을 보여준다.

맥신 그린의 심미적 교육철학은 개인의 자아 발견, 주변 세계의 이해, 그리고 이 둘 사이의 연결성에 중점을 둔 교육 방법론이다. 그녀는 학습자가 자신을 둘러싼 맥락을 이해하고 그 속에서 자신의 위치와 역할을 인식하는 '맥락화' 과정을 강조한다. 이는 탈맥락화, 즉 문맥을 떠나서 이해하는 것이 아니라 학습자가 자신의 경험과 지식을 통해 세계와 자신을 연계하여 그 안에서 자신의 의미와 가치를 찾아내는 것을 의미한다. 이러한 맥락화 과정은 민주적 사회에 대한 깊은 고민을 유도한다. 맥신 그린은 심미적 교육이 개인과 사회 간의 상호작용에 대한 깊은 이해를 심화시킴으로써 민주적 사회를 구축하는 데 필요한 지식, 태도, 능력을 개발하는 데 기여한다고 주장한다. 또한, 이러한 맥락화는 학습자들이 민주적인 사회에 대해 깊이 고민하게 만드는 중요한 요소이다. 그린은 심미적 교육이 개인과 사회, 그리고 그 상호작용에 대한 깊은 이해를 돕는다고 본다. 이를 통해 학습자는 민주적 사회를 구축하는 데 필요한 지식, 태도, 그리고 능력을 발전시키며 사회적 책임을 이해하고, 공동체에 기여할 수 있는 윤리적 행동을 배우게 된다.

심미적 교육은 학습자들이 인지적, 지각적, 정서적, 그리고 상상력을 활용하여 자신의 내면과 감각적 수용력을 개방하고 창의력을 발휘할 수 있도록 돕는다. 예술은 세상의 문제를 직접적으로 해결하지는 않지만, 학습자들에게 새로운 감각을 제공함으로써 가능성에 대한 인식을 고양하고 그들이 깨어나 변화를 시작할 수 있도록 참여하는 방식을 가르쳐 준다. 이처럼 맥신 그린의 심미적 교육은 학습자들이 현재의 자신을 넘어 더 나은 존재로 변할 수 있는 감각을 개발하게 하며 교육적이고 도전적인 학교 환경을 구축하는 데 기여한다(Greene, 문승호 역, 2011: 97-98). 이러한 심미적 교육을 효과적으로 구현하려면 교수자는 학습자와 상호작용하면서, 자유와 다양성을 수용하고 변화를 향한 열린 마음으로 접근해야 한다. 이는 학습자의 개별적인 필요와 학습 스타일을 존중하며 학습자가 자신의 학습 경험을 주도하고 발전시키는 데 필요한 지원을 제공하는 것이 매우 중요하다. 더불어 교사는 자신의 교육철학과 실천을 지속적으로 반성하고 평가해야 하며, 이를 통해 교육 방식을 발전시키고 개선해 나가야 한다. 교사는 자신의 교육 실천을 지속적으로 성찰하고 반성함으로써, 학습자를 효과적으로 지원하고 그들의 학습 경험을 극대화할 수 있는 환경을 제공하게 된다.

반성적 교사 교육에서 '반성'은 크게 두 가지 방식으로 이해될 수 있다.
첫째, '사고로서의 반성'은 교사가 자신의 수업 방식, 교육 전략, 그리고 학생들의 학습 결과를 평가하고 개선하는 과정을 의미한다. 이는 교사의 성장과 전문성 개발을 촉진하며, 교사는 이를 통해 자신의 실천을 반성하고 변화와 개선을 도출하여 학습 성과를 향상시킨다.
둘째, '자기반성으로서의 반성'은 교사가 자신의 교육 실천을 사회, 문화, 정치적 맥락에서 성찰하는 과정을 의미한다. 이는 교사가 자신의 교육 실천이 넓은 환경에 어떻게 영향을 받는지, 그리고 그 맥락에 어떻게 영향을 미치는지를 이해하게 된다. 이러한 반성적 교사 교육은 교사가 학생들의 학습을 최적화하고 교육 효과를 극대화하는 데 도움을 준다(정윤경, 2007: 165-188).
이와 같은 맥락에서 그린은 '민주주의 교수법'을 제안한다. 이 교수법은 학습자가 고정된 위치에서 벗어나 성별과 관계없이 더 넓은 세계와 사회에 참여할 수 있는 길을 찾도록 돕는 것을 목표로 한다. 이를 통해 학습자는 자신의 권리와 의무를 이해하고 타인의 권리를 존중하며, 공동체의 일원으로서 자신의 역할을 수행할 수 있는 지식과 태도, 능력을 함양하게 된다. 민주주의 교수법은 민주적 가치를 바탕으로 행동하는 것을 강조하며 이를 통해 우리는 자유, 정의, 그리고 타인에 대한 배려를 의식적으로 실천할 수 있다(Greene, 1978: 70-71). 교육은 이러한 과정을 통해 더 민주적인 사회를 구축하는 기초를 마련하는 데 중요한 역할을 한다. 관습과 익숙함을 벗어나 새로움과 다름의 가능성을 발견하고 인정하는 태도는 교육의 중요한 가치다. 이는 맥신 그린이 강조한 '널리 깨어 있음의 자세'와 연결되며 상상력을 통해 새로운 시각을 개발하고 익숙한 것에 대한 다른 관점에서 질문하고 공유함으로써 새로운 이해를 발견하는 태도를 의미한다.

이러한 접근은 우리가 예술 작품을 보는 방식에도 적용된다. 동일한 작품을 감상하더라도 각자의 경험, 지식, 감성에 따라 다르게 해석하고 다양한 의미를 발견할 수 있다. 타인의 해석은 우리에게 새로운 관점을 제공하며 이를 공유함으로써 우리는 공동의 경험과 이해를 통해 더 큰 공동체의 일원이 된다.

2) 맥신 그린의 교육 방법: LCE 예술 교육

LCE(Lincoln Center Education)는 맥신 그린의 예술 교육 철학을 구체적으로 실현한 프로그램으로 맥신 그린의 사회적 상상력을 기반으로 '상상적 사고'를 발전시키는 데 중점을 둔다. 상상적 사고는 개인이 자신의 경험과 지식을 넘어서 다른 시각이나 관점에서 사물을 바라보고 새로운 아이디어를 창출하는 능력을 말한다. 이는 창의적인 문제 해결, 비판적 사고, 그리고 감성적 이해 등 다양한 영역에서 중요한 역할을 한다. LCE의 '상상적 사고를 위한 10가지 역량'은 이러한 상상적 사고를 발전시키기 위한 핵심 능력들을 정의하며 다양한 예술 장르를 융합하여 교육과정에 반영된다. 이를 통해 학생들은 상상력을 더욱 풍부하게 개발하고 새로운 관점을 통해 더 깊이 있는 사고를 할 수 있다. 이러한 교육 방법은 맥신 그린의 심미적 교육철학을 실질적으로 구현하는 데 중요한 역할을 하며 교사와 학생, 그리고 일반 시민 모두에게 적용되어 교육적 효과를 극대화하는 데 기여한다.

(1) 교육 목적과 지향점

LCI(Lincoln Center Institute)는 미술, 음악, 연극, 무용 등의 공연 예술을 통해 교육을 실현하기 위해 설립된 링컨센터의 예술 교육 기관 중 하나이다. 1974년에 LCI(Lincoln Center Institute)가 설립되었고, 1975년에는 Columbia University의 Teachers College(TC)와 파트너십을 맺었다. 이 과정에서 LCI는 맥신 그린을 핵심 담당자로 임명하여 심미적 교육의 중요성을 실현하는 프로그램을 진행한다. 그녀의 철학은 LCI의 교육 철학의 핵심이 되었고,

1976년 그녀가 주도한 LCI의 여름 워크숍은 LCI만의 예술 교육 철학을 공유하는 중요한 계기가 된다. 이후 맥신 그린은 약 40년 동안 LCI의 상주 철학자로 활동하며 교사들이 심미적 경험을 새롭게 접근할 수 있도록 매년 워크숍을 이끈다. 맥신 그린의 헌신 덕분에 LCI는 예술을 통한 교육의 중요성을 널리 알리고, 심미적 교육의 가치를 실현하는 데 중대한 역할을 한다. 이러한 과정을 통해 LCI는 예술 교육의 새로운 패러다임을 제시하며 많은 교사와 학생들에게 심미적 경험의 가치를 깨닫게 한다. 2013년 8월, 링컨센터는 '21세기의 학습자들을 위한 예술을 통한 배움'이라는 새로운 비전을 제시하며 LCI(Lincoln Center Institute)를 LCE(Lincoln Center Education)로 명칭을 변경한다(Stamas & Zane, 2007: 100-103: 김수진, 2013: 9에서 재인용; 서울문화재단, 2009: 42-47).

LCE(Lincoln Center Education)의 교육철학과 목표는 '상상적 사고를 위한 역량'을 활성화하고 학습자들이 '예술가처럼 생각'할 수 있도록 하는 데 중점을 둔다. 이는 예술 교육이 향상될수록 학생들에게 긍정적인 영향을 미칠 것이라는 전제로 예술을 통해 전인적인 교육 효과를 실현할 수 있다고 본다. 이처럼 LCE의 교육철학은 교사와 학생 모두가 예술을 통해 배우고 성장하는 과정을 중요시하며, 이로 인해 교육의 질과 효과를 극대화하는 것을 목표로 한다. 이러한 접근은 교사와 학생 모두에게 새로운 시각과 경험을 제공하며 예술과 교육이 상호작용하고 서로 보완하는 방식을 제시한다. 결과적으로, LCE는 예술을 교육의 중심에 두고 학습자들이 다양한 경험을 통해 창의적 사고력과 문제 해결 능력을 향상시키도록 돕는다. 이는 21세기의 학습자들에게 필요한 핵심 역량을 개발하는 데 큰 도움을 준다(이승민, 2011: 102).

LCE는 음악, 연극, 무용, 시각예술을 삶의 성공에 필요한 중요한 기술을 배우는 통로로 보고 있다. 그들의 접근 방식은 개인이 타고난 능력으로 예술 작품에 반응하는 데서 시작하며, 이 과정은 예술에 대한 인식을 높이고 고정관념을 깨는 사고를 촉진하며 선입견에 도전할 기회를 제공한다. 이는 맥신 그린의 미적 교육철학의 핵심 요소인 '널리 깨어 있음', 사회적 상상력, 실천으로서의 교육-민주적 공동체를 기반으로 한다.

더불어 LCE는 문제 해결, 협업, 소통, 창의성과 같은 21세기 필수 기술을 강조하며 이를 실현하기 위해 6가지 학교 프로그램을 운영하고 있다. 이 프로그램을 통해 LCE는 예술을 통한 교육의 중요성을 실현하며 학습자들에게 예술을 매개로 새로운 경험을 탐색하고 성장할 수 있는 기회를 제공한다. 이는 LCE의 교육 목표를 구체적으로 실현하는 방식이며, 그들의 교육 철학을 현장에서 구현하는 데 중요한 역할을 한다.

(2) 교육의 원리

LCE(Lincoln Center Education)의 교육 원리는 네 가지 큰 틀로 구성되어 있으며, 그중에서도 '상상적 사고를 위한 10가지 역량'이 기본을 이룬다. 나머지 세 가지 원리인 '탐구(질문) 과정과 4가지 핵심 교육 개념', 'Teaching Artistry의 6가지 핵심 역량', 그리고 'TA 실천을 위한 7가지 필수 요소'는 교사와 TA(Teaching Artist)가 학생들의 예술성을 활성화하고 실천적 태도를 성찰하는 도구로 사용된다. 이 모든 원리는 맥신 그린의 심미적 교육철학을 바탕으로 설계되었으며, 필요에 따라 교육과정에 맞춰 수정과 변경이 이루어질 수 있다. LCE의 교육과정은 체험형으로 설계된 나선형 커리큘럼을 기반으로 한다. 이를 통해 학습자는 반복적인 체험과 학습 과정을 통해 심화된 학습을 경험할 수 있다. 특히, 예술작업을 중요한 도구로 활용해 미적 체험을 개발하고 창조적인 능력을 확장한다. 이 작업은 전통적인 예술 작품뿐만 아니라, 학습자 자신의 창작과 체험을 포함하며 이를 통해 학습자는 자신의 경험과 창조력을 통해 미적 감각을 개발하고 자신의 이해와 지식을 확장해 나간다(이승민, 2011: 115-116).

가) 상상적 사고를 위한 10가지 역량

LCE의 교육철학은 상상력과 예술에 대한 수용성을 중점으로 한다. 상상력은 학습자가 주어진 대상이나 상황을 다른 관점에서 바라보고, 새로운 가능성을 탐색하며 창의력을 발휘하는 데 중요한 역할을 한다. 반면, 수용성은 예술 작품을 깊이 이해하고 그 작품을 창조하는 데 필요한 구조와 기술을 배우는 것을 의미한다. 이는 학습자가 예술 작품을 평가하고 자신의 창작 능력을 개발하는 데 필수적이다.

〈표 2-2〉의 LCE '상상적 사고를 위한 10가지 역량[3]'(임새롬 역, 2022: 105)은 학생, 교사, Teaching Artist(TA)를 포함한 모든 학습자에게 제공되는 핵심 역량으로 이는 평생 학습자가 예술뿐만 아니라, 학문적으로도 성공할 수 있도록 돕는 마음의 습관이다.

---

3) Lincoln Center Education(2014). Learning Framework: The Capacities for Imaginative Thinking. 2019 LCE Summer Forum 자료. New York: Lincoln Center for the Performing Arts, Inc.

〈표 2-2〉 상상적 사고를 위한 10가지 역량

역 량	질문 및 지침	내 용
깊이 알아차리기	충분한 시간 동안 몇 겹의 세부사항을 파악할 수 있는가? 좀 더 깊이 들어갈 수 있는가?	시간을 충분히 가지고 예술 작품이나 다른 연구대상과의 상호작용을 통해 세부적인 층위를 식별하고 명확하게 표현한다.
질문 제기하기	무엇이 궁금한가?	질문을 집요하게 사용하여 사고의 위치를 바꾸고 결론을 넘어 호기심을 유발한다.('만약~라면?'의 질문)
연결하기	이것은 다른 것과 어떻게 다른가? 개인적인 연결고리, 원문과의 관계 및 광범위한 연결을 만들어보라.	당신이 알아차린 것을 당신의 지식, 경험, 그리고 다른 사람들의 관점과 연관시킨다.(다른 예술 작품, 텍스트, 주제에서 세부사항과 아이디어를 비교)
패턴 식별하기	서로 다른 세부사항들은 어떻게 관련될 수 있는가? 그것들을 분석하라.	예술 작품이나 연구대상 내에서 발견되는 세부사항들 사이의 관계를 찾고 분석한다.
신체화	당신의 몸을 이용하여 당신의 생각을 탐구하라. 시도해 보라.	예술 작품이나 다른 연구대상과 관련된 아이디어를 신체적으로 탐구한다.
공감하기	당신은 다른 사람들이 어떻게 생각하고 느끼는지를 이해할 수 있는가? 그들의 관점은 무엇인가?	커뮤니티에서 다른 사람들의 다양한 관점을 존중한다. 타인의 경험을 공감하고 마음속에 그려본다.
모호함 견디기	만약 답이 한 가지가 아니라면? 복합성을 감내하라.	이슈는 둘 이상의 해석을 가지고 있으며, 모든 문제가 즉각적이거나 명확한 해결책을 가지고 있지 않다는 것을 이해한다. 해결점을 찾는 데 있어 복잡성과 다양성을 인내하는 것이다.
의미 창조하기	지금까지의 생각을 종합해 보라. 어떤 새로운 해석을 할 수 있는가?	이전의 역량에 기초하여 아이디어를 종합한 후 자신의 해석을 형성하고 커뮤니티의 다른 사람들에 비추어 그것을 보는 것이다.
행동 취하기	당신의 아이디어로 무엇을 할 것인가? 실천에 옮겨보라.	새롭게 알게 된 것을 바탕으로 세상과 커뮤니티 내에서 당신이 상상하는 것을 실현해 보라.
성찰 및 평가	당신이 겪은 일을 돌이켜 보라. 당신은 무엇을 배웠는가? 다음은 무엇인가?	잠시 멈추고 자신이 한 일을 조사하기 위해 배운 것을 분석하고, 도전을 식별하고, 호기심을 새로이 한다.

이 10가지 역량은 맥신 그린의 상상력 학습 철학을 바탕으로 설계되었으며, 단순한 지식과 기술을 넘어 다양한 학습 경험을 통해 개인의 역량을 개발하는 데 중점을 둔다.

초기에는 LCE의 '상상적 사고를 위한 10가지 역량'이 예술 작품 연구에만 적용되었으나, 시간이 지나면서 모든 학습 분야에 적용할 수 있는 범용성을 입증했다. 이는 '상상적 사고를 위한 10가지 역량'이 다양한 교육 영역에서 중요한 역할을 할 수 있음을 보여준다.

앞서 살펴본 LCE(Lincoln Center Education)의 '상상적 사고를 위한 10가지 역량'은 예술 작품 감상에 국한되지 않고, 모든 학습 분야에서 학습자의 창의적 사고와 문제 해결 능력, 협업 능력을 강화하는 데 핵심적인 교육적 도구로 자리 잡고 있다. 이러한 역량은 학습자가 다양한 경험을 통해 상상력을 동원하고 이를 바탕으로 비판적이며 창의적인 사고를 촉진하며 타인과 협력하여 공동체적 가치를 실현할 수 있도록 돕는다. 이러한 특성은 심미적 체험 기반 문학 수업에서도 핵심적인 역할을 한다.

본 연구에서 제안하는 심미적 체험 기반 문학 수업은 문학 작품과 상호작용하는 과정을 통해 창의적 사고와 공동체 역량을 강화하는 것을 주요 목표로 한다. 이 과정에서 '상상적 사고를 위한 10가지 역량'은 해당 목표를 효과적으로 실현하기 위한 실천적 도구로 활용될 수 있다는 점에서 그 의의가 크다. 10가지 역량 중 '질문하기'와 '다양한 관점으로 보기'는 학습자가 문학 작품을 탐구할 때 작품 속에서 제기되는 문제나 갈등을 비판적으로 해석하며 창의적 해결 방안을 상상하도록 유도한다. 예를 들어, 학생들은 문학 작품 속 인물이나 사건을 재구성하거나 텍스트의 맥락을 현대 사회의 문제와 연결 지어 상상적으로 탐구하는 과정을 통해 독창적인 아이디어를 생성할 수 있다. 또한, '연결하기'와 '협력하기' 역량은 학습자가 문학 작품을 통해 타인의 입장과 감정을 이해하고, 이를 공동체 내에서의 협력적 행동으로 전환하도록 돕는다. LCE의 '상상적 사고를 위한 10가지 역량'은 심미적 체험 기반 문학 수업에서 창의적 사고와 공동체 역량을 강화하는 데 효과적인 도구로 작용한다. 이 역량은 문학 작품을 심미적 체험의 매개로 활용하면서, 학습자가 작품을 통해 자신의 내적 세계를 탐구하고 공동체적 책임을 탐구하도록 돕는다. 본 연구는 이러한 역량을 활용하여 문학 수업에서 경험한 심미적 체험이 창의적이고 협력적인 실천으로 연결될 수 있음을 실증적으로 증명하고자 한다.

나) 탐구 과정과 4가지 핵심 교육개념

LCE의 예술교육 모델인 LOI(Line of Inquiry)는 '탐구 과정'과 '4가지 핵심 교육개념'을 중심으로 구성되어 있다. 이 모델은 학습자가 질문을 던지고 개인적인 발견을 통해 새로운 관점으로 예술을 이해하도록 하는 교육 방법이다. 특히, LOI는 학습자가 직접 '살아있는 예술 작품'과의 만남을 통해 깊이 있는 예술 경험을 쌓고 그 과정에서 개인적인 의미와 통찰을 발견하는 것을 목표로 한다.

〈표 2-3〉과 같이 LCE의 예술교육 모델인 LOI[4]는(임새롬 역, 2022: 107) 학습자가 핵심 아이디어를 발견하고 이를 바탕으로 학습을 확장하는 과정을 중심으로 한다.

〈표 2-3〉 LOI의 과정 및 핵심 내용

단계	학습 주제	교수·학습활동
1단계	예술 작품 만들기	예술 제작은 예술 형식의 요소와 재료에 대한 능동적인 탐구 및 조작이며, 창조적 과정 내에 포함된 선택과 제작에 의식적인 주의를 기울이는 것이다. 미적 교육에서 예술 제작은 교사와 학생 모두가 지각하는 핵심 아이디어로 귀결된다.
2단계	질문하기	질문 전략은 예술 작품의 탐구 전반에 걸쳐 여러 특정한 목적을 위해 사용된다. (예술 제작 과정의 선택 고려, 경험을 토대로 한 예술 작업에 더 깊이 참여, 즉각적으로 맥락을 조사, 자신의 학습에 대해 반성하고 평가, 학생들이 스스로 질문을 개발할 수 있도록 도움을 줌)
3단계	맥락정보 (탐색)	맥락정보는 특정 예술 작품의 '세계'를 구성한다. 맥락정보에는 예술 형식의 역사나 그것이 만들어진 사회적 태도, 문화적 기원, 예술가들에 대한 정보, 기술의 배경 등과 같은 문제가 포함된다
4단계	성찰	미적교육의 맥락 안에서 성찰은 학습자가 경험한 것과 예술에의 생생한 참여에 대해 되돌아보는 활동이다. 성찰 활동은 학생들이 자신의 학습에 대한 개인적인 소유권을 가져가고 질의 과정을 더 진행하도록 돕기 위해 고안되었다.

---

4) Lincoln Center Education(n.d.). Inquiry Process and Four core Teaching Concepts. 2019 LCE Summer Forum 자료. New York: Lincoln Center for the Performing Arts, Inc.

이 과정에서 학습자는 조사와 호기심을 자원으로 활용하며 브레인스토밍을 통해 다양한 아이디어를 발산하게 된다. 그런 다음 학습 주제(what)와 이를 탐구할 방법(how)을 결정하여 그 결과로 핵심 아이디어가 완성된다.

이러한 핵심 아이디어는 학습자가 특정 주제를 깊이 탐구하고 자신만의 통찰을 발견하는 데 중요한 역할을 한다. LOI 모델에서 핵심 아이디어는 학습자가 자신의 학습 경험을 주도하고, 학습에 능동적으로 참여하며 새로운 관점에서 세상을 바라보는 데 도움을 주는 학습자 중심의 교육 접근법을 반영하고 있다.

LOI 모델은 탐구 과정과 4가지 핵심 교육 개념을 중심으로 학습자가 예술 작품과 상호작용하며 깊이 있는 사고와 창의적 문제 해결 능력을 개발할 수 있도록 설계된 교육 모델이다. 이 모델은 학습자가 능동적인 탐구와 반성적 사고를 통해 작품의 의미를 발견하고, 이를 자신의 경험 및 공동체와 연결하는 과정을 강조한다. 특히, LOI 모델은 심미적 체험 기반 문학 수업에서 창의적 사고와 공동체 역량을 다음과 같은 방식으로 구현하는 데 기여한다. 첫째, LOI의 탐구 과정을 통해 문학 작품에서 영감을 받아 새로운 아이디어와 가능성을 창출한다. 둘째, 학습자는 작품 속 세계와 자신의 현실을 연결함으로써 타인의 입장을 이해하고, 공동체 내에서 협력적 행동의 중요성을 인식하게 된다. 셋째, LOI의 반성적 사고와 연결 단계는 학습자가 문학 수업에서 탐구한 내용을 실제적 행동으로 전환하도록 유도한다. 따라서, LCE의 LOI 모델은 본 연구의 심미적 체험 기반 문학 수업에서 창의적 사고와 공동체 역량을 강화하는 데 효과적인 도구로 작용한다. 이 모델의 탐구 과정과 4가지 핵심 교육 개념은 학습자가 문학 작품을 통해 비판적이고 창의적인 사고를 발전시키고, 이를 공동체적 책임과 연대 의식으로 확장할 수 있도록 돕는다. LOI 모델은 문학교육을 학습자 중심적이고 실천적인 경험으로 재구성하며, 문학 작품과 학습자의 삶을 통합적으로 연결하는 강력한 교육적 프레임워크를 제공한다.

다) Teaching Artistry(또는 핵심역량, 또는 필수)의 6가지 기본 원리

Teaching Artistry의 6가지 기본 원리[5](임새롬 역, 2022: 108)는 TA(Teaching Artist)나 교사가 교육을 실행할 때 반드시 고려해야 할 핵심 역량이다. 〈표 2-4〉의 기본 원리는 학

---

5) Lincoln Center Education(2016). The Six fundamentals of Teaching Artistry (or "core capacities," or "essentials"). 2019 LCE Summer Forum 자료. New York: Lincoln Center for the Performing Arts, Inc.

생들의 학습 경험을 풍부하게 하고 교육 효과를 극대화하는 데 중요한 역할을 한다. 이러한 역량은 교사나 TA가 학생의 학습을 촉진하며 창의적 사고와 문제 해결 능력을 발전시키는 데 필요한 기술과 지식을 제공하는 데 초점을 맞춘다. 특히, 교사가 학생들의 개별적인 필요와 학습 스타일을 파악하고 적절한 교육 전략을 선택함으로써 교육의 질을 높이고 학습자가 잠재력을 발휘할 수 있도록 돕는다.

〈표 2-4〉 Teaching Artistry(핵심역량)의 6가지 기본 원리

원리	내용
예술성 활성화	개개인의 예술적인 목소리의 발견을 지원하며, 다른 사람의 예술성을 활성화할 수 있는 능력이다. 예술적 형식 안에서 아이디어를 구체적으로 표현하고, 예술과의 개인적인 관계를 발전시킨다.
창의적 과정을 다루는 능력	예술 작품으로 발현할 수 있는 창의적인 과정에 참여하고, 그 과정에서의 효능과 균형을 맞출 수 있는 능력이다.
안전하고 충만한 참여 환경 조성	안전하고 충만함을 주는 특정 학습 환경을 조성하는 능력이다. 이는 다양한 참여자와 폭넓은 범위의 설정을 통해 예술적 질과 엄격함에 도움이 된다.
탐구 과정에 대한 능숙함	질문, 다양한 관점, 개인적인 발견, 자기 평가 및 성찰 등을 겸비한 전문가적 감각과 유연성을 의미한다.
진정성	예술가로서의 존재에 대한 헌신, 동료들과의 관계를 의미한다. 즉, 진정성은 관심의 질, 자신의 발견을 타인과 투명하게 공유하는 것에서 비롯된다.
의미 있는 새로운 세계를 상상	정답과 표준적인 해결책(충분함)을 넘어, 세상을 다른 것으로 바라볼 수 있는 가능성을 상정하고 이에 도달하고자 하는 끈질긴 충동을 의미한다.

라) TA의 실천을 위한 7가지 필수 요소

TA는 예술교육가로서 학습자들이 예술을 통해 다양한 학습 목표를 달성할 수 있도록 지원하는 역할을 수행한다. TA는 자신의 교수 역량과 예술적 감수성을 확장하며 학습자와의 상호작용을 통해 예술적 탐구와 학습 경험을 풍부하게 한다. 이를 실천하기 위한 7가지 필수 요소

(Essential Elements of Teaching Artist Practice)[6](임새롬 역, 2022: 109)는 〈표 2-5〉와 같이 TA의 실천을 구조화하고 평가하는 기준으로 제시되며, 이 요소들은 TA의 정의와 신조(Credo)와 함께 이들의 역할을 보다 체계적으로 설명하고 있다.

   Teaching Artistry의 6가지 기본 원리는 예술 교육에서 학습자의 창의적 사고와 공동체적 참여를 이끌어내는 필수적인 기반을 제공하며, 학습자가 예술 작품과 상호작용하며 의미를 발견하고, 이를 자신의 삶과 공동체에 적용하도록 돕는 체계적인 접근 방식을 제시한다. 본 연구의 심미적 체험 기반 문학 수업은 이러한 원리들을 활용하여 창의적 사고와 공동체 역량을 효과적으로 구현하고자 한다. 첫째, 예술적 소양은 창의적 사고의 강화로 이어진다. 학습자는 문학 작품을 심미적으로 탐구하며, 작품의 언어적, 서사적, 정서적 특성을 분석하고 이를 자신만의 표현으로 확장할 수 있다. 둘째, 촉진 능력은 공동체 역량을 확장하는 데 기여한다. 교사는 문학 작품과 관련된 열린 질문을 통해 학습자 간의 대화를 촉진하고, 협력적 사고와 상호작용을 유도한다. 셋째, 성찰적 실천은 비판적 사고를 증진한다. 학습자는 문학 작품을 통해 자신의 삶과 가치관을 성찰하며, 작품 속 주제를 자신의 경험과 연결하여 심층적인 이해를 도모한다. 넷째, 협력적 참여는 공동체 의식의 형성을 돕는다. 학습자는 작품 속 다양한 관점을 탐구하고 그룹 활동에서 이를 공유하며, 협력적으로 해결책을 모색한다. 다섯째, 맥락적 적합성은 학습의 실천적 전환을 가능하게 한다. 학습자는 문학 작품의 주제를 자신의 현실적 맥락에 연결하여 이를 실천적 행동으로 발전시킨다. 여섯째, 창의적 활성화는 창의적 문제 해결 능력을 강화한다. 학습자는 문학 작품을 기반으로 새로운 이야기를 창작하거나 결말을 재구성하며 창의적 사고를 실질적으로 실행한다.

   이는 학습자가 문학 작품과의 심미적 상호작용을 통해 자신의 사고를 확장하고, 이를 기반으로 공동체의 일원으로서 더 나은 사회를 상상하고 실천하도록 이끈다. 본 연구는 이러한 과정을 통해 문학교육이 삶과 긴밀히 연결된 심미적 학습 경험을 제공할 수 있음을 실증적으로 입증하고자 한다.

---

6) Lincoln Center Education(2017). Essential Elements of Teaching Artist Practice. 2019 LCE Summer Forum 자료. New York: Lincoln Center for the Performing Arts, Inc.

〈표 2-5〉 TA의 실천을 위한 7가지 필수 요소

요 소	내 용
예술성	TA는 예술성과 열정을 교육 전반에 반영하며, 타인의 예술성을 활성화하는 데 능숙하다.
활동/수업 워크숍 설계	TA는 학습자에게 예술적 과정을 경험하게 하는 활동, 레슨, 워크숍을 계획하는 데 능숙하다.
환경 및 촉진	TA는 명확성, 조직성, 대응성을 바탕으로 다양한 학습자와 조건에 맞는 안전하고 매력적인 환경을 조성하며, 학습자가 만족할 수 있는 학습 과정을 효과적으로 안내한다.
참여	TA는 진정한 공동 학습자로서 다양한 방법을 통해 다른 이들을 창의적인 학습 과정에 참여시킬 수 있다.
질문/탐구	TA는 질문과 탐구의 과정인 궁금해하기, 다양한 관점 고려하기, 깊이 파고들기, 수정하기, 성찰 및 자기 평가하기를 능숙하게 보여준다.
성찰	TA는 뒤돌아보기, 내면으로 들여다보기, 앞으로 내다보기와 같은 성찰 과정을 능숙하게 활용하며, 학습자가 개인적인 연관성을 발견하도록 효과적으로 안내한다.
파트너십 및 협업	TA는 교사, 학생, 기관, 커뮤니티 구성원들과의 파트너십과 협력 관계를 발전시키며, 그들이 창의적인 파트너로서 학습 목표를 달성할 수 있도록 능숙하게 지원한다.

Teaching Artistry(TA)의 7가지 필수 요소는 학습자 중심의 예술 교육을 통해 창의적 사고와 공동체 역량을 강화하는 데 중요한 실천적 틀을 제공한다. 본 연구에서 설계한 심미적 체험 기반 문학 수업은 이 7가지 필수 요소를 활용하여, 학습자가 문학 작품과의 심미적 상호작용을 통해 사고를 확장하고 공동체적 역할을 자각하도록 유도하며, 이를 교육적 실천으로 구체화하고자 한다.

TA의 7가지 필수 요소와 본 연구의 유효성은 다음과 같다.

첫째, 예술성은 문학 작품의 언어적, 서사적, 정서적 요소를 활용하여 학습자가 심미적 체험을 통해 창의성을 발휘하도록 유도한다. 이를 통해 학습자는 작품의 미적 요소를 심층적으로 탐구하며 독창적인 아이디어와 표현 능력을 발전시킨다. 둘째, 활동·수업 워크숍 설계는 학습자의 능동적 참여를 촉진하는 단계적이고 체계적인 워크숍 형태로 설계된다. 이러한 설계는 텍스트 분석과 창의적 문제 해결을 결합하여 학습자가 비판적 사고와 창의적 사고를 동시에 확장할 수 있도록 한다. 셋째, 환경 및 촉진은 학습자가 자신감을 가지고 수업에 참여할 수 있도록 신뢰와 상호 존중의 환경을 조성한다. 교사는 개방형 질문과 피드백을 통해 탐구 과정을 촉진하며, 이를 통해 학습자는 안전한 환경에서 자신의 생각을 자유롭게 공유하고 공동체적 사고를 발전시킨다. 넷째, 참여는 학습자가 문학 작품과 깊이 몰입하여 상호작용할 수 있도록 이끈다. 학습자는 작품의 의미를 자신의 경험과 연계하여 개인적 성찰을 하고, 이를 바탕으로 공동체적 연대감을 형성한다. 다섯째, 질문·탐구는 학습자가 작품 속 주제와 메시지를 기반으로 질문을 생성하고 이를 바탕으로 심층적인 탐구를 진행할 수 있도록 한다. 이러한 과정은 학습자가 작품의 맥락을 현재와 연결하며 창의적이고 실천적인 사고를 발전시키는 데 기여한다. 여섯째, 성찰은 학습자가 자신의 경험과 탐구 과정을 바탕으로 문학 작품의 의미를 재해석하도록 돕는다. 이를 통해 학습자는 문학적 체험을 통해 자기 성찰과 성장을 경험하며, 작품 속에서 발견한 가치를 공동체와 자신의 삶에 통합할 수 있다. 일곱째, 파트너십 및 협업은 학습자 간, 또는 학습자와 교사 간의 협력을 통해 다양한 관점을 공유하고 공동의 결과물을 만들어내는 과정이다. 이를 통해 학습자는 협업을 통해 다양한 시각을 수용하며, 공동체적 책임감을 자연스럽게 함양한다.

이와 같은 7가지 필수 요소는 심미적 체험 기반 문학 수업에서 학습자가 문학 작품과 심미적으로 상호작용하는 과정에서 창의적 사고와 공동체적 역할을 자각하고 실천하도록 유도하는 강력한 교육적 틀을 제공한다.

다. 맥신 그린의 교육철학에 기반한 심미적 체험 문학교육의 지향점

앞선 논의를 기반으로 하여 본고에서는 학생들의 심미적 체험과 창의력을 증진하기 위해 맥신 그린의 예술 교육 철학에 기반한 문학교육의 지향점을 다음과 같이 제시하고자 한다.

첫째, '널리 깨어 있음'의 태도를 기반으로 한 문학 작품에 대한 깊이 있는 이해이다. 맥신 그린의 '널리 깨어 있음'의 태도는 학생들이 문학 작품을 통해 사회적, 문화적, 개인적 부조리를 인식하고, 이를 개선하기 위한 창의적 사고와 행동을 촉진하는 데 중요한 역할을 한다. 학생들은 문학 작품 속에서 드러나는 갈등과 불의, 차별을 인식하게 되며 이를 통해 현실 사회의 문제에 대한 자각을 키운다. 이러한 과정은 학생들이 자신의 삶과 사회를 성찰하고, 더 나은 방향으로 변화시키기 위한 아이디어를 창출하도록 돕는다. 문학 작품을 깊이 있게 이해함으로써 학생들은 새로운 해결책을 상상하고 창의적 사고를 발전시킬 수 있다. 이를 통해 문학교육은 단순한 텍스트 분석을 넘어 작품의 의미와 가치를 삶에 적용하는 능력을 키우는 데 기여한다.

둘째, 상상력과 감동을 통한 사회적 변화와 책임감 함양이다. 맥신 그린은 상상력을 사회적 변화를 이끄는 핵심 도구로 간주하며, 이를 통해 학습자가 새로운 시각으로 사회적 문제를 바라보고 현실을 재구성하며 변화를 모색할 수 있다고 주장한다. 문학 작품을 매개로 한 문학교육은 학생들이 상상력을 활용하여 사회적 부조리와 문제를 비판적으로 탐구하고, 이를 해결하기 위한 창의적 아이디어를 개발할 기회를 제공한다. 또한, 문학 작품을 통해 경험하는 감동은 학습자로 하여금 삶의 의미를 재발견하고 사회적 책임감을 내면화하도록 돕는다. 이러한 감동은 작품 속 인물이나 상황에 대한 공감을 바탕으로 학습자의 내적 변화를 촉진하며, 이를 통해 사회적 연대와 윤리적 책임에 대한 자각을 이끌어낸다. 이와 같은 교육적 접근은 학습자가 문학 작품에서 발견한 교훈과 메시지를 현실의 문제 해결과 연계하도록 유도하며, 이 과정에서 사회적 연대와 책임을 실천하는 데 필요한 가치관과 행동력을 함양하는 데 기여한다.

셋째, '삶을 바라보는 가치' 즉, 문학에 대한 긍정적인 태도 형성이다. 심미적 체험을 통해 학생들은 문학 작품에 대해 긍정적인 태도를 형성하고 문학을 삶의 일부로 받아들이게 된다. 문학을 통해 다양한 세계를 체험하며 작품 속 이야기와 인물들과의 개인적인 연결을 형성함으로써 학생들은 문학에 대한 흥미와 애정을 가지게 된다. 이는 문학에 대한 지속적인 관심과 학습 동기를 부여하며 문학을 단순한 학문적 탐구가 아닌 삶의 중요한 도구로 인식하게 한다.

넷째, 공감과 정서적 몰입을 통한 인간과 사회에 대한 이해와 성장이다. 문학은 인간의 복잡한 감정, 도덕적 고민, 그리고 사회적 문제를 묘사함으로써 학습자가 인간과 사회에 대한 깊은 이해와 공감을 형성하도록 돕는 강력한 매개체로 작용한다. 작품 속 인물들의 경험에 공감하는 과정에서 학습자는 타인의 시각과 감정을 이해하고 이를 공유하게 되며, 이는 정서적 공감 능력의 발전과 인간적 성장을 촉진한다. 맥신 그린이 강조한 '널리 깨어 있음'의 태도는 학습자가 문학 작품에 몰입하여 자신과 타인의 경험을 연결하고, 이를 통해 자기 이해와 타인에 대한 공감을 증진하는 데 핵심적인 역할을 한다. 정서적 몰입은 학습자가 작품 속 세계와 깊이 연결되도록 하며, 자신의 감정을 탐구하고 타인의 삶을 이해할 수 있는 기회를 제공한다. 이러한 경험은 학습자로 하여금 자신을 성찰하고, 사회적 맥락 속에서 더 나은 인간적 상호작용을 실천하게 하며 공동체 속에서 조화롭고 책임감 있는 관계를 형성하는 데 기여한다. 문학교육은 이와 같은 정서적 몰입과 공감 과정을 통해 학습자에게 인간과 사회를 새롭게 이해할 수 있는 기회를 제공해야 한다. 또한, 학습자가 문학 작품 속에서 발견한 메시지를 개인적 성찰과 공동체적 연대의 실천으로 연결할 수 있는 환경을 조성해야 한다. 이러한 접근은 학습자가 더 나은 인간성과 공동체적 관계를 형성하며, 문학을 삶의 중요한 도구로 활용하도록 돕는다.

다섯째, 민주적 공동체의 일원으로서 삶과 연계한 실천으로서의 문학교육이다. 맥신 그린은 문학이 단순한 학문적 탐구를 넘어 실천적 도구가 될 수 있다고 주장했다. 학생들은 문학 작품을 분석하며, 작품 속에 나타난 사회적 문제를 현실 세계와 연결 짓고, 이를 해결하기 위한 창의적 프로젝트를 기획하고 실행할 수 있다. 이러한 과정은 상상력과 현실 문제 해결을 연계하며 학생들이 문학을 통해 실질적인 변화를 이끌어내는 능력을 기르는 데 도움을 준다. 이는 캠페인, 봉사 활동, 정책 제안 등 다양한 형태로 이루어질 수 있으며, 단순히 이론적 지식에 그치지 않고 실천을 통해 그 영향이 확산되는 중요한 교육적 경험을 제공한다.

2.
심미적 체험과
창의적 사고 및 공동체 역량

가. 심미적 체험과 창의적 사고 역량

2022 개정 교육과정은 2015 개정 교육과정과 달리 총론에서 가장 먼저 '교육과정의 성격'을 제시하며 '학생의 주도성, 자율성, 창의성의 신장'을 강조하고 이를 통해 학습자의 성장을 지원하고자 한다(교육부, 2022). 또한 '교육과정 구성의 중점'에서는 인공지능과 같은 기술 발전에 따른 디지털 전환, 감염병 대유행, 기후 및 생태환경 변화, 인구 구조 변화로 인해 사회의 불확실성이 증가하고 있음을 지적하며 2022 개정 교육과정의 목표를 '미래 사회가 요구하는 핵심역량을 함양하여 포용성과 창의성을 갖춘 주도적인 사람으로 성장시키는 것'으로 명시하고 있다. 이와 같이 2022 개정 교육과정은 2015 개정 교육과정과 비교할 때 '포용성과 창의성'을 교육 목표의 최상위 가치로 설정하고 있음을 확인할 수 있다. 이러한 '포용성과 창의성'의 가치는 국어교육에 중요한 시사점을 제공한다. 국어교육은 단순히 언어 능력을 향상시키는 데 그치지 않고 학생들이 미래 사회에 필요한 핵심역량을 함양하도록 돕는 데 초점을 맞추어야 한다. 특히, 2022 개정 교육과정에서 강조하는 학생의 주도성, 자율성, 창의성은 국어 수업 설계와 운영에 있어 비판적 사고, 문제 해결 능력, 그리고 자율적인 학습 태도를 기를 수 있도록 하는 방향으로 반영될 필요가 있다.

학생들이 문학적 창의성을 발휘할 수 있도록 다양한 창작 활동과 비판적 글쓰기 활동을 적극 장려함으로써, 국어 수업은 학생들에게 자신만의 사고를 표현하고 깊이 있는 탐구의 기회를 제공할 수 있다. 더불어 학생 주도형 학습을 도입하여 학생들이 자율적으로 텍스트를 선택하고 자신의 생각을 논리적으로 전개하도록 함으로써, 이들이 주체적인 학습자로 성장할 수 있는 기반을 마련해야 한다. 이를 효과적으로 실현하기 위해 우선적으로 논의되어야 할 것은 국어교육에서 창의성 개념을 명확히 정의하고 체계화하는 것이다.

국어교육에서 창의성 논의는 전통적으로 교육과정, 교과서, 교수·학습과 같은 실질적인 측면에 집중되어 왔으며, 국어 창의성이 국어 능력과 본질적으로 다르지 않다는 선입견이 오랫동안 작용해 왔다. 그러나 최근 국어교육에서는 이러한 한계를 극복하고 창의성의 개념을 더욱 확장하려는 시도가 이루어지고 있다. 예를 들어, 국어 능력을 단순히 기능적 문식성이나 문제 해결 능력에 국한하지 않고, 비판적 문식성, 문화적 문식성 등 다양한 문식성 개념과 연계하여 설명하려는 접근이 나타나고 있다(윤여탁, 2013: 8-16). 또한, 국어 교과에서 강조되어 온 언어의 범교과적 도구적 기능 역시 재조명되고 있다. 특히 언어 사용 기능을 단순히 사고 기능으로만 한정해서는 안 된다는 주장이 제기되고 있으며(김미혜, 2004: 334-335; 신명선, 2009: 303-311; 김은성, 2003: 83-85), 이는 국어교육에서 언어 기능의 폭넓은 역할을 인정하고 창의적 사고와 언어적 표현을 통합적으로 접근해야 함을 시사한다. 이러한 관점에서 국어 능력의 개념은 국어 교과의 이념적, 정의적 특성에 맞추어 새롭게 해석될 필요가 있다. 단순한 문제 해결 능력을 넘어서 창의적이고 비판적인 사고와 문화적 이해를 포함하는 포괄적인 역량으로 재정립되어야 한다. 이는 국어교육에서 요구되는 창의성이 단순히 인지적 측면에만 국한되지 않는다는 점과 연결된다. 특히, 국어교육이 지향해야 할 창의성은 논리적 사고와 문제 해결 능력을 중심으로 한 인지적 창의성을 포함하면서도 학습자의 감정과 정서를 바탕으로 이루어지는 정서적 창의성까지 포괄해야 한다(윤여탁, 2014: 8-16). 즉, 국어교육은 학습자들이 언어를 통해 자신을 표현하고 타인과 소통하는 과정에서 정서적으로 풍부한 창의적 경험을 할 수 있도록 유도해야 한다는 점을 시사한다.

국어교육에서 창의성은 단순한 기술적 능력을 넘어 학생들이 언어를 매개로 감정과 정서를 자유롭게 발현하며, 이를 통해 다양한 상황에서 창의적이고 의미 있는 소통 역량을 기르는 것을 목표로 해야 한다. 특히, 국어교육이 지향해야 할 정서적 창의성은 애버릴과 눈리(Averill & Nunley) 등이 정리한 개념으로 사회구성주의에 기반하고 있다. 정서적 창의성 개념에 따르면 인간은 사회와 문화라는 환경 속에서 형성된 정서를 습득하지만, 이를 단순히 수용하는 데 그치지 않고 사회적 맥락과의 조율을 통해 자신의 정서를 새롭고 유연하게 발현하는 특성을 지닌다(소연희, 2004: 55, 58). 이는 학습자가 텍스트의 수동적 수용자에서 벗어나 적극적으로 의미를 재구성하고 확장하는 능동적 주체로 기능해야 한다는 관점을 반영한다. 이러한 관점에서 국어적 창의성은 학습자에게 텍스트에 대한 비판적 시각을 길러주고, 기존의 사고 방식을 넘어 자신만의 독창적인 해석과 의미를 구성할 수 있도록 돕는다. 따라서, 국어교육은 단순히 텍스트를 이해하거나 암기하는 학습을 넘어, 학생들이 텍스트를 기반으로 자신만의 고유한 해석을 생성하고 창의적인 사고를 확장할 수 있는 학습 환경을 조성하는 데 중점을 두어야 한다(이영희, 2011: 2). 이러한 학습 환경은 학습자가 텍스트의 맥락을 명확히 이해하고, 이를 바탕으로 새로운 의미를 의도적으로 구성하는 과정을 포함한다. 이는 심미적 체험에 기반한 문학 수업과도 밀접하게 연계될 수 있다.

심미적 체험은 학습자가 문학 작품과의 상호작용을 통해 감각적이고 정서적인 반응을 일으키며, 이를 통해 작품을 깊이 이해하고 내면화하는 과정으로 정의할 수 있다. 이러한 체험은 단순히 작품을 읽고 분석하는 수준을 넘어, 학습자가 자신의 감각과 정서를 동원하여 작품의 세계를 살아있는 경험으로 받아들이는 데에 그 의의가 있다. 특히, 문학 작품 속에서 드러나는 낯선 요소를 탐구하고 향유하는 과정은 학습자로 하여금 기존의 익숙한 방식에서 벗어나 새로운 시각과 태도를 형성하도록 돕는다.

박찬기 외(1992: 21-22)는 이러한 심미적 체험의 핵심을 학습자가 문학 작품을 감상하며 자신의 독창적인 향유 방식을 형성하는 데 있다고 강조한다. 학습자는 작품 속에서 마주하는 낯선 요소와 익숙한 요소 간의 관계를 탐구하며, 이를 통해 자신만의 독특한 관점과 해석을 만들어낸다. 이러한 과정은 학습자가 고정된 관점이나 통상적인 해석에 머무르지 않고 작품의 다양한 가능성을 상상하고 탐구하도록 자극한다. 이로 인해 학습자는 새로운 소통의 가능성을 발견하고, 이를 통해 자신의 경험과 삶을 문학 작품과 연계시키는 심화된 학습을 경험하게 된다. 백기수(1981: 26)는 심미적 체험을 학습자 내면에 잠재된 새로운 세계를 일깨우고 상상력을 자극하는 중요한 계기로 본다. 이는 심미적 체험이 학습자가 단순히 객관적이고 논리적인 사고를 넘어, 자신의 주관적이고 감성적인 세계를 탐구하는 경험임을 강조한다. 이를 통해 학습자는 자신의 내면에 존재하던 잠재력을 발견하고 그것을 창조적으로 활용하는 능력을 키울 수 있다. 이러한 과정은 학습자의 창의적 사고를 강화하고 학습자가 새로운 가능성을 발견하며, 다양한 관점을 시도할 수 있는 계기를 제공한다. 따라서, 심미적 체험은 학습자가 문학 작품을 통해 감각적이고 정서적인 반응을 경험하고 이를 통해 자신의 상상력과 창의성을 발휘하며 작품과 자기 자신을 연결 짓는 심층적인 학습 과정으로 정의된다. 이러한 체험은 문학교육에서 학습자가 창의적이고, 다차원적인 사고를 발달시키고 자신의 삶 속에서 문학의 의미를 재발견할 수 있도록 돕는 중요한 역할을 한다.

본고는 심미적 체험이 학습자의 창의성 발달에 중요한 촉매제로 작용한다는 점에 주목하며 이를 이론적으로 규명하고 실천적 적용 방안을 탐구하는 데 목적을 둔다. 심미적 체험은 학습자가 예술 작품이나 문학 작품과 상호작용하며 감각적이고 정서적인 반응을 경험하는 학습 과정으로, 이를 통해 기존의 고정된 사고 틀을 넘어 새로운 시각을 형성하게 되는 독특한 학습 경험으로 정의된다. 심미적 체험은 학습자의 내적 세계를 확장하고 사고의 유연성을 강화하며, 창의적인 문제 해결 능력을 개발하는 데 핵심적인 역할을 한다. 이 과정에서 학습자는 작품 속에서 마주하는 낯선 요소를 향유하며, 이를 자신의 맥락에서 새롭게 해석하고 의미를 부여한다. 이러한 체험은 학습자로 하여금 자신의 감각과 정서를 능동적으로 활용하게 하며, 작품을 새로운 방식으로 바라보고 재구성할 수 있는 상상력을 자극한다. 동시에 학습자는 작품에 대한 비판적 사고를 통해 자신의 이해를 심화시키고, 이를 바탕으로 다차원적 관점을 형성하게 된다.

이러한 심미적 체험이 창의적 사고를 촉진하는 데 기여하는 핵심 요소는 다음과 같다.

첫째, 감각적·정서적 반응이다. 심미적 체험은 학습자가 작품에 대해 감각적이고 정서적인 반응을 통해 몰입을 경험하도록 한다. 이러한 몰입은 학습자가 작품의 세계를 새로운 방식으로 탐구하게 하며, 기존의 사고 틀에서 벗어나 자유로운 사고를 가능하게 한다. 둘째, 상상력의 자극이다. 심미적 체험은 학습자의 상상력을 적극적으로 자극한다. 학습자는 작품 속 낯선 요소를 탐구하면서 자신만의 새로운 해석을 시도하게 되며, 이를 통해 독창적이고 창의적인 관점을 형성한다. 셋째, 비판적 사고의 개발이다. 심미적 체험은 학습자가 작품의 다양한 가능성을 탐구하고 이를 자신의 경험과 연결하며 새로운 시각을 발견하도록 유도한다. 이 과정은 학습자가 작품을 비판적으로 사고하고, 다층적인 관점을 형성하는 데 기여한다. 넷째, 표현 능력의 강화이다. 심미적 체험은 학습자가 자신의 감정과 생각을 창의적으로 표현할 수 있는 능력을 개발하도록 돕는다. 학습자는 자신만의 독창적인 언어와 표현 방식을 탐구하며, 이를 통해 표현의 깊이와 다양성을 확장하게 된다.

심미적 체험은 학습자의 창의적 사고를 촉진하고 고정된 사고의 틀을 넘어서는 학습 경험을 제공하는 중요한 교육적 과정이다. 국어교육에서 심미적 체험을 효과적으로 활용할 경우, 학습자는 작품을 통해 독창적인 사고를 형성하고 창의적인 문제 해결 능력과 표현력을 키울 수 있을 것이다. 본고는 이러한 이론적 논의를 바탕으로, 심미적 체험을 국어교육에 통합하기 위한 구체적인 방법을 제안함으로써 창의성 중심의 문학교육을 실현하는 데 기여하고자 한다.

나. 심미적 체험과 공동체 역량

공동체 역량의 함양은 현대 사회에서 필수적인 시대적 요구이자 교육이 해결해야 할 중요한 과제이다. 이는 2015 개정 교육과정에서부터 학습자가 성취해야 할 핵심 역량으로 명시되었으며 역량 기반 교육의 중심적 요소로 자리 잡았다. 특히, 2022 개정 국어과 교육과정에서는 공동체 참여 태도를 더욱 강화하고 체계화하여 이러한 역량을 국어교육 전반에 걸쳐 강조하고 있다. 김혜련(2019)은 2015 개정 국어과 교육과정의 '문학' 영역을 검토하며 공동체 역량에 대한 관점이 '모호하다'고 지적하였다. 이는 국어교육에서 공동체 역량을 체계적으로 구현하기 위한 구체적인 방향성과 내용이 부족하다는 점을 강조한 것이다. 반면, 김명훈(2023)은 2022 개정 국어과 교육과정이 '환경·생태 위기'와 '다문화·소수자 문제'를 현대 사회의 주요 공동체 과제로 제시한 점에 주목한다. 그는 문학이 이러한 공동체 문제를 다룰 수 있는 중요한 매개체로 작용할 수 있으며, 이를 통해 학생들이 공동체 문제를 더욱 깊이 있고 의미 있게 학습할 필요가 있다고 주장한다. 이인화(2023)는 2022 개정 국어과 교육과정의 문학 영역을 역량 함양의 관점에서 분석하며 '문학을 통한 공동체 문제에의 참여'라는 항목이 새롭게 추가된 점에 주목한다. 그는 이러한 추가 사항이 2022 개정 교육과정 총론에서 강조된 학습자의 주도성이 문학교육에 반영된 사례로 평가하였다. 즉, 2022 개정 국어과 교육과정은 문학교육을 통해 학생들이 공동체 역량을 기르고, 현대 사회의 다양한 문제에 대해 비판적 사고와 공감 능력을 갖춘 참여자로 성장하도록 하는 데 중점을 두고 있다. 문학 작품은 환경·생태 문제, 다문화·소수자 문제 등 현대 사회의 주요 이슈를 학습자가 인식하도록 돕는 매개로 활용되며, 이를 통해 학생들은 해당 문제들에 대한 책임 의식을 함양하고 적극적으로 참여하는 자세를 배울 수 있다. 이처럼, 2022 개정 교육과정은 문학교육을 학생들이 공동체 역량을 기르고 사회적 문제 해결에 필요한 주체적 태도를 형성하는 데 기여하는 교육적 장으로 재정립하고 있다.

2022 개정 교육과정의 문학 영역은 공동체 역량의 중요성을 특별히 강조하며, 문학교육의 교육적 가치를 한층 높게 평가받고 있다. 이 개정안에서 문학교육은 학생들이 현대 사회의 다

양한 공동체 문제를 인식하고, 이에 주체적으로 참여할 수 있도록 돕는 방향으로 설계되었다. 특히, '환경·생태 위기'와 '다문화·소수자 문제'와 같은 현대 사회의 주요 과제를 문학을 통해 다룰 수 있는 기회를 제공함으로써 문학이 공동체 문제를 학습하고 논의하는 데 중요한 매개체로 작용할 수 있도록 한다. 이러한 접근은 학생들이 문학 작품을 읽고 해석하는 과정에서 사회적 책임 의식을 함양하고, 타인과의 공감 능력과 소통 역량을 기르는 데 기여한다. 따라서 2022 개정 교육과정의 문학 영역은 문학교육이 학생들의 공동체 역량을 체계적으로 함양하는 데 있어 중요한 의미를 지닌다. 이 개정안은 학생들이 문학 작품을 통해 현대 사회의 다양한 이슈에 대해 깊이 고민하고, 타인의 경험을 이해하며 공동체의 일원으로서 적극적으로 문제 해결에 참여할 수 있는 자세를 기르도록 하는 데 중점을 두고 있다. 또한, 2022 개정 국어과 교육과정의 문학 과목은 국어 교과의 6가지 역량 중 비판적·창의적 사고 역량, 문화 향유 역량, 자기 성찰·계발 역량, 공동체·대인관계 역량을 중점적으로 함양할 수 있도록 설계된다. 특히, 이번 개정 교육과정의 핵심 목표 중 하나로 설정된 '주도성 및 공동체 의식 함양'은 자기주도성, 포용성, 시민성과 같은 바람직한 인간상과 밀접하게 연계되어 교육과정 개발에 반영된다(노은희 외, 2021: 8, 12).

최근 전 세계적인 교육과 문화의 동향에서 예술에 대한 관심과 지원이 크게 증가하고 있다. 이는 인간의 삶에서 '예술'과 '미'의 의미가 어떻게 변화해 왔는지에 대한 깊은 고찰을 필요로 한다. 특히, 예술교육이 특정 교과의 영역을 넘어 범교과적인 기초 교과로 간주되고 있다는 점은 주목할 만하다(최진, 2020: 238). 예술을 정의하는 데 있어 최근의 관점은 예술 작품의 감상이나 교양 함양을 넘어 예술이 불러일으키는 감수성이 다른 형태의 지식을 함양하고, 공동체 속에서 살아가는 토대가 된다는 믿음에 기반하고 있다. 이는 예술이 교육 전반에 걸쳐 깊은 영향을 미칠 수 있는 강력한 힘을 지니고 있다는 인식에 기반하고 있다(최진, 2020: 237-238). 또한, 심미성은 인간 세계의 다양한 대상들과의 상호작용 속에서 예술적 체험과 유사한 감각적·정서적 체험을 일으킨다(박민수, 2010: 104). 이로 인해 '미'의 개념은 그 외연이 크게 확장되었으며, 심미성은 이제 인간 생활의 다양한 영역을 포괄하는 중요한 요소로 자리 잡는다(김민재, 2021: 3-4).

심미적 체험과 공동체 역량 간의 관계는 심미적 체험이 인간 경험의 본질적 요소로 작용하며, 학습자가 자신과 타인을 이해하고 사회적 연대와 공감을 형성하는 데 중요한 역할을 한다는 점에서 밀접하게 연결되어 있다. 특히, 문학교육에서의 심미적 체험은 학습자가 예술 작품을 감각적·정서적으로 경험하며 이를 통해 자신의 삶과 타인의 삶을 깊이 성찰할 기회를 제공한다. 심미적 체험은 학습자로 하여금 사회적 존재로서의 자각을 심화시키며, 공동체 속에서의 역할과 책임감을 깨닫게 한다. 학습자는 예술 작품과의 상호작용을 통해 자신과 타인의 삶을 재해석하고, 이를 바탕으로 사회적 맥락 속에서 자신의 위치를 성찰하는 과정을 경험한다. 김중신(1994)은 심미적 체험이 학습자로 하여금 자신의 내면을 돌아보고 삶의 의미를 새롭게 탐구하도록 돕는다고 강조하며, 이러한 체험이 학습자의 개인적 차원을 넘어 공동체적 차원의 이해와 통찰을 가능하게 한다고 설명한다. 예술 작품을 통한 심미적 체험은 학습자가 작품 속 다양한 삶의 양상을 경험하도록 유도한다. 이 과정에서 학습자는 타인의 입장에서 생각하고 공감하며, 이를 통해 사회적 연대의 중요성을 깨닫게 된다. 예를 들어, 문학 작품이 다문화, 소수자, 환경, 생태 위기와 같은 현대 사회의 복잡한 문제를 다룰 때, 학습자는 이를 단순히 지식적으로 이해하는 것을 넘어, 정서적으로 연대하는 경험을 할 수 있다. 이러한 심미적 체험은 학습자에게 비판적이고 창의적인 문제 접근 방식을 제공하며 공동체 문제 해결에 참여하고자 하는 동기를 부여한다. 또한, 심미적 체험은 학습자의 감수성을 개발하는 데 필수적인 역할을 한다. 여기서 감수성은 타인의 고통과 기쁨, 사회적 문제와 가치에 대해 민감하게 반응하고 이를 깊이 이해하는 능력으로 정의할 수 있다. 심미적 체험은 학습자로 하여금 다양한 지식을 통합적으로 이해하고, 이를 통해 공동체 일원으로 살아가는 데 필요한 기초적 역량을 형성하게 된다.

2022 개정 국어과 교육과정은 공동체 역량을 강조하며, 이를 문학교육을 통해 체계적으로 함양할 수 있는 방안으로 심미적 체험을 제안하고 있다. 공동체 역량은 학습자가 공동체 문제를 민감하게 인식하고, 이를 해결하기 위해 적극적으로 참여하는 태도와 책임감을 포함하는 능력으로 정의된다. 문학 작품을 통해 심미적 체험을 경험한 학생은 다양한 공동체 문제를 인식하고, 이를 바탕으로 자신의 삶과 타인의 삶을 연계하여 새로운 통찰을 얻을 수 있다. 예를 들어, 환경·생태 위기를 다루는 문학 작품을 접한 학생들은 심미적 체험을 통해 자연과 인간의 관계를 깊이 이해하고, 지속 가능한 삶의 필요성을 자각하게 된다. 또한, 다문화·소수자 문제를 다룬 작품을 통해 학생들은 타인의 고통과 차별을 감정적으로 이해하며 이를 극복하기 위한 사회적 연대와 책임감을 형성할 수 있다.

이와 같은 심미적 체험이 공동체 역량을 촉진하는 데 기여하는 핵심 요소는 다음과 같다.

첫째, 공감 능력의 발달이다. 심미적 체험은 학습자가 작품 속 인물의 감정, 상황, 경험에 깊이 공감하도록 돕는다. 이를 통해 학습자는 타인의 관점과 정서를 이해하며 타자와의 상호작용에서 공감 능력을 발달시킨다. 이러한 공감 능력은 공동체 내에서 서로의 차이를 존중하고, 조화로운 관계를 형성하는 데 중요한 기반이 된다. 둘째, 감수성의 강화이다. 심미적 체험은 학습자가 사회적 문제나 주변 세계에 대해 민감하게 반응하도록 감수성을 키운다. 작품을 통해 학습자는 환경, 다문화, 소수자 문제와 같은 다양한 주제에 대해 새로운 인식을 형성하고 이를 자신의 삶과 공동체와 연결 짓는 통찰을 얻게 된다. 이러한 감수성은 공동체 문제를 이해하고 이에 적극적으로 참여하는 태도를 기르는 데 필수적이다. 셋째, 비판적 사고의 촉진이다. 심미적 체험은 학습자가 작품 속에서 제시된 사회적, 문화적 맥락을 비판적으로 탐구하고 분석하도록 한다. 이 과정에서 학습자는 자신의 고정관념을 넘어 다양한 관점을 수용하며, 공동체 문제를 보다 창의적이고 비판적으로 해결할 수 있는 능력을 키운다. 넷째, 연대 의식의 형성이다. 심미적 체험은 학습자가 자신과 타인의 삶을 연결 짓고 공동체의 일원으로서 책임감을 자각하도록 돕는다. 작품 속 이야기를 통해 학습자는 공동체 문제의 복잡성을 이해하고, 이를 해결하기 위해 협력하고 연대하는 의식을 형성하게 된다. 이는 공동체 내에서의 사회적 책임을 실천하는 데 중요한 동기가 된다. 다섯째, 표현과 소통 능력의 발전이다. 심미적 체험은 학습자가 자신의 생각과 감정을 창의적으로 표현하고 이를 통해 타인과 소통하는 능력을 강화한다. 문학 작품 감상 후 학습자들이 자신의 의견을 공유하고 토론하는 과정은 상호 이해와 협력을 촉진하며 공동체 내에서 효과적인 의사소통을 가능하게 한다. 여섯째, 사회적 상상력의 자극이다. 심미적 체험은 학습자가 작품 속에서 경험한 다양한 삶의 가능성을 바탕으로 새로운 공동체적 미래를 상상하도록 한다. 이는 현재의 문제를 인식하는 데 그치지 않고, 더 나은 공동체를 설계하고 실행할 수 있는 창의적 역량을 기르는 데 기여한다. 일곱째, 자기 성찰과 정체성 확립이다. 심미적 체험은 학습자가 자신의 내면을 성찰하며, 공동체 내에서 자신의 역할과 정체성을 재정립하도록 돕는다. 이러한 과정은 학습자가 자신을 공동체의 일부로 인식하고 자신이 할 수 있는 기여를 고민하며 실천하도록 유도한다. 이와 같은 심미적 체험의 요소들은 학습자들이 공동체 문제를 깊이 이해하고, 이를 해결하기 위한 사회적 역량과 책임감을 강화하는 데 필수적인 기제로 작용한다.

 심미적 체험은 학습자가 타인과의 관계 속에서 공감과 연대를 형성하고, 공동체 문제를 비판적이고 창의적으로 해결할 수 있는 능력을 기르는 데 중요한 교육적 기반을 제공한다. 또한, 심미적 체험은 학습자로 하여금 자신의 삶과 공동체를 통합적으로 이해하도록 돕는 핵심적인 교육적 과정으로 작용한다. 문학교육에서 심미적 체험을 활용하면 학습자들은 자신과 타인의 삶을 깊이 이해하며 사회적 연대와 책임감을 형성할 수 있다. 이러한 과정은 공동체 역량을 체계적으로 함양하고, 학습자가 사회적 문제에 대해 비판적이고 창의적인 접근 방식을 개발하도록 돕는 데 기여한다. 결과적으로, 문학교육에서 심미적 체험을 적극적으로 활용하는 것은 학습자들의 개인적 성장과 공동체적 자각을 동시에 실현할 수 있는 효과적인 교육적 방법으로 자리 잡을 것이다.

다. 맥신 그린의 심미적 체험과 창의적 사고 및 공동체 역량

문학교육은 오랫동안 그 목표를 '문학 능력'의 신장에 두어 왔다(김상욱, 2011; 최지현, 2009). 문학 능력은 "문학을 할 수 있는 힘, 즉 문학을 다루는 능력을 갖춘 상태"(김성룡, 2009: 2)로 정의되며 "문학적으로 사고하고, 문학 텍스트를 생산하거나 수용하며 문학적 문화에 능동적으로 참여할 수 있는 능력"(서울대 국어교육연구소, 1999: 296)을 의미한다. 이는 문학과 관련된 모든 '현상'에 폭넓게 관여하는 것으로 간주되며(우한용, 2009: 13), 경험적, 발달적, 순환적 속성을 지닌 것으로도 분석된다(유진현, 2014: 303-304). 이는 문학 능력이 단순히 문학적 지식의 습득을 넘어 학습자의 역량 강화와 깊이 연결되어 있음을 보여준다. 특히, 윤여탁(2016: 166)은 국어교육에서 요구되는 창의성이 인지적 영역에 그치지 않고 정서적 창의성도 함께 지향되어야 한다고 주장하며, 문학교육이 이러한 정서적 창의성 함양에 중요한 역할을 한다고 강조한다. 이러한 논의는 맥신 그린의 심미성 교육철학과 밀접하게 연결된다. 그린은 심미적 체험이 학습자의 감각과 정서를 자극하고 이를 통해 개인의 창의성과 비판적 사고력을 함양하는 데 핵심적인 역할을 한다고 본다. 이에 따라 문학교육은 학생들의 정서적·창의적 성장을 도우며, 그들이 문학적 감수성과 비판적 사고력을 갖춘 역량 있는 존재로 성장할 수 있는 교육적 기반이 된다.

맥신 그린은 심미적 경험이 학습자들에게 세계에 대한 감수성과 상상력을 키워주며 감정적 공감과 자기 성찰을 가능하게 하는 것이 교육의 중요한 역할이라고 본다. 그녀의 심미적 체험 철학은 창의적 사고와 공동체 역량에 중요한 영향을 미치며, 학생들이 자기 인식과 타자에 대한 공감을 깊이 이해하고 창의적이고 협력적인 사고를 발전시키도록 돕는다. 맥신 그린은 예술과 미적 경험이 인간의 감각을 깨우고 상상력을 자극하여 개인의 자아를 확장하고 타인과의 관계 속에서 자신을 재발견하는 데 기여한다고 본다. 이러한 경험은 개인의 창의성을 발전시키고 공동체 속에서 의미 있는 참여를 가능하게 한다. 그녀는 심미적 체험을 통해 학습자들이 일상적인 틀에서 벗어나 새로운 방식으로 세상을 바라보게 되는 과정을 강조하며, 이를 통해 창의적 사고를 촉진한다고 설명한다. 학생들은 예술 작품과 같은 미적 대상에 몰입함으로써 자신의 감정과 경험을 새롭게 조명하게 되고 이 과정에서 고정된 사고를 넘어 상상력을 통해 다각도로 사고하는 능력을 발전시킨다. 맥신 그린의 철학에서 심미적 체험은 특히 '깨어 있음'의 상태를 통해 창의적 사고를 촉발하는 데 중요한 역할을 한다. '깨어 있음'은 주변 세계의 아름다움과 삶의 깊이를 민감하게 느끼는 감각으로 이는 예술을 경험하는 과정에서 확장된다. 학생들이 깨어 있는 상태에서 예술을 접할 때 그들은 통상적인 사고의 틀을 벗어나 새로운 가능성을 탐구할 수 있으며 자신의 삶과 연계된 독창적인 아이디어를 발견하게 된다. 예를 들어, 문학 작품을 통해 학생들이 인물의 심리나 사건의 맥락을 상상하고 재구성하는 과정은 창의적 사고를 위한 중요한 토대를 형성한다. 또한, 맥신 그린은 심미적 체험이 학생들에게 자기 표현과 자아 발견의 기회를 제공한다고 강조한다. 학생들이 예술과 문학을 통해 자신의 감정과 생각을 창의적으로 표현할 때, 그들은 자신을 탐구하고 자신의 고유한 목소리를 발견하게 된다. 이는 창의적 사고의 핵심인 자아 확립과 직결되며 학생들이 독창적인 관점에서 세상을 바라볼 수 있는 원동력이 된다. 나아가, 맥신 그린은 심미적 체험이 타인에 대한 공감과 공동체 의식을 발전시키는 데 필수적이라고 본다. 문학, 음악, 미술과 같은 다양한 예술 형식은 학습자들에게 타인의 경험과 감정을 접할 수 있는 통로를 제공한다. 이 과정에서 학생들은 자신과는 다른 시각을 이해하고 존중하는 능력을 기르게 된다. 특히, 그린의 '상상력' 개념은 공동체 역량을 강화하는 핵심적인 요소로 작용한다. 상상력은 단순히 창의적 사고에 그치지 않고 타인의 입장에서 생각하고 느끼는 능력으로 발전한다. 또한, 심미적 체험은 학생들이 타인과의 협력과 공감을 배양하도록 돕는다. 나아가, 공동의 목표를 위해 협력하는 능력을 향상시키는 데 중요한 역할을 한다. 학생들은 예술적 체험을 통해 자신을 넘어선 관계성과 책임감을 깨닫게 되고, 이러한 경험은 그들이 공동체의 일원으로서 민주적 참여와 책임감을 실천하는 데 중요한 토대를 제공한다. 즉, 심미적 체험은 학생들에게 공동체 내에서 자신의 목소리를 내고 타인의 목소리를 듣는 경험을 제공함으로써 공동체 의식과 민주적 소통 능력을 함양하는 데 중요한 역할을 한다. 이러한 경험은 학생들이 공동체의 일원으로서 자신의 역할과 책임을 자각하게 하고, 나아가 사회적 참여와 협력의 중요성을 인식하도록 돕는다. 예를 들어, 문학 작품에 대한 토론이나 예술 작품에 대한 감상 공유 과정은 학생들로 하여금 다양한 의견을 존중하고 합의를 도출하는 과정을 경험하게 한다. 이는 학생들에게 공동체 내 민주적 의사소통 능력을 기를 수 있는 기회를 제공하며 협력적 문제 해결과 창의적 사고를 동시에 촉진한다. 따라서, 맥신 그린의 심미적 체험 철학은 창의적 사고와 공동체 역량이 상호 연계되고 통합될 수 있도록 교육적 토대를 마련한다. 심미적 체험은 학생들에게 자유로운 사고를 통해 창의적 아이디어를 도출하게 할 뿐만 아니라, 공동체 속에서 협력하고 공감할 수 있는 감수성을 길러 준다.

결론적으로 맥신 그린의 심미적 체험 철학은 창의적 사고와 공동체 의식을 동시에 발전시킬 수 있는 교육적 접근을 제시한다. 이를 통해 학생들은 예술을 매개로 자신의 내면세계를 확장하고 타인과의 관계 속에서 삶의 의미를 재구성하며 공동체의 민주적 발전에 기여할 수 있는 능력을 갖추게 된다. 이와 같은 철학적 접근은 개인의 성장뿐만 아니라 사회와 공동체의 발전에도 긍정적인 영향을 미치는 중요한 교육적 가치를 지닌다. 본고에서는 이러한 맥신 그린의 예술 교육 철학을 바탕으로 심미적 체험이 창의적 사고와 공동체 역량에 미치는 긍정적 영향을 논의하고자 한다.

3.
심미적 체험 문학
교수·학습 모형

가. 문학 체험을 위한 교수·학습 모형의 이론적 검토

　최근 문학교육에서는 학습자 중심 교수·학습 접근법이 강조되면서, 교사 중심의 전달식 교수법보다 학습자와의 상호작용에 초점을 둔 논의가 활발히 전개되고 있다. 20세기 전반 경험주의 패러다임은 교사와 교수 중심 접근을 중시하며 다양한 교수 전략을 제안했으나, 20세기 중반 이후 인지주의 패러다임으로의 전환과 함께 학습자의 사고력과 학습 과정이 주요 연구 주제로 부각되었다. 그러나 학습자 중심 문학교육 설계를 위한 이론적 논의는 풍부하게 이루어졌음에도 불구하고, 이를 교육 현장에서 적용 가능한 구조화된 모형과 절차는 부족한 실정이다. 이로 인해 교사들이 이러한 논의를 실천에 옮기기 어려운 한계가 존재한다. 이러한 한계를 극복하기 위해 문학 체험 기반 연구가 이루어지고 있으나, 심미적 체험을 기반으로 한 체계적인 교수·학습 모형은 여전히 부재한 상황이다. 이에 따라, 심미적 체험의 교육적 가능성을 구체화하고 이를 실천적으로 구현할 수 있는 추가적인 연구가 필요하다.

　문학교육의 학문적·실천적 체계화를 위해서는 문학 체험의 특성을 심층적으로 분석하고 설명하는 것이 필수적이다. 이를 위해 문학 텍스트를 접하는 독자의 심미적 체험의 특징과 문학 텍스트를 생산하는 과정에서 필자가 경험하는 심미적 체험의 특성을 규명하는 연구가 요구된다. 이러한 연구는 학습자 중심의 문학교육을 설계하고 실행하기 위한 기초적인 과제로서 문학교육의 이론적 발전과 실제적 적용에 중요한 기반을 제공한다(진선희, 2006: 79). 그러나 문학 체험은 도식적으로 일반화하기 어려운 복합적이고 역동적인 과정으로 인식되고 있다. 동일한 텍스트와의 상호작용에서도 체험 주체의 개인적 특수성과 맥락에 따라 체험의 양상이 달라지며, 문학 체험의 과정은 상황적 맥락에 따라 변화한다. 이러한 이유로 문학 체험을 표준화된 교수·학습 모형으로 정형화하는 것은 매우 어려운 과제라 할 수 있다. 문학교육에서는 이러한 다양성과 특수성을 고려한 접근이 필요하며 문학 체험의 다차원적인 본질을 반영하는 유연한 교수·학습 전략이 요구된다. 진선희(2006)의 연구는 문학교육의 이론적 설계와 실제적 적용을 위해 문학 체험의 특성을 심층적으로 분석한 대표적 사례로 꼽힌다. 이 연구는 문학 텍스트를 접하는 독자의 심미적 체험과 창작자의 심미적 경험을 체계적으로 탐구함으로써, 학습자 중심의 문학교육을 설계하고 실천하는 데 필요한 기초 자료를 제공하였다. 그러나, 이 연구는 교육 현장에서 바로 적용 가능한 구조화된 모형이나 단계적 절차가 부족하다는 한계를 지닌다. 이로 인해 교사들이 이를 실제 수업에 활용하기 어렵다는 현실적 제약이 존재하며, 학습자 중심 문학교육 설계의 실질적 실행 가능성을 높이기 위한 후속 연구의 필요성이 지속적으로 제기되고 있다. 이에 반해, 국어과 교육에서는 이러한 한계를 보완하기 위해 다양한 교수·학습 모형이 활용되고 있으며, 그중에서도 문학교육의 주요 교수·학습 모형으로 반응 중심 교수·학습 모형과 대화 중심 교수·학습 모형이 주목받고 있다. 이들 모형은 학습자의 주체적 반응과 상호작용을 강조하며, 문학 작품과 학습자 간의 심미적 체험을 촉진하는 데 기여한다. <표 2-6>은 반응 중심 문학 교수·학습 모형의 주요 단계를 제시하고 있다.

〈표 2-6〉 반응 중심 문학 교수·학습 모형

1단계 : 텍스트와 학생의 거래 → 반응의 형성
    (1) 작품읽기
        심미적 독서 자세의 격려
        텍스트와의 거래 촉진

2단계 : 학생과 학생 사이의 거래 → 반응의 명료화
    (1) 반응의 기록
        짝과 반응의 교환
    (2) 반응에 대한 질문
        반응을 명료히 하기 위한 탐사 질문
        거래를 입증하는 질문
        반응의 반성적 질문
        반응의 오류에 대한 질문
    (3) 반응에 대한 토의(또는 역할 놀이)
        짝과의 의견 교환
        소그룹 토의
        전체 토의
    (4) 반응의 반성적 쓰기
        반응의 자유 쓰기(또는 단시를 놓은 쓰기)
        자발적인 발표

3단계 : 텍스트와 텍스트의 상호 관련 → 반응의 심화
    (1) 두 작품의 연결
    (2) 텍스트 상호성의 확대

경규진에 의해 처음 제안된 반응 중심 교수·학습 모형은 학습자의 능동적 반응을 중심으로 문학교육을 설계하고자 하는 이론적 틀로, 이후 이희정(1999)의 연구와 한국교육과정평가원을 통해 단계적 수정과 보완을 거치며 보다 구체화되었다. 이 모형은 학습자의 능동적 반응에 초점을 맞추지만, 심미적 체험이 요구하는 심층적 몰입과 통합적 탐구를 충분히 지원하지 못하는 한계를 드러내고 있다.

한편, 대화 중심 교수·학습 모형은 학습자 간의 상호작용과 공동 해석을 통해 문학 텍스트를 이해하는 방식을 제안한다. 이 모형은 학습자들이 대화를 통해 다양한 관점을 공유하고, 이를 바탕으로 심화된 이해를 도모하도록 설계되었다. 〈표 2-7〉은 대화 중심 문학 교수·학습 절차의 주요 단계를 제시하고 있다(최지현 외, 2007: 311).

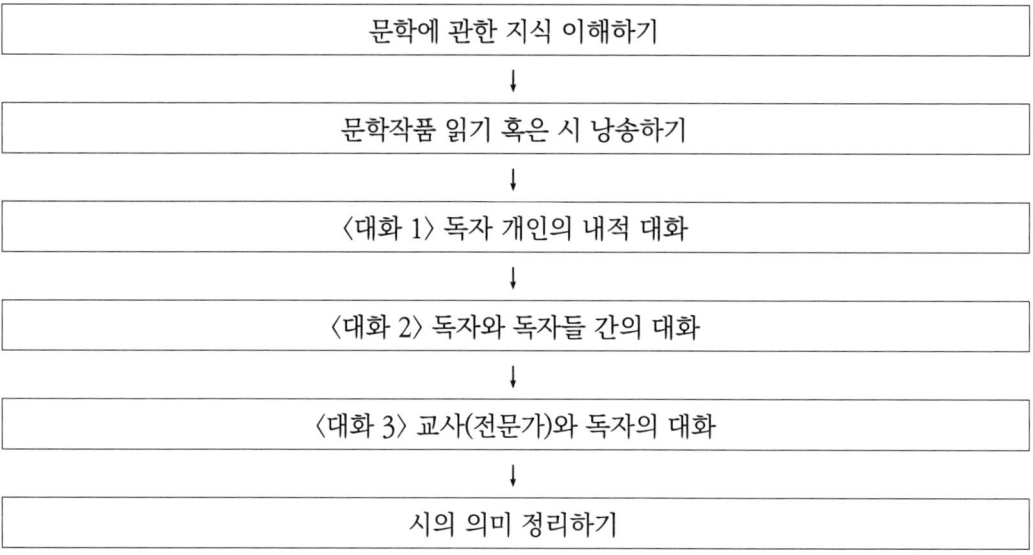

〈표 2-7〉 대화 중심 문학 교수·학습을 위한 수업 절차

〈표 2-7〉에서 살펴본 바와 같이, 대화 중심 교수·학습은 상호작용과 공동 해석을 강조하지만, 심미적 체험에서 중요한 요소인 개인적 몰입과 주관적 통찰을 충분히 지원하지 못할 가능성이 있다. 앞서 논의한 바와 같이, 반응 중심 교수·학습 모형과 대화 중심 교수·학습 모형은 학습자의 주체적 참여와 상호작용을 강조하면서도 심미적 체험 기반 문학 수업에 완전히 부합하

지 않는 한계를 지닌다. 반응 중심 모형은 학습자의 개인적 감상에 초점을 맞추지만, 이는 심미적 체험이 요구하는 심층적이고 통합적인 탐구보다는 단편적이고 감정적인 반응에 머무를 가능성이 있다. 대화 중심 모형은 학습자 간의 상호작용과 공동 해석을 중시하나, 심미적 체험에서 핵심적인 학습자의 몰입 경험과 주관적 통찰이 희석될 위험을 내포한다. 이에 반해, 심미적 체험 기반 문학 수업은 학습자가 문학 텍스트를 통해 감각과 정서를 새롭게 발견하고 창의적이고 자율적인 사고를 통해 삶의 의미를 탐구하는 것을 목표로 한다. 그러나 기존 모형들은 즉각적 반응과 상호작용에 초점을 두어 이러한 목표를 충분히 실현하기 어렵다.

본 연구는 이러한 한계를 보완하고, 심미적 체험을 기반으로 학습자에게 새로운 문학적 경험과 교육적 가치를 제공하고자 한다. 이를 위해 맥신 그린의 예술 교육 철학을 바탕으로 한 새로운 교수·학습 모형을 설계하여 문학교육의 이론적 깊이와 실천적 적용 가능성을 확대하고자 한다. 본 모형은 학습자의 창의적 사고와 공동체적 역량을 함양하는 데 중점을 두며 국어교육이 학습자 개인의 삶에 실질적인 영향을 미칠 뿐 아니라, 교육 현장에서 효과적이고 의미 있는 학습 경험을 제공할 수 있는 대안적 접근을 제시한다.

나. 심미적 체험을 위한 교수·학습 모델 구축

심미적 체험 기반 문학 수업의 원리는 맥신 그린의 예술 교육 철학과 LCE의 예술 교육 이론적 배경을 바탕으로 한다. 맥신 그린은 사물, 경험, 세계를 깊이 응시하고 탐구하며, 상상력을 통해 질서와 의미를 부여하는 능력을 '심미적 문식성'으로 정의한다(Greene, 1977: 14-20). 그녀의 이론에서 심미적 문식성은 예술 작품을 감상하거나 이해하는 능력을 넘어 인간이 일상적인 무감각 상태에서 벗어나 세계를 새롭게 보고 경험하는 방식을 학습하도록 돕는 개념으로 설명된다. 이는 감각과 정서, 상상력의 능동적 활용을 통해 대상을 재구성하고 이를 통해 삶에 대한 깊이 있는 이해와 통찰을 가능하게 한다.

맥신 그린의 심미적 문식성의 핵심은 대상을 주의 깊게 바라보는 '깊은 주시'이다. 그녀는 우리가 일상 속에서 익숙함에 의해 둔감해진 상태에 머물러 있음을 지적하며, 이러한 무감각에서 벗어나기 위해 의도적이고 주의 깊은 관찰이 필요하다고 주장한다. 깊은 주시는 대상을 감각적으로 경험하며 그것이 담고 있는 의미를 성찰하는 과정이다. 이를 통해 학습자는 일상 속에서 보이지 않던 세부를 발견하고, 대상을 새롭게 경험하며 자신의 세계를 넓히는 '널리 깨어 있음'의 상태로 나아간다. 맥신 그린은 심미적 문식성을 함양하기 위한 교육 과정을 단계적으로 구성하며, 학습자가 예술 작품 및 대상을 체계적으로 경험하고 성찰하며 이를 통해 자신의 시각과 이해를 확장하도록 돕는다. 이 과정은 [그림 2-2]와 같이 네 가지 단계로 구조화할 수 있다.

[그림 2-2] 맥신 그린의 심미적 문식성 구조 및 교육의 구성 단계

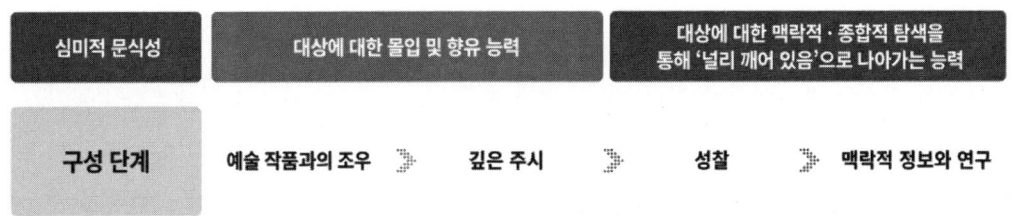

'예술 작품과의 조우'는 심미적 경험에서 가장 중요한 단계로 학습자가 작품과 직접적으로 만나 경험하는 과정을 의미한다. 이 단계는 학습자가 예술 작품과 교감하는 출발점으로 이후 이어지는 심미적 경험의 기초가 된다. 이후 학습자는 '깊은 주시'를 통해 대상에 대한 탐구를 진행하며 이를 바탕으로 경험을 심화시킨다. '성찰'의 단계는 '깊은 주시'를 통해 수집한 정보를 분석하고 이를 체계적으로 연결하는 사고 과정이다. 마지막으로 '맥락적 정보와 연구'의 단계에서는 작품과 관련된 역사적·사회적 맥락을 함께 탐색하여 작품에 대한 총체적인 이해를 도모하게 된다. 이러한 과정을 거친 학습자는 이전과는 다른 존재로서 새롭고 확장된 관점으로 세계를 마주하게 된다. 맥신 그린의 심미적 경험 교육 과정은 상상력을 통해 세계를 바라보는 렌즈를 변화시키고, 이를 통해 학습자의 주체성을 변화시키며 나아가 세계 자체를 변형할 가능성에까지 도달하는 것을 목표로 한다.

맥신 그린의 심미적 문식성은 세상을 새롭게 보고 이해하며 이를 통해 더 깊은 삶의 의미를 발견하는 과정을 의미한다. 그녀가 제안한 '널리 깨어 있음'은 다음과 같은 특징을 포함한다. 첫째, 감각적 민감성으로 일상의 사물과 경험을 새롭게 바라보고 의미를 찾는 능력이다. 둘째, 상상력의 활성화로 기존의 경험과 새로운 경험을 연결하며 새로운 질서와 의미를 부여하는 창의적 과정이다. 셋째, 자기 성찰로 자신의 관점과 태도를 돌아보며 세계와의 관계를 재정립하는 능력이다. 따라서 맥신 그린의 심미적 문식성은 일상적인 삶을 새롭게 바라보는 방법을 배

우고, 이를 통해 자신의 정체성과 세계를 확장하는 데 기여한다. 이러한 과정은 학습자가 깊은 주시와 성찰을 통해 자신의 삶을 풍부히 하고 널리 깨어 있는 상태로 나아가게 한다. 더 나아가, 심미적 문식성을 기반으로 공동체와 연결된 사회적 존재로 성장할 수 있다. 이러한 접근은 학습자에게 진정한 의미의 창의적이고 비판적인 사고를 가르치며, 교육의 본질적 목표를 실현하는 데 기여할 수 있다.

앞서 살펴본 맥신 그린의 심미적 문식성 개념은 문학, 심미적 체험(의식적 참여), 성찰이라는 세 가지 핵심 개념을 통합하여 심미적 체험 교육의 기본 틀을 구축하는 데 중요한 기초를 제공한다. 문학은 학습자들이 '깨어 있음'의 상태에 도달하도록 돕고, 작품 속 상황과 자신의 삶을 연결하는 상상력을 자극한다. 이러한 상태는 학습자들이 심미적 체험을 통해 자아 탐구와 공동체적 이해를 확장하도록 돕는 중심 매체로 작용한다. 심미적 체험(의식적 참여)은 '되어 보기'를 통해 자신과 세계에 대한 새로운 이해를 형성하는 과정이다. 이러한 심미적 체험은 학습자들이 비판적 사고와 창의적 문제 해결 능력을 개발하게 하며 이는 심미적 문식성의 핵심 요소로 연결된다. 성찰은 체험에서 새로운 가능성과 윤리적 실천의 방향성을 발견하는 과정으로 학습자가 자신의 체험을 통해 사회적 상상력을 확장하고 공동체에 기여하는 능동적 시민으로 성장하는 데 필수적이다. 이 세 개념은 심미적 문식성 안에서 서로 순환적이며 상호 보완적으로 연결된다. 이러한 논의를 바탕으로 심미적 체험 교육의 기본 틀을 1) 문학 2) 심미적 체험(의식적 참여) 3) 성찰이라는 개념으로 살펴보았다. 이를 더욱 쉽게 이해하기 위해 이 핵심 개념들과 그 관계 양상을 [그림 2-3]으로 도식화하여 제시하고자 한다.

[그림 2-3] 심미적 체험 교육의 기본 틀

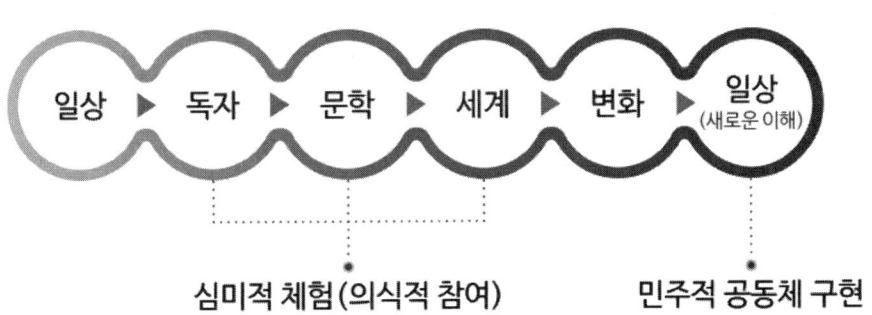

첫째, 심미적 체험 교육의 기본 틀에서 '문학'은 기존의 질서를 깨뜨리고 새로운 시각을 제시함으로써 학습자가 자신과 세계에 대해 새로운 발견을 할 수 있게 한다. 이는 문학의 교육적 가치와 중요성을 강조하며 문학을 통한 심미적 체험 교육은 학습자가 자신의 내면을 탐구하고 세계를 다양한 관점에서 바라보는 능력을 함양하게 한다. 문학을 통한 심미적 체험은 학습자의 인격 형성과 사회적 인식의 확장에 기여한다.

둘째, '심미적 체험(의식적 참여)'은 문학교육에서 핵심적인 역할을 담당한다. 학습자가 문학 작품과의 만남을 통해 자신의 내면을 탐색하고 그 경험을 미적 체험으로 전환하는 과정은 교육적으로 큰 의미를 지닌다. 의식적 참여 과정에서 학습자는 자신의 경험과 문학 작품 사이의 관계를 의식적으로 인식하고 그 경험을 자신의 내면적 성찰과 연결시켜 새로운 깨달음을 얻게 된다.

셋째, '변화'는 교육이 지향해야 할 중요한 가치 중 하나이다. 이 변화는 학습자가 자신의 내면과 외부 세계를 깊이 이해하고 민주적 공동체의 능동적인 구성원으로 성장하는 데 기여한다. 이는 사회 구성원들이 지속적으로 '깨어 있음'을 유지하는 민주적 공동체를 교육적 이상으로 삼았던 맥신 그린이 강조한 바와 일치한다. 학습자가 주체적 의식을 바탕으로 자기 자신을 발견하고 그 발견을 확장하여 세계를 이해하는 과정은 교육이 어떠한 '가치'와 '방향성'을 추구해야 하는지에 대한 문제와 깊은 연관성을 가진다.

이러한 심미적 체험 교육의 기본 틀을 근거로 심미적 체험 교육 단계를 심미적 깊이 인식하기, 심미적 깊이 표현하기, 심미적 깊이 공감하기, 심미적 깊이 명료화하기로 설정하고자 한다. 심미적 체험 교육 단계를 구체적으로 제시하면 [그림 2-4]와 같다.

[그림 2-4] 심미적 체험 교육 단계

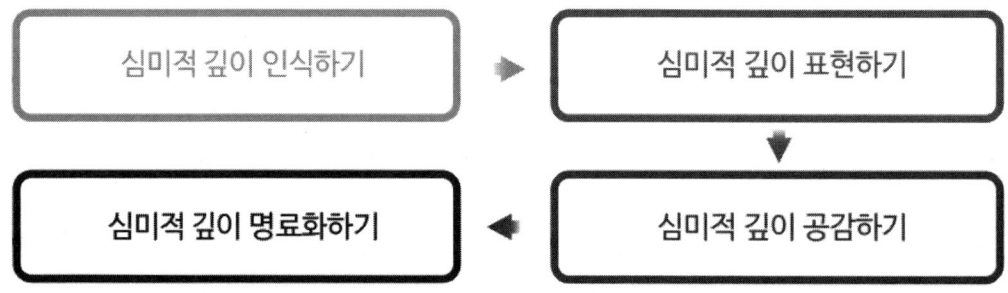

[그림 2-4]에서 제시된 바와 같이, 본 연구는 심미적 체험 교육을 단계별로 실천할 수 있도록 내용을 체계적으로 구성하고, 각 단계에 적합한 구체적인 교육 방안을 제안한다. 이를 위해, 각 과정의 근간이 되는 심미적 체험의 원리와 이를 바탕으로 한 교육 방안을 다음과 같이 논의한다.

1) 심미적 깊이 인식하기

'심미적 깊이 인식하기'는 지각화의 원리를 적용한 심미적 체험 과정이다. 맥신 그린은 예술 작품을 지각하는 것은 작품을 적극적으로 탐색하고 깊이 받아들여 가까이 다가가는 과정을 의미한다. 이러한 과정에서는 정신적이고 창의적인 참여는 필수적이라고 강조한다(Greene, 2011: 41). 그린에 따르면 학생들에게 가르쳐야 하는 것은 전문적 지식보다도 먼저 관찰하고 주의를 기울이는 능력이며 반복적으로 예술 작품을 접하는 것이 이러한 관찰 능력을 향상시키는 효과적인 방법이 될 수 있다고 주장한다. 지각화는 학습자가 심미적 체험을 통해 작품 속에서 가치를 발견하는 원리이다. 이때 문학 작품의 가치는 그 자체로 고정된 것이 아니라 학습자의 인식적 태도에 따라 달라진다(한명희, 2003: 71). 학습자가 작품을 제대로 지각하지 않으면 작품 속에 담긴 가치를 발견할 수 없으며(한명희, 2003: 241) 지각되지 않은 가치는 맹목적이 되고 가치 없는 지각은 오도되기 쉽다. 따라서 학습자는 문학 작품을 심미적으로 체험하면서, 그 작품에 내포된 가치를 주체적으로 발견하고 인식해야 한다. 이는 작품에 담긴 깊은 가치와 메시지를 발견하고 이를 통해 자신의 삶과 세계에 대한 시각을 확장시키는 기회를 제공한다. Many(1991: 89)는 문학 작품 감상에서 문학적 요소나 줄거리를 파악하는 원심적인 감상이 지각화의 핵심이라고 주장한다. Rosenblatt(1990: 105)도 반응 중심 이론에서 원심적으로 문학 작품의 의미를 파악하는 것이 학습자가 주관적인 반응을 하기 전에 우선적으로 이루어져야 한다고 강조한다. 학습자는 지각화 과정을 통해 작품에 내포된 표면적 의미와 가치를 가장 먼저 접하며, 이를 바탕으로 자신에게 필요한 가치를 인식하게 된다. 예술 작품을 더 많이 지각할수록 상상력과 감정이 활발히 작용하는 지평이 확장되고 풍부해지며 이는 학습자의 심미적 체험을 더욱 풍성하게 한다. 이러한 과정에서 상상력은 학습자가 창의적 사고를 발휘할 수 있는 기반이 된다. 문학 작품에 대한 깊은 주시를 통해 형성된 상상력은 학습자로 하여금 새로운 관점에서 문제를 바라보고, 독창적인 해결책을 모색하도록 돕는다. 또한, 지각화 과정을 통해 발견된 가치는 공동체적 맥락에서 타인과의 소통과 공감을 촉진한다. 이를 통해 학습자는 문학 작품 속 다양한 가치와 메시지를 이해하고, 공동체 구성원으로서의 책임감과 상호작용 능력을 함양할 수 있다. 따라서, '심미적 깊이 인식하기' 과정은 창의적 사고 능력을 강화하고, 공동체적 역량을 발전시키는 데 기여한다. 이는 학습자가 자신의 삶과 세계에 대한 시각을 확장하면서도 공동체 내에서의 윤리적 실천과 협력적 태도를 함양할 수 있는 기회를 제공한다. 심미적 체험 교육 단계 중 '깊이 인식하기'의 원리는 [그림 2-5]에 제시된 바와 같다.

[그림 2-5] 심미적 체험에서의 깊이 인식하기 원리

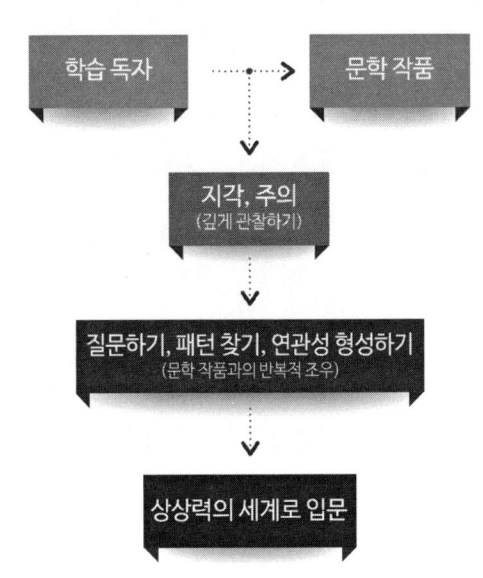

심미적 체험에서 '깊이 인식하기'를 촉진하기 위해 필요한 것은 상상력이다. 상상력은 작품을 감상할 때 각기 다른 요소들을 결합하여 전체적인 의미를 인식하는 능력이라 할 수 있다. 듀이에게 상상력은 새로운 것과 오래된 것을 의식적으로 조정하는 과정이며 이를 통해 세상과 사물을 다르게 바라보는 능력을 뜻한다. 맥신 그린 역시 듀이와 마찬가지로 상상력을 '세상이나 사물을 마치 다른 것일 수도 있는 것처럼 바라보는 능력'으로 정의한다(Greene, 2011: 216). 그린에 따르면 예술과의 의식적인 만남을 통해 학생들은 예술 작품과 삶을 연계시키며, 자기 자신을 발견하는 과정에서 대안적인 현실을 탐구하고 더 넓은 가능성을 열어나갈 수 있다. 이러한 모든 과정은 상상력을 통해서만 가능하다. 예술 작품은 은유적인 표현 방식을 자주 사용하며 이에 대한 반응 역시 상상력을 통해 이루어진다. 예술 작품을 경험하면서 상대방의 의견, 감정, 상상을 공유하고 이를 통해 새로운 방향으로 나아갈 수 있는 자신을 발견하게 된다.

더불어 맥신 그린은 심미적 체험에서 '깊이 인식하기'를 촉진하기 위해 질문을 적극적으로 활용한다(노현정, 2013: 40, 44; 이승민, 2011: 26; 이가원, 2005: 72-73). 질문은 참여자가 작품을 보다 면밀히 살피게 하고 자신의 경험을 반추하여 작품과 개인의 삶을 연결하는 데 중요한 역할을 한다. 또한, 질문은 참여자들이 자신의 이전 인지와 판단을 의식하게 만들어, 성찰적 탐구를 지속할 수 있는 장치로 기능한다. 작품을 깊이 관찰하고 깊이 인식하기 위해 교사는 학습자에게 지속적으로 질문을 던져야 하며 학습자가 스스로 질문을 만들어내도록 유도해야 한다. 이 과정에서 학습자는 필요한 정보를 수집하고 조사하며 창의적인 사고를 촉진하게 되고 탐구에서 나아가 창작 활동으로까지 이어질 수 있다.

다음으로 심미적 체험에서 '깊이 인식하기'를 촉진하기 위해서는 문학 작품과 반복적으로 조우(encounters)하는 과정이 필요하다. 작품과의 반복적인 만남을 통해 참여자는 새로운 요소를 발견하고 자신을 다시 돌아볼 수 있는 기회를 얻게 된다. 이는 맥신 그린이 강조한 '깨어있음'을 가능하게 하는 중요한 방법이다. 이러한 반복적 만남은 다양한 관점들을 비교하고, 다른 참여자들의 의견을 공유하고 분석하며 토론하는 활동도 포함된다(이가원, 2005: 72-73). 이러한 과정에서 학생들은 자신이 인지한 것과 새롭게 얻게 된 정보나 질문들을 기록함으로써 자신의 생각을 반추하고 예술 경험을 '내면화(의미화)'할 수 있는 기회를 얻는다(Greene, 문승호 역, 2019: 38-39). 이를 통해 학생들은 상상력의 세계로 입문하고 예술과 삶을 더 깊이 있게 탐구하는 길을 경험과 사고를 형성하게 된다(Greene, 문승호 역, 2019: 38-39). 심미적 체험에서 '깊이 인식하기'는 상상력, 질문, 반복적 조우를 통해 학습자의 창의적 사고 능력과 공동체 역량을 동시에 발전시키며, 작품의 가치를 기반으로 자신과 세계를 새롭게 이해하고 공동체에 기여하는 실천적 자세를 형성한다.

2) 심미적 깊이 표현하기

맥신 그린(M. Greene)은 저서 '블루 기타 변주곡(Variations on a Blue Guitar)'에서 미적 체험 교육이란 예술을 감상하고 사유하며 문화적 경험과 참여적 관계를 형성하는 의도적인 노력이라고 설명한다(Greene, 2011). 이는 다양한 예술을 보다 분별력 있게 이해하고 감상할 수 있도록 돕는 중요한 과정이라는 것이다. 그린이 강조하는 미적 체험 교육의 핵심 개념 중 하나인 '널리 깨어 있음'은 미적 체험을 통해 얻게 되는 인식과 감성의 민감성을 의미하며, 이는 기존과는 다른 방식으로 예술을 이해하고 나아가 일상적인 사물과 사회적 부조리를 인식하여 사회 개선을 위한 상상력을 촉진하는 기반이 된다. 맥신 그린은 일상적으로 당연하게 여겨지는 것들을 새롭게 바라보고, 고정관념을 깨뜨리는 능력이 쉽게 얻어지는 것이 아니라고 강조한다. 그녀는 학습자들이 작품을 감상할 때 이러한 능력을 기르기 위해 의식적으로 노력해야 한다고 주장한다. 맥신 그린의 미적 체험 교육은 학습자가 예술 작품에 적극적으로 참여함으로써 총체적인 상호작용을 경험하는 과정을 의미한다. 이 과정에서 학습자는 새로운 인식을 형성하고, 이를 통해 자신의 삶과 경험을 비추어 문제를 재인식하게 된다. 또한, 다양한 상상과 탐구를 통해 창의적인 문제 해결 방식을 모색하는 탐구 과정이 진행된다. 맥신 그린의 미적 체험 교육을 통해 학습자는 자신이 삶의 주체임을 인식하고, 새로운 자아를 발견하게 되며 계몽된 자신과 마주하게 된다(양진예, 2016: 5). 이는 학습자가 어떤 사물이나 현상에 대해 익숙하고 당연하게 받아들이는 것에서 벗어나 한층 더 고차원적인 탐구를 통해 일반인과는 다른 관점에서 세상을 바라볼 수 있도록 한다.

 '심미적 깊이 표현하기'는 상상력과 함께 '체험하기' 단계에서 이루어지며, 이 과정에서 학생들은 상상력을 통해 동일시할 수 있는 구체적인 맥락과 상황을 제시받는다. 이 단계에서는 관찰, 상상, 도전, 협동, 공감, 이해 등의 활동을 통해 머릿속에서 그려낸 일관된 주제나 개념과 실제 체험 활동을 연관 짓고 이를 구조화하는 것이 핵심이다. 이러한 과정은 창의적 사고와 공동체 역량의 함양에 중요한 역할을 한다. 학습자는 예술 작품과의 총체적 상호작용을 통해 상상력을 확장하고, 문제를 새로운 관점에서 탐구하며 창의적 해결 방안을 도출할 수 있다. 또한, 협동과 공감을 기반으로 다양한 관점과 가치를 이해하고, 이를 통해 공동체 내에서 상호작용하며 사회적 책임을 인식하는 능력을 함양하게 된다. 이는 학습자가 삶의 주체로서 새로운 자아를 발견하고, 공동체의 일원으로서 사회적 변화를 이끄는 데 중요한 토대를 제공한다. 이러한 과정은 학생들이 심미적 체험을 보다 깊이 이해하고 표현할 수 있도록 돕는 중요한 원리로, [그림 2-6]에 제시되어 있다.

[그림 2-6] 심미적 체험에서의 깊이 표현하기 원리

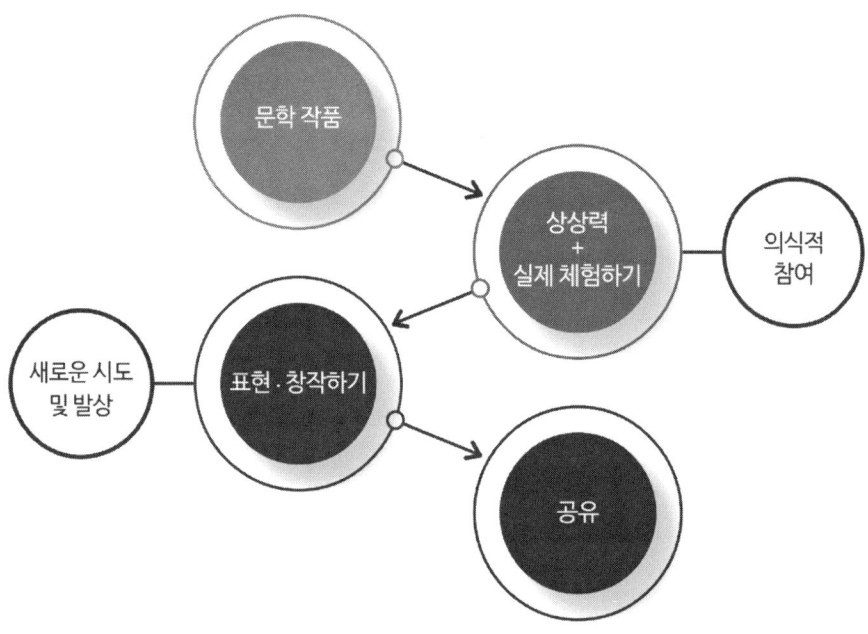

　[그림 2-6]에 제시된 심미적 체험의 '깊이 표현하기' 단계에서는 본격적인 작품 제작에 앞서 학생들이 자신의 작품에 대한 충분한 계획을 세우고, 그 속에 자신과 관련된 이야기를 담아내는 것을 목표로 한다. 이 과정에서 학생들은 작품의 의미를 스스로 인지하고 반영하는 과정을 통해 자기표현을 더욱 풍부하게 한다. 본격적인 제작에 들어갈 때는 원하는 방식으로 자유롭게 표현할 수 있도록 지도하되, 교사는 다양한 표현기법과 언어 사용이 학생들에게 '막연한 두려움'으로 다가오지 않도록 구체적인 예시를 통해 도움을 제공한다. 이를 통해 학생들은 표현의 스펙트럼을 넓히고, 보다 자신감 있게 작품을 완성할 수 있게 된다. 특히, 표현 활동에 대한 두려움을 가진 학생들을 위해 교사는 단계적인 접근을 통해 그들이 표현기법과 그 변형을 시도할 수 있도록 촉진하는 역할을 담당한다. 이로 인해 '표현에 대한 부담'으로 수업에서 소외되는 학생들이 없도록 배려하는 것이 핵심이다. 또한, 작품 제작 과정에서 학생들이 자신의 시각과 관점을 찾아내고 이를 의식적으로 작품에 반영할 수 있도록 교수·학습 활동이 구성되어야 한다. 작품이 완성된 후에는 학생들 간에 이를 공유하고 논의할 수 있는 기회가 마련되어야 하며, 이를 통해 서로의 표현을 존중하고 배울 수 있는 환경이 조성되어야 한다.

3) 심미적 깊이 공감하기

'심미적 깊이 공감하기' 단계에서의 '공감'은 내면화의 중요한 기제가 된다. 내면화는 학습자가 문학작품을 수용하면서 그 속에서 얻은 가치를 자신의 것으로 융합하고, 이를 일상생활에서 실천하며 세상을 다각도로 성찰하는 능력을 기르는 것을 말한다. 문학 작품을 통한 가치의 내면화는 독자가 작품을 통해 자신만의 의미를 찾아내고, 이를 통해 개인적인 가치 체계를 확장하는 중요한 과정이다. 이러한 내면화 과정은 문학교육의 핵심이며 문학 수용의 완결을 의미하는 고도의 심리적 과정이다(국어 교육학 사전, 1999).

내면화 과정에서 다루는 '가치'는 인식적, 미적, 윤리적 성격을 지니고 있으며, 이는 사실 문제를 탐구하는 과정에서 비롯된다. 따라서 작품을 통해 정의적 영역에서 윤리적 가치나 수용자의 개방적인 자세와 같은 태도뿐만 아니라, 대상 세계를 새롭게 인식하고 재구성할 수 있는 논리적 가치 또한 교육의 중요한 대상이 된다. 내면화는 여러 단계에 걸쳐 이루어지지만 '심미적 깊이 공감하기 단계'에서의 내면화는 특히, '가치 내면화를 통한 공감하기'로 나타나며 이는 문학적 지식을 자신의 삶과 연결 짓는 과정을 통해 인격을 형성하는 중요한 교육적 과정이다.

구인환 외(1998: 253)는 문학 작품의 의미가 가치화되고 인격화되는 과정에서 인간다움을 이해하게 되며 그 과정이 개인에게 내면화되는 것을 중시한다. 내면화는 학습자가 가진 가치 체계를 내적으로 조직화하고 이를 인격 속에 융합하는 과정을 의미한다. 우한용 외(1993: 82)는 내면화를 인지적·정의적 과정을 모두 포함하는 문학을 통한 세계 이해의 학습적 과정으로 정의한다. 즉, 내면화는 문학 작품을 읽고 이해하는 차원을 넘어 독자가 작품 속 가치를 자신의 삶에 적용하고 이를 통해 인격적으로 성장하는 과정을 말한다.

심미적 체험에서의 '깊이 공감하기' 원리는 [그림 2-7]과 같다. 문학 작품의 가치는 심미적 체험을 통해 학습자의 내면으로 전이되며, 이 과정에서 전이된 가치와 학습자가 이미 가지고 있던 가치는 내적으로 융합된다. 이 융합을 통해 학습자는 새로운 가치를 형성하고 이를 적극적으로 수용하게 된다. 특히, 문학 작품을 읽는 과정에서 의미 있게 여긴 가치는 내면화되어 학습자로 하여금 그 가치를 자신의 삶에서 실천하고자 하는 의지를 가지게 만든다. 즉, 학습자는 문학 작품을 통해 내면화된 가치를 자신의 삶에 적용하고 실천하려는 의지를 가지게 된다. 이 과정은 학습자의 창의적 사고를 촉진하며, 공동체와의 상호작용을 통해 공동체 역량을 강화한다. 이러한 과정은 학습자가 세상을 다각도로 성찰하고 윤리적이며 창의적인 실천적 해결책을 탐구하며 사회적 책임감을 가진 주체적인 시민으로 성장하도록 이끈다. 결론적으로, '심미적 깊이 공감하기' 단계는 학습자가 문학 작품을 통해 얻은 가치를 내면화하고, 이를 창의적 사고와 공동체 역량으로 전환하여 개인적 성장과 사회적 기여를 동시에 가능하게 하는 교육적 기반을 제공한다.

[그림 2-7] 심미적 체험에서의 깊이 공감하기 원리

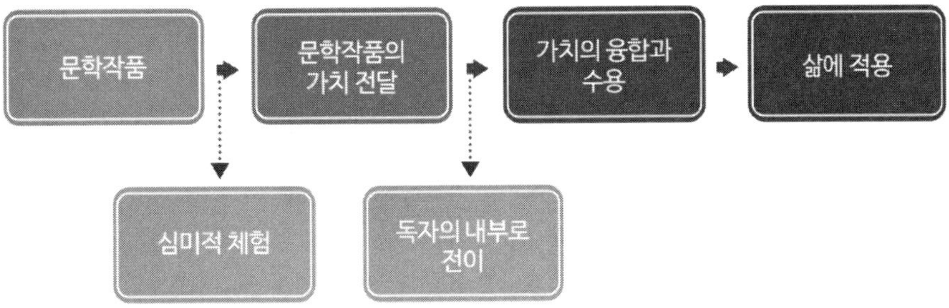

문학작품 → 문학작품의 가치 전달 → 가치의 융합과 수용 → 삶에 적용

심미적 체험   독자의 내부로 전이

문학 작품의 가치 내면화 과정은 학습자에게 매우 중요한 의미를 지닌다. 이 과정에서 독자는 문학 작품의 가치를 자신의 삶에 적용하며 이를 통해 인격적으로 성장하고, 궁극적으로 삶의 질을 향상시킬 수 있다. Jauß(1977)는 문학 작품의 수용이 '지평의 전환'을 통해 이루어진다고 보았다. 새로운 작품을 수용하는 과정에서 독자는 기존의 익숙한 지평을 전환하게 되며 이를 통해 새로운 의미와 가치를 받아들일 수 있다고 주장했다(차봉희, 1985: 31-38). 문학 작품의 가치는 독자가 그 작품과 만남으로써 비로소 완성되며 독자의 경험과 배경에 따라 그 가치가 다르게 내면화된다. 이는 문학 수용의 개별성과 다양성을 강조하며 문학이 독자의 삶에 미치는 독창적이고 깊은 영향을 보여준다.

4) 심미적 깊이 명료화하기

'심미적 깊이 명료화하기'는 독자가 문학 작품을 통해 자신의 내면에 존재하는 불확정한 가치를 탐색하고 작품 속에 제시된 가치와의 상호작용을 통해 자신의 가치를 명확히 하는 과정을 의미한다. 이 과정에서 독자는 자신의 삶과 가치를 더 깊이 이해하게 되며 궁극적으로 자아 탐색과 발견에 도움을 받는다. 또한, 문학 작품을 통해 자신의 가치관을 확립하고 삶의 의미를 깊이 탐구할 수 있는 계기를 제공한다.

Dewey(1974)는 과거와 달리 현대에는 미리 정해진 바람직한 가치가 존재하지 않음을 인정해야 하며, 학습자는 변화와 혼란의 상황에서 새로운 가치를 창출해야 한다고 주장한다. 이를 위해 학생들은 가치 형성의 주체로서 끊임없이 판단하고 선택해야 한다고 본다. 가치 명료화 과정에서 학습자는 기존에 가지고 있던 가치와 문학 작품을 통해 새롭게 인식된 가치를 비교하고, 이를 수용할 것인지 거부할 것인지를 결정하게 된다. 학습자는 자신의 가치를 명료화하기 위해 문학 작품의 가치와 갈등을 겪게 되며 이러한 가치 갈등을 통해 자신에게 필요한 가치를 판단하고 선택하게 된다. Raths(1994)는 가치가 행동을 유도하는 상황에서 갈등이 발생하고 이러한 갈등 속에서 요구들을 비교, 평가하는 복잡한 판단으로 행동이 이어진다고 설명한다. 따라서 가치는 순수하고 추상적인 형태로 작용하지 않으며, 실생활에서 작용하는 복합적이고 구체적인 판단의 결과로 드러나며 궁극적으로는 삶의 결과 속에서 진정한 가치가 나타난다(Raths, 1994: 44). 즉, '심미적 깊이 명료화하기' 단계는 학습자가 문학 작품을 통해 자신의 가치를 탐구하고 명확히 하며, 이를 삶과 공동체에 적용하는 데 중요한 역할을 한다. 이 과정에서 학습자는 창의적 사고를 통해 기존의 가치 체계를 확장하고, 새로운 가치를 창출하며 공동체 내에서 협력과 공감을 바탕으로 갈등을 해결하고 윤리적 실천을 도모한다. 결과적으로, 이 단계는 학습자의 개인적 성장과 공동체적 책임감을 모두 함양하는 교육적 기반을 제공한다. 이러한 논의를 바탕으로, 심미적 체험에서 '깊이 명료화하기'의 원리는 [그림 2-8]과 같다.

[그림 2-8] 심미적 체험에서의 깊이 명료화하기 원리

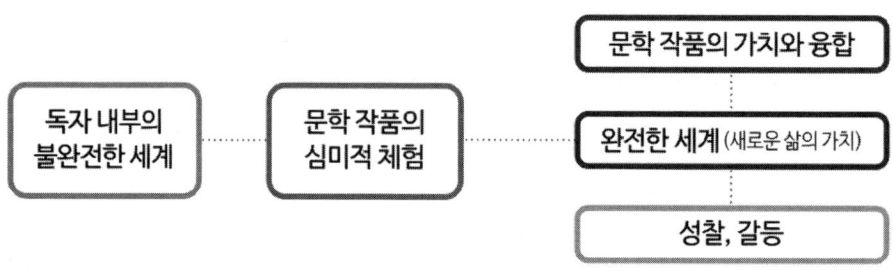

[그림 2-8]과 같이 학습자는 문학 작품을 읽기 전, 내면에 불완전한 세계를 지니고 있다. 이러한 내면세계는 문학 작품을 심미적으로 체험하는 과정을 통해 서서히 드러난다. 심미적 체험을 통해 학습자는 문학 작품이 제시하는 가치를 접하게 되고 이 가치를 자신의 내면과 비교하면서 무엇이 더 적절한지 반성적으로 판단하게 된다. 학습자의 내면세계는 문학 작품의 가치와 상호작용하면서 갈등과 융합의 과정을 거치면서 점차 명료화된 새로운 가치로 변화한다. 이러한 변화를 통해 학습자가 형성한 새로운 가치는 그가 삶에서 다른 사람이나 상황을 판단하는 데 중요한 기준이 되며 새로운 삶의 가치로 자리 잡는다. 이 과정은 학습자가 문학 작품을 통해 자신의 내면세계를 깊이 탐구하고 이를 바탕으로 성숙한 가치 체계를 구축하는 중요한 경험이 된다.

심미적 체험 교육은 학습자가 문학 작품과 상호작용하면서 심미적 감각을 체험하고, 이를 통해 창의적 사고와 공동체 역량을 발전시키는 과정이다. 이 교육은 심미적 깊이 인식하기, 표현하기, 공감하기, 명료화하기의 단계를 통해 학습자의 심미적 체험을 구조화하며 학습자의 전인적 성장을 지원한다. 학습자는 이러한 과정을 통해 문학 작품에 몰입하며 정서적으로 성찰, 창의적으로 표현, 비판적으로 사고하는 능력을 기른다. 나아가, 개인의 성장은 물론 타인과의 상호 이해와 협력을 강화하고 문학교육이 개인과 공동체의 조화로운 발전에 기여할 수 있는 효과적인 교육적 접근임을 입증한다.

3부

심미적 체험 기반의
문학 수업 설계와 수행

1.
심미적 체험 기반
문학 수업의 모형

가. LCE 미적 체험과 문학교육의 접점 및 수업 모형 개발 방향

문학은 언어로 이루어진 예술 작품으로 그 아름다움은 언어의 아름다움을 통해 표현된다(김은전, 2001: 16). 이러한 아름다움은 인간의 본질적인 욕구와 능력에 뿌리를 두며 인간성을 회복하고 인간다운 삶을 이루는 데 중요한 역할을 한다. 실러(Schiller)는 인간다운 인간을 형성하기 위해 '아름다움'의 교육이 필수적이라고 강조하며 아름다움에 대한 이해가 인간성 회복과 깊이 연결되어 있음을 주장한다(Schille, 안인희 역, 2012: 108-130). 이러한 아름다움의 이해는 인간성을 회복하는 문제와 깊은 연관을 가지며 문학교육의 목표는 바로 이러한 인간다움을 실현하는 데 있다(김대행 외, 2000: 5). 이때, 문학교육에서 심미적 경험을 통해 성취되는 인간다움의 본질은 자유를 추구하는 데 있다.

맥신 그린은 듀이의 경험 철학과 프레이리의 해방적 교육학에 기반하여 사회의 부조리와 불의를 인식하고 이를 변화시키기 위한 상상력을 발휘하는 심미적 교육을 제안한다. 그녀는 예술의 심미적 경험을 학습자가 일상의 틀을 깨고 각성하여 새로운 가능성을 탐구하도록 돕는 존재론적 과정으로 본다. 이때, 예술은 애매함, 미스터리, 어두운 면을 마주하게 함으로써 학습자가 끊임없이 자신의 존재에 질문을 던지게 한다(Green, 문승호 역, 2011: 37). 그린은 심미적 문식성을 사물과 경험, 세계를 깊이 응시하고 탐구하며 이를 상상력을 통해 질서와 의미를 부여하는 능력으로 정의한다(Green, 1977: 14-20).

문학 작품을 접한 학습자는 인간과 세계의 근본적인 문제와 대면하며, 심미적 경험을 통해 자신과 사회의 지평을 확장하고 변모시키는 과정을 경험하게 된다. LCE의 미적 체험과 문학교육은 예술적 접근을 통해 문학 작품에 대한 학생들의 이해와 경험을 심화시키는 데 있다. LCE는 교육의 본질을 심미적 경험을 통한 자율적 사고와 상상력의 활성화로 이해하며 이러한 철학은 문학교육과도 밀접하게 연관된다. LCE의 미적 체험은 학생들이 작품을 능동적으로 받아들이고 자기 경험과 결부하여 깊이 있는 의미를 도출하도록 유도한다. 이는 학생들이 문학 작품을 단순히 읽는 것에 그치지 않고 작품의 주제나 등장인물에 공감하고, 그 속에 담긴 사회적, 윤리적 메시지에 대해 깊이 있는 성찰을 가능하게 한다. 예를 들어, LCE의 '10가지 상상적 사고 역량'은 학생들이 문학을 통해 문제를 창의적으로 탐구하고 작품 속에서 다루어지는 인간적인 주제나 갈등을 자기 삶의 맥락에서 재해석하는 능력을 키워준다. 이는 또한, LCE의 탐구 과정과 문학교육에 있어 학생 중심의 탐구적 접근법으로 문학 수업에서 이 탐구 과정은 학생들이 텍스트에 대해 질문을 제기하고, 개인적이고 주체적인 관점에서 작품을 해석하는 과정을 지원한다. 이러한 과정을 통해 학생들은 문학 작품을 자신의 삶과 연결되는 살아 있는 경험으로 받아들이며, 이는 미적 체험이 문학교육에 내재하는 중요한 가치를 강조한다.

LCE의 미적 체험이 강조하는 또 하나의 요소는 '넓은 깨어 있음'이다. 이는 맥신 그린이 말하는 주체적이고 깨어 있는 상태로 학생들이 문학 텍스트에 내재한 감정, 윤리적 딜레마, 사회적 맥락 등을 비판적으로 바라볼 수 있게 한다. 이처럼 미적 체험을 통해 학생들은 문학 작품을 다양한 관점에서 감상하고 텍스트가 제공하는 의미를 자기 삶에 적용해 보며 민주적 시민의식을 함양할 수 있다. 마지막으로 LCE 미적 체험과 문학교육은 '예술적 시민 의식'과의 연관성에서 찾을 수 있다. 문학교육은 학생들이 작품을 통해 자신과 사회를 성찰하고, 타인과의 연대감을 느끼며 사회적 책임감을 형성하는 데 기여한다. LCE의 미적 체험은 이 과정을 더 깊이 있게 하고 학생들이 문학을 통해 사회적 문제에 대해 상상하고 더 나은 미래를 꿈꾸며, 궁극적으로 창조적이고 윤리적인 삶을 영위할 수 있도록 돕는다.

이러한 논의를 바탕으로 LCE의 미적 체험 핵심 역량 요소와 제2장에서 제시한 심미적 체험 기반 문학교육의 단계 및 구성 요소를 통합한 PEIC 심미적 체험 모형을 제안한다. 해당 모형은 〈표 3-1〉를 통해 구체적으로 제시되며, 문학교육에서 심미적 체험의 핵심 요소와 단계적 접근 방식을 설명하고 있다.

<표 3-1> PEIC 심미적 체험 모형

심미적 체험 기반 문학 교육 구성요소	구성별 세부 내용	LCE 미적체험 핵심 역량 요소
심미적 깊이 인식하기 (Perceiving aesthetic depth)	- 문학 작품을 통해 다양한 감정을 경험하고, 이를 통해 자신의 내면을 탐색 - 문학 작품 속 상징, 은유, 구조 등을 분석	· 깊게 관찰하기 · 질문하기 · 패턴 찾기 · 연관성 형성하기
심미적 깊이 표현하기 (Expressing Aesthetic Depth)	- 문학 작품에서 느낀 아름다움과 감정을 자신의 것으로 만드는 과정이다. 이를 통해 학습자는 자신만의 심미적 관점을 개발하고, 이를 다양한 형태로 표현하는 과정	· 깊게 관찰하기 · 구현하기 · 의미 만들기 · 표현·창작하기
심미적 깊이 공감하기 (Internalizing Aesthetic Depth)	- 문학 작품을 통해 학습자는 정서적 반응과 인지적 과정을 결합하여 깊이 있는 이해와 감정적 공감을 경험(가치의 내면화) - 작품에 대한 깊은 이해와 공감은 작품의 문제점을 비판적으로 바라보고, 다양한 시각에서 작품을 해석	· 깊게 관찰하기 · 모호함 견디기 · 공감하기 · 의미 만들기 · 성찰·평가하기
심미적 깊이 명료화하기 (Clarifying Aesthetic Depth)	- 독자는 문학 작품을 통해 자신의 내면에 존재하는 불확정한 가치를 탐색하고, 작품 속에서 제시되는 가치와의 상호작용을 통해 자신의 가치를 명확히 하기 - 문학 작품을 통해 자신의 가치관을 확립하고, 삶의 의미를 더욱 깊이 있게 탐구하기	· 모호함 견디기 · 행동 취하기 · 성찰·평가하기

<표 3-1>에 제시된 PEIC 심미적 체험 모형의 1단계, '심미적 깊이 인식하기' 단계에서는 학습자가 문학 작품을 통해 다양한 감정을 경험하며 자신의 내면을 탐색하고, 작품 속에 담긴 상징, 은유, 구조 등을 분석하는 과정을 포함한다. 이 단계에서 학습자는 LCE 미적 체험의 핵심 역량 요소를 활용하여 작품에 대한 심미적 이해를 심화하게 된다. 구체적으로 깊게 관찰하기를 통해 작품의 세부적인 특징을 주의 깊게 탐구하며 질문하기를 통해 작품의 의미와 주제를 능동적으로 탐색한다. 또한, 패턴 찾기를 통해 작품의 구조적 반복과 상호작용을 발견하며 연관성 형성하기를 통해 작품의 요소를 자신의 경험이나 다른 작품과 연결하여 이해를 확장한다. 이러한 과정을 통해 학습자는 문학 작품과 심층적으로 상호작용하며 심미적 감수성을 발달시키게 된다. 2단계, '심미적 깊이 표현하기'는 학습자가 문학 작품에서 느낀 아름다움과 감정을 내면화하여 자신의 것으로 만드는 과정이다. 이 단계는 학습자가 자신만의 심미적 관점을 형성하고 이를 다양한 방식으로 창의적이고 독창적으로 표현하는 데 초점을 맞춘다. 이 과정에서 학습자는 LCE 미적 체험의 핵심 역량 요소를 활용하여 학습의 깊이를 더한다. 구체적으로 깊게 관찰

하기를 통해 작품에서 발견한 미적 요소를 세심하게 탐구하며, 구현하기를 통해 자신의 해석과 감상을 구체적이고 명확한 형태로 실현한다. 다음으로 의미 만들기를 통해 작품에서 얻은 통찰과 깨달음을 구조화하고, 표현·창작하기를 통해 글쓰기, 시각 예술, 연극 등 다양한 매체를 활용하여 자신만의 심미적 관점을 창의적으로 드러낸다. 이러한 과정은 학습자가 문학 작품을 통해 얻은 심미적 경험을 능동적으로 재구성하고, 이를 바탕으로 창의성과 표현력을 확장하는 데 기여한다. 3단계, '심미적 깊이 공감하기'는 학습자가 문학 작품을 통해 정서적 반응과 인지적 과정을 결합하여 깊이 있는 이해와 감정적 공감을 경험하고, 이를 통해 가치를 내면화하는 과정이다. 이 단계에서 학습자는 작품을 정서적으로 받아들이는 동시에 비판적으로 분석하며 다양한 시각에서 작품을 해석하고, 그 속에 담긴 문제점을 성찰한다. 이러한 과정에서 LCE 미적 체험의 핵심 역량 요소를 활용하여 심미적 경험을 더욱 심화한다. 구체적으로 깊게 관찰하기를 통해 작품의 세부적인 요소를 탐구하며, 모호함 견디기를 통해 명확하지 않은 상황이나 의미를 열린 마음으로 수용하고 탐구한다. 다음으로 공감하기를 통해 작품 속 등장인물이나 상황과 정서적 연결을 형성하며, 의미 만들기를 통해 작품의 메시지와 자신의 경험을 연결하여 새로운 통찰을 도출한다. 나아가, 성찰·평가하기를 통해 작품의 가치를 비판적으로 검토하며 자신의 관점과 태도를 재정립한다. 이 과정은 학습자가 문학 작품을 통해 정서적 공감과 비판적 사고를 동시에 경험하며, 자신의 내면적 성장을 도모하고 타인과의 깊은 이해를 형성하도록 돕는다. 4단계, '심미적 깊이 명료화하기'는 학습자가 문학 작품을 통해 자신의 내면에 존재하는 불확정한 가치를 탐색하고, 작품 속에서 제시되는 가치와 상호작용하며 이를 명확히 정립하는 과정이다. 이 단계에서 학습자는 문학 작품을 매개로 자신의 가치관을 정립하고, 이를 바탕으로 삶의 의미를 더욱 깊이 탐구한다. 이러한 과정은 LCE 미적 체험의 핵심 역량 요소를 통해 구체적으로 지원된다. 먼저, 행동 취하기를 통해 작품에서 도출된 통찰을 실제 삶에 적용함으로써 문학적 경험과 실천적 행동 간의 연계를 도모한다. 이어서, 성찰·평가하기를 통해 개인의 가치관과 삶의 태도를 비판적으로 검토하고 이를 재정립하는 과정을 수행한다. 이 과정은 학습자가 문학 작품을 통해 자신만의 의미를 발견하고, 이를 바탕으로 삶에 대해 더욱 주체적이고 깊이 있는 태도를 형성하도록 돕는다. 즉, 학습자는 작품 속 메시지를 자신과 연계하여 자신의 가치 체계를 명료화하고 이를 실천적 행동으로 확장함으로써 문학교육의 실질적인 가치를 경험한다.

나. 수업 목표 설정과 제재 선정

1) 수업 목표 설정

  LCE의 미적 체험 핵심 역량 요소와 심미적 체험 기반 문학 수업의 궁극적인 목표는 학습자가 미적 경험을 통해 자신의 심미적 감각을 발달시키고, 이를 바탕으로 새로운 의미를 창조하는 동시에 그 과정에서 개인적·공동체적 변화를 이끌어내는 창의력 사고 및 공동체 역량을 강화하는 데 있다. 앞서 논의된 각 수업 원리와 요소는 미적 교육과 밀접하게 연계되며 교육의 핵심 항목을 체계적으로 정리하고 이를 바탕으로 핵심 요소, 주요 내용, 세부 지침으로 구조화하는 것이 매우 중요하다. 이처럼 각 수업의 원리와 요소는 개별적으로 분류될 수 있으나, 서로 상호 연계되어 전체 수업에 유기적이고 통합적인 영향을 미친다. 즉, 이러한 원리와 요소는 독립적으로 작용하지 않으며, 상호작용을 통해 수업의 전반적인 효과를 결정짓는 핵심적인 역할을 수행한다. 심미적 체험 기반 문학 수업의 원리에 대한 세부 내용은 다음과 같다.

(1) 의식적 주목

  '의식적 주목'은 특정 대상에 대한 집중과 관심을 의미하며, 이는 미적 경험이 일어날 수 있는 중요한 전제 조건이다. '의식적 주목'은 학습자가 미적 대상에만 몰입하고 그 대상을 관조하면서 이를 지적으로 이해하고 분석하는 태도를 포함한다. 이러한 태도는 학습자가 미적 대상을 깊이 탐구하고 그 안에서 다층적인 의미를 발견하는 데 도움을 준다. 또한, '의식적 주목'은 학습자가 자신의 관심을 더욱 심화시키고 그 과정에서 새로운 지식과 통찰을 얻는 데 중요한 역할을 한다(Greene, 양은주 역, 2007: 28). 따라서 문학 수업에서는 학습자가 '의식적 주목'을 통해 문학 작품에 몰입하고 그 과정에서 미적 경험을 하도록 이끄는 것은 필수적이다. 이를 통해 학습자는 문학 작품을 더 깊이 있고 풍부하게 이해하게 되며, 그 작품을 자신의 삶과 연계할 수 있는 능력 또한 향상된다. 이러한 과정은 문학 수업의 교육적 목표를 달성하는 데 중요한 방향을 제시한다. 학생들이 작품에 집중하고 작품에 대한 자신의 생각과 감정을 자유롭게 표현하며, 작품을 지적으로 이해하고 분석하는 과정에서 미적 경험을 통해 작품에 대한 더 깊은 이해가 이루어진다. 따라서 심미적 체험 기반 문학 수업에서는 학생들에게 '의식적 주목'을 권장하는 것이 매우 중요하다. 이를 통해 학생들은 미적 대상을 더 깊이 체험하고 이해하며 해석할 수 있게 된다. 이러한 과정은 학생들의 문학 작품에 대한 이해도를 높이고 심미적 감상력을 향상시키는 데 중요한 역할을 한다.

(2) 체화 인지

'체화 인지'는 신체의 감각과 움직임을 통해 미적 대상을 지각하고 탐구하는 과정으로 학습자가 미적 대상을 더욱 직접적이고 개인적인 방식으로 이해하는 데 도움을 준다(Lincoln Center Education, 2014). 이러한 경험은 학습자가 창작이나 표현을 통해 미적 대상에 대한 의미를 발견해 가는 과정에서 중요한 역할을 한다. '체화 인지'는 학습자가 신체를 활용하여 학습하는 과정을 포함하며, 이를 통해 학습자는 지식을 더 깊이 이해하고 오래 기억할 수 있다. 또한, 이러한 경험은 학습자가 미적 대상을 자신의 방식으로 해석하고 그 안에서 새로운 의미를 발견하는 데 중요한 토대가 된다. 따라서, 문학 수업에서는 '체화 인지'를 활용하여 학습자가 미적 대상을 보다 직접적으로 탐구하고, 그 과정에서 의미를 찾아가는 경험을 촉진하는 것이 중요하다. 이를 통해 학습자는 문학 작품을 더 깊이 이해하게 되며, 자신의 창의력과 표현력 또한 향상시킬 수 있다.

(3) 의미 창조

'의미 창조'는 학습자가 예술 작품이나 특정 대상으로부터 느낀 감정이나 아이디어를 종합하여 자신만의 해석을 만들어내는 과정을 의미한다(Lincoln Center Education, 2014). 이 과정은 학습자가 자신의 경험과 지식을 바탕으로 미적 대상에 대해 새로운 의미를 창출하는 중요한 행위이다. 학습자는 대상을 지적으로 분석하고 그 분석 결과를 자신의 실제적 지식과 결합시킴으로써 더 깊은 이해에 도달하게 된다. 이를 통해 학습자는 미적 대상 안에서 자신만의 독창적인 의미를 발견할 수 있다. 따라서 문학 수업에서는 학습자가 이러한 '의미 창조' 과정을 경험하도록 돕는 것이 중요하다. 이를 통해 학습자는 문학 작품을 더욱 깊이 이해하게 되고 자신의 경험과 지식을 바탕으로 새로운 의미를 창조하는 능력도 향상시킬 수 있다.

(4) 직접 경험

'직접 경험'은 학습자가 미적 경험과 교육의 주체로서 학습 과정에 적극적이고 주도적으로 참여하는 태도를 의미한다. 이러한 태도는 학습자가 자신의 학습 경험을 스스로 조작하고 통제하며 학습의 과정과 결과에 대한 책임감을 부여한다. 이를 통해 학습자는 학습에 대한 동기와 흥미를 높이며 참여도를 증진시킬 수 있다. 특히, 심미적 체험 기반 교육에서는 학습자가 미적 대상을 직접 경험하고, 이를 바탕으로 자신의 이해와 해석을 표현하는 과정에서 '직접 경험'의 중요성이 부각된다. 이러한 과정을 통해 학습자는 미적 대상에 대한 심미적 이해와 해석을 구체적으로 체험하며, 자신의 감성과 표현력을 심화하고 확장할 수 있다. 나아가 학습자는 심미적 체험을 통해 자신만의 의미를 도출함으로써 능동적으로 학습에 참여하고, 이를 통해 지속적인 성장의 기회를 모색하게 된다.

(5) 상호작용과 소통

'상호작용과 소통'은 학습자가 자신의 아이디어와 감정을 음악적, 예술적, 언어적, 비언어적 방식으로 표현하고 동시에 다른 사람의 표현을 이해함으로써 다양한 관점을 수용하고 공감하는 능력을 의미한다. 이 과정은 학습자가 자신의 생각과 감정을 충분히 표현하고 타인과 공유함으로써, 다른 사람의 생각과 감정을 이해하고 존중할 수 있게 한다. 이러한 경험은 학습자가 다양한 관점과 아이디어를 수용하고, 이를 자신의 학습과 표현에 통합하는 능력을 발전시키는 데 중요한 역할을 한다. 이런 상호작용과 소통의 과정에서 학습자는 협력하는 역량도 함께 발전시킬 수 있다. 학습자는 공동의 목표를 달성하기 위해 타인과 협력하고, 서로의 의견과 아이디어를 존중하며 상호 지원하는 과정을 경험하게 된다. 따라서 '상호작용과 소통'은 심미적 체험 기반 교육에서 중요한 요소로 작용하며, 학습자가 미적 대상을 더 깊이 체험하고 이해하며 해석하는 데 크게 기여한다. 학습자는 다양한 관점과 아이디어를 바탕으로 미적 대상에 대한 깊이 있는 이해를 얻게 되고, 그 결과 자신만의 독창적인 해석과 표현을 창출하는 능력을 발전시킬 수 있다.

(6) 참여와 실천

'참여와 실천'은 교육을 통해 습득한 안목, 지식, 또는 결과물을 개인의 삶뿐만 아니라 공동체와 환경 등의 실제적 맥락에서 적용하고 실행하며 확산하는 행위를 의미한다(방담이, 윤회정, 2018: 396). 예를 들어, 학생이 문학 작품을 통해 배운 사회적 이슈에 대한 이해를 자신의 일상 속에서 실천하거나, 공동체 활동에 반영하는 것이 '참여와 실천'의 사례가 될 수 있다. 또한, 학생이 학습한 예술적 기술이나 지식을 활용하여 자신만의 작품을 제작하고 이를 공동체나 환경에 공유하는 것 역시 '참여와 실천'의 대표적인 예라 할 수 있다.

'참여와 실천'을 통해 학생들은 배운 내용을 실제 삶에 적용하고 그 효과를 직접 경험하게 된다. 나아가, 학생들은 자신이 배운 지식과 기술을 공동체와 환경에 기여하는 방식으로 확산시키는 능력을 발전시킬 수 있다. 이러한 과정은 학습자가 미적 대상에 대한 심미적 이해와 해석을 실제 삶의 맥락에서 적용함으로써 학습의 실용성과 적용성을 높이고 학습에 대한 동기와 흥미를 증진시키는 중요한 역할을 한다.

앞선 내용을 바탕으로 심미적 체험 교육 수업 원리에 기반한 심미적 체험 문학교육의 목적은 [그림 3-1]과 같다.

[그림 3-1] 심미적 체험 기반 문학교육의 목적

심미적 체험 교육 수업 원리	문학교육 수업 원리
·의식적 주목 ·직접 경험 ·체화 인지 ·상호작용과 소통 ·의미 창조 ·참여와 실천	·학습자 중심의 교육 ·상호작용과 협업의 강조 ·경험 중심의 학습 ·다양한 평가 방법의 활용 (참여와 실천)

심미적 체험 교육의 목적

미적 감각의 발달	학습자가 다양한 예술 작품이나 미적 대상을 경험하고 이해하는 능력을 향상시키는 것이다. 이를 통해 학습자는 미적 감각을 발달시키고, 예술과 심미에 대한 깊은 이해를 얻는다.
창의적 사고력의 강화	심미적 체험은 학습자가 자신의 독창적인 생각과 아이디어를 발전시키는 데 도움이 된다. 이를 통해 학습자는 창의적 사고력을 강화하고, 문제 해결 능력을 향상시킬 수 있다.
감성 교육	심미적 체험은 학습자의 감성을 개발하고 표현하는 데 중요한 역할을 한다. 이를 통해 학습자는 자신의 감정을 이해하고 표현하는 능력을 향상시키며, 다른 사람의 감정에 공감하는 능력도 개발할 수 있다.
인간과 사회에 대한 이해	심미적 체험을 통해 학습자는 인간의 삶과 사회에 대한 깊은 이해를 얻을 수 있다. 이를 통해 학습자는 자신과 타인, 그리고 사회에 대한 보다 풍부하고 다양한 시각을 갖게 된다.

문학교육의 목적

문학적 지식의 향상	문학교육의 기본적인 목적 중 하나는 학생들에게 다양한 문학 작품과 작품들의 역사적, 문화적 배경에 대한 지식을 제공하는 것이다.
비판적 사고력 강화	문학교육은 학생들이 작품을 분석하고 해석하는 능력을 개발하도록 돕는다. 이는 학생들이 비판적 사고력을 키우는 데 중요한 역할을 한다.
감성 교육과 자기 표현	문학은 감정과 생각을 표현하는 독특한 방법이므로, 문학교육은 학생들이 자신의 감정을 이해하고 표현하는 능력을 향상시키는 데 도움이 된다.
인간과 사회에 대한 이해	문학 작품은 인간의 삶과 사회를 반영하므로, 문학교육을 통해 학생들은 인간과 사회에 대한 깊은 이해를 얻을 수 있다.
창의성과 상상력의 발달	문학교육은 학생들의 창의성과 상상력을 자극하고 발전시키는 데 중요한 역할을 한다.

심미적 체험 기반 문학교육의 목적

문학 작품을 통한 미적 경험과 심미적 발달을 통해 개인의 창의적 역량을 강화하고, 이를 삶의 다양한 영역에 적용하여 개인 및 공동체의 변화를 가져오는 것에 대한 중요성을 느낀다.

[그림 3-1]에 나타난 바와 같이, 심미적 체험 기반 문학교육은 학습자가 문학 작품을 통해 미적 감각을 발달시키고 창의적 사고력을 증진하며, 감정을 이해하고 표현하는 능력을 배양함으로써 인간과 사회에 대한 깊은 이해를 도모하도록 설계된 교육 방안이다. 이를 실현하기 위해 다양한 교육 원리가 적용된다. 먼저, 심미적 체험 교육의 수업 원리 중 의식적 주목은 학습자가 문체, 상징, 표현기법 등 문학 작품의 세부 요소를 깊이 탐구하며 심미적 상호작용을 경험하도록 돕는 데 초점이 맞춰져 있다. 체화 인지는 학습자가 작품의 내용을 신체적으로 체험하고 정서적으로 느끼도록 지원하여, 작품 속 메시지를 생생히 경험하게 한다. 의미 창조는 학습자가 작품을 자신의 삶과 연계하여 독창적이고 새로운 의미를 창출하도록 돕는 데 중점을 둔다. 이를 통해 학습자는 자신의 삶의 맥락에서 작품을 재해석하며 고유한 통찰을 획득한다. 직접 경험은 학습자가 작품의 주제나 메시지를 직접 체험하며 문학적 몰입을 유도하는 방식으로, 학습자가 작품에 대해 보다 심층적으로 이해할 수 있도록 한다. 상호작용과 소통은 학습자 간 또는 교사와 학습자 간의 대화와 논의를 통해 작품에 대한 다양한 관점을 공유하며, 이를 통해 다각적인 이해와 새로운 통찰을 도출할 수 있도록 한다. 마지막으로, 참여와 실천은 작품의 메시지를 바탕으로 학습자가 사회적 실천을 경험하도록 유도한다. 이는 문학적 배움을 실질적인 행동으로 연계하는 데 기여하며, 학습자가 작품에서 배운 가치를 현실 세계에 적용하도록 돕는다. 이와 같은 교육 원리들은 학습자가 문학 작품을 심미적으로 체험하고 개인적 성장과 함께 사회적 책임감을 함양하도록 지원하며, 문학교육의 심미적·실천적 가치를 극대화한다. 또한, 심미적 체험은 학습자의 감성을 개발하고 표현하는 데 중요한 역할을 하며 이를 통해 자신의 감정을 이해하고 표현하는 능력뿐만 아니라 타인의 감정에 공감하는 능력 또한 함양할 수 있다. 이와 더불어, 심미적 체험은 인간의 삶과 사회를 깊이 이해할 수 있는 기회를 제공하여 자신과 타인, 그리고 사회에 대한 풍부하고 다양한 시각을 형성하도록 돕는다. 이러한 과정은 학습자가 정서적 공감과 사회적 이해를 바탕으로 개인적 성장과 함께 공동체적 책임감을 함양하는 데 기여한다.

문학교육의 수업 원리는 학습자가 문학 작품을 깊이 이해하고 이를 통해 지적·정서적 성장을 이루도록 설계된다. 학습자 중심의 교육은 학습자의 흥미와 필요를 반영한 수업 설계를 통해 학습자의 능동적 참여와 성취감을 촉진한다. 경험 중심의 학습은 문학 작품을 통해 자신의 삶과 사회적 문제를 탐구할 기회를 제공한다. 상호작용과 협업은 협력적인 대화와 활동을 통해 작품에 대한 다양한 시각을 탐구하며 문학적 이해를 심화하도록 돕는다. 이러한 과정은 학습자가 작품을 통해 정서적 공감과 비판적 사고를 동시에 경험하도록 유도한다. 이와 같은 수업 원리를 바탕으로 한 문학교육은 학습자들에게 다양한 문학 작품과 그 역사적·문화적 배경에 대한 지식을 제공하여 문학적 이해를 향상시키는 것을 목표로 한다. 이를 통해 학생들은 작품을 분석하고 해석하는 능력을 키워 비판적 사고력을 강화할 수 있으며, 자신의 감정을 이해하고 표현하는 능력을 발전시켜 감성 교육의 효과를 얻는다. 또한, 문학 작품이 인간의 삶과 사회를 반영하는 특성을 활용하여 학습자들에게 깊은 통찰력을 제공하고, 창의성과 상상력을 자극함으로써 학생들의 전인적 성장을 도모한다.

앞서 논의한 심미적 체험 교육과 문학교육의 목적을 바탕으로 본 연구는 심미적 체험 기반 문학교육의 목적을 다음과 같이 설정한다. 심미적 체험 교육의 궁극적인 목적은 학습자가 문학 작품을 통해 미적 감각과 창의적 사고력을 발달시키고, 자신의 감정을 이해하고 표현하며 타인의 감정에 공감하는 능력을 함양하도록 돕는 데 있다. 이러한 과정을 통해 학습자는 정서적 성숙과 사회적 관계 형성을 이루며, 문학 작품을 매개로 인간의 삶과 사회적 맥락에 대한 풍부하고 다양한 시각을 형성하게 된다.

문학 작품을 통한 미적 경험과 심미적 발달은 개인의 창의력 증진에 있어 핵심적인 요소로 작용한다. 문학은 인간의 삶, 감정, 사상을 미적으로 표현하며, 이를 통해 학습자는 새로운 시각과 깊이 있는 이해를 획득한다. 이러한 과정은 창의력의 원천으로 기능하며 문제 해결, 의사결정, 커뮤니케이션 등 일상생활의 다양한 영역에서 필수적인 역할을 수행한다. 더 나아가, 개인의 창의력은 공동체로 확산되어 사회적·문화적 변화를 이끄는 동력으로 작용할 수 있다. 문학 작품을 통한 예술적 경험은 개인과 사회에 중요한 가치를 제공하며, 학습자는 이를 통해 심미안을 발달시킨다. 이는 학습자가 세상을 새로운 관점에서 이해하고 자신의 삶에 더 깊은 의미를 부여하는 데 기여한다. 결국, 변화된 개인은 공동체의 변화를 주도할 수 있는 창의적 역량을 갖추게 되며 문학 작품을 통한 미적 경험과 심미적 발달은 학습자의 창의적 역량을 강화하고, 개인과 공동체의 변화를 이끌어내는 데 중요한 역할을 수행한다.

2) 수업 제재 선정

문학의 '미'는 향유할 가치가 있는 미적 가치를 창조하거나 실현하는 것을 목적으로 하는 모든 미적 활동과 그로 인한 효과를 의미한다. 비록 '미'와 문학이 동일한 개념은 아니지만 두 개념을 분리하여 생각하기는 어렵다. 이러한 이유로 문학을 '다양한 양상을 지닌 미를 본질적인 내용으로 하는 미적 활동'(김대행, 2000: 190)이라고 정의할 수 있다. 본 연구에서는 이러한 관점을 바탕으로 LCE 미적 체험 교육에서 제시한 예술 작품 선정 기준을 재구성한 김수진(2013: 47)의 기준을 참고하여 수업에서 사용할 제재와 작품을 선정한다. 특히 작품이 학생들의 호기심을 자극하고 다양한 해석이 가능하도록 하는 요소들을 중점적으로 고려한다.

<표 3-2> 문학 작품 선정 기준

문학 작품 선정 기준
- **질문을 유발하고 호기심을 고취**시키는 문학 작품인가?
- LCE의 **상상력 학습을 위한 역량**과 연관이 있는가?
- 학생들에게 **개인적이거나 교육 과정적으로 풍부한 연관성이 있거나, 다른 과목과 연관**시킬 수 있는 문학 작품인가?
- **접할 때마다 다양한 감상과 진입점들을 가능**하게 하여 학생들이 **새로운 것들을 보고, 듣고, 발견**할 수 있는 문학 작품인가?
- **일상적이지 않으며, 사람들을 흥분시키거나, 도전하게 하고, 불안하게도 할 수 있는** 문학 작품인가?
- 감상자에게 무엇을 생각해야 할 것인지 말하는 작품이 아닌, **많은 선택과 가능한 해석을 제공**할 수 있는 문학 작품인가?
- **일시적인 유행을 대표하는 것이 아닌, 전통이나 개인적 표현**으로부터 나온 문학 작품인가?
- 외부 조력자의 도움 없이 **학습자 스스로 탐구가 가능**한 작품인가?
- **정답을 요구하는 것이 아닌 학생들로 하여금 다양한 해석을 제공**할 수 있는 문학 작품인가?

본 연구에서는 <표 3-2>에 근거하여 문학의 여러 장르 중에서 학생들에게 다양한 해석의 기회를 제공하고 다채로운 선택과 해석이 가능하며 일상적이지 않은 언어로 구성된 '시'를 대상으로 하여 심미적 체험 기반 문학 수업을 진행하고자 한다.

언어 예술로서 문학을 규정할 때, 시는 그 언어적 특성이 가장 극대화된 장르이다. 일반적으로 시의 심미성은 시적 형상화, 기법 또는 형식에서 찾을 수 있다. 그러나 언어는 물리적이고 감각적인 현상이면서도 동시에 정신적 의미를 담고 있는 양면성을 지닌다(오성호, 2000: 98). 따라서 시의 심미성 역시 이러한 언어의 양면성을 모두 고려해야 한다.

Smith(1994)는 "시는 모든 생명의 깊숙한 곳에 자리 잡은 진실을 시인이 예술이라는 방법을 통해 상상의 세계에서 재창조하는 것"이라고 하였다(이성은, 2003: 90에서 재인용). 여기서 '모든 생명의 깊숙한 곳에 자리 잡은 진실'은 시의 외형적·형식적 특성이 아니라 시 정신에 입각한 시의 본질, 즉 문학의 본질을 의미한다고 볼 수 있다(박순미, 2009). 이는 시가 시인의 절실한 메시지를 드러내는 주제성과 연결된다. 구인환 외(2007)는 시를 내포적 언어로 이루어진 자율적 구조로 규정하며 시적 언어의 이중성을 가장 중요한 특징으로 본다. 이러한 이중성은 시의 구조를 형성하며 시어, 이미지, 은유, 상징, 원형(Archetype), 아이러니 등이 그 핵심적인 특징으로 작용한다. 진선희(2006) 역시 시와 산문 문학을 비교하면서, 시 텍스트의 고유한 특성을 음악성, 회화성, 그리고 내포와 낯설게 하기를 통한 주제성에서 찾는다. 특히, 시 텍스트가 소리와 언어의 감각을 통해 독자에게 음악적이고 회화적인 경험을 제공하며 다양한 방식으로 주제를 구체화할 수 있는 가능성을 지닌다고 본다.

시적 언어, 즉 메타포는 일상 언어와 구별되며 그 자체로 예술적 대상으로 인식된다. 일상에서는 의사소통의 수단으로 언어를 사용하지만 시의 언어는 이 기능에서 가장 크게 이탈하는 언어로, 언어적 제약에서 가장 자유롭다. 따라서 시는 그 독특한 예술적 가치를 바탕으로, 독자에게 새로운 시각과 이해를 제공하는 가장 우수한 문학 작품으로 간주될 수 있다. 시의 언어는 그 자체로 독창적 예술적 가치를 지니며 이를 통해 독자는 새로운 인식과 경험을 얻게 된다.

시를 감상하는 과정에서 독자가 마주하게 되는 것은 언어 그 자체가 아니라, 언어를 통해 독자의 의식 속에 펼쳐지는 상상의 세계이다. 쇼펜하우어는 문학을 '언어를 통해 상상력을 발동시키는 예술'로 정의하였다. 이는 독자가 언어로 전달되는 추상적 내용을 자신의 상상력을 통해 구체화하며, 이 과정에서 독자의 개성, 지식, 감정이 함께 작용한다는 점에서 그러하다(Arnheim, 1984: 393-394).

시의 독해 과정은 본질적으로 상상력을 통한 체험으로 해석될 수 있다. 시의 언어는 독자에게 이미지의 환기, 장면 구성, 감각적 경험, 그리고 시적 화자의 정서를 전달하며 이러한 요소들은 독자의 상상력을 통해 체험된다. 이는 시의 의미를 구성하는 핵심적인 단계로 독자의 인지 과정에서 발생하므로 시의 독해는 상상력을 통한 체험으로 이해할 수 있다. 이러한 접근은 시 독해를 더욱 깊이 있게 하고 풍부하게 만들어 독자가 시의 본질적 가치를 더욱 잘 이해하고 즐길 수 있도록 돕는다. 맥신 그린은 "상상력이 없다면 문자 그대로 해석하는 오류를 범하게 되어 우리 주변의 '실제'에 눈이 멀게 된다"고 말한다. 또한, 그녀는 상상력이 예술 작품을 '언어'의 틀에서 해방시켜 우리 삶의 영역으로 들어오게 하며 시공간적 의미를 초월하는 활동적인 존재로 탈바꿈시킨다고 설명한다(그린, 문승호 역, 2017: 125).

심미적 체험을 기반으로 한 문학 수업은 학습자의 창의적 사고 및 공동체 역량을 촉진하고 개인적 성장과 사회적 발전을 통해 생활의 질을 향상시키는 데 초점을 맞춘다. 이 과정에서 시의 감상과 해석을 통해 학습자의 감성적·창의적 역량을 발전시키고, 표현 능력을 향상시키는 것을 주요 목표로 한다. 이러한 접근법은 시의 다양한 요소를 탐구하도록 유도하며, 이를 통해 시의 본질적 가치를 이해하고 이를 존중하는 태도를 내면화하도록 돕는다. 학습자는 시를 통해 자신의 생각과 감정을 보다 깊이 이해하고 이를 명확하고 창의적으로 표현하는 능력을 배양하게 된다. 이 과정은 학습자의 인지적, 감성적, 사회적 기능의 전반적인 발전에 중요한 기여를 한다.

결국, 심미적 체험 기반 문학교육은 학습자의 전인적 발달을 지향하며, 이는 교육의 근본 목표를 실현하는 데 있어 중요한 역할을 수행한다. 그러나 심미적 체험을 기반으로 한 문학 수업에서는 모든 문학 작품을 다룰 수 없으므로, 〈표 3-3〉에 제시된 바와 같이 학습자가 가장 쉽게 접근할 수 있으며 대표성이 인정된 교과서에 실린 시를 중심으로 수업을 구성하는 것이 효과적이다. 이는 문학 작품에 대한 심미적 경험을 보다 체계적이고 실질적으로 경험할 수 있도록 지원하며 교육 현장에서 심미적 체험 기반 문학교육의 적용 가능성과 효과성을 높인다.

〈표 3-3〉 교과서에 수록된 수업 제재로서의 시

제목	시인	내용
햇비	윤동주	윤동주의 '햇비' 시는 그의 단편적인 삶을 통해 인간의 존재와 삶의 의미를 집중적으로 탐구하고 있는 작품이다. 이 시는 윤동주의 개인적인 경험을 바탕으로 한 감성적인 표현과 함께 깊은 철학적 사유를 담고 있어 그의 시적 세계를 이해하는 데 중요한 열쇠가 된다. '햇비'는 그 자체로 단순한 자연 현상이지만, 윤동주는 이를 통해 인간의 삶과 죽음, 그리고 그 사이에 존재하는 아름다움과 슬픔을 독특하게 표현한다. 시에서 햇비는 일상적인 현상을 넘어서 인생의 역설적인 가치를 상징하며 이를 통해 윤동주는 삶의 아름다움과 함께 그 안에 내재된 고통과 슬픔을 동시에 드러내고 있다. 또한, '햇비' 시는 윤동주의 시적 언어와 상상력을 통해 인간의 내적 세계를 섬세하게 그려내는 데 있어 중요한 작품이다. 그의 섬세한 감정 표현과 이미지 사용은 독자에게 공감과 감동을 불러일으키며 그의 시를 대중적으로 인기 있게 만드는 데 기여한다.

고래를 위하여	정호승	정호승의 시 '고래를 위하여'는 자연과 인간, 그리고 그들 사이의 관계에 대한 깊은 성찰을 통해 우리에게 중요한 메시지를 전달하는 작품이다. 이 시는 자연의 존재 가치와 인간의 책임에 대해 강렬하게 질문하며 우리가 어떻게 이 두 가지를 조화롭게 유지할 수 있을지에 대한 해답을 제시하려고 노력한다. '고래를 위하여'는 고래의 입장에서 인간의 행동과 그로 인한 결과를 고발하는 방식으로 이야기가 전개된다. 고래는 자연의 대표적인 상징으로서 인간의 무분별한 개입과 탐욕으로 인해 위협받고 있는 생명체를 대변하고 있다. 이 시는 우리에게 자연과의 조화로운 공존이 얼마나 중요한지 그리고 그것을 위해 우리가 어떤 행동을 취해야 하는지를 묻는 깊이 있는 메시지를 담고 있다.
넌 바보다	신형건	신형건의 '넌 바보다' 시는 '너'와 '나'라는 두 주체를 통해 도덕적인 가치와 행동에 대한 중요성을 강조하는 작품이다. 이 시에서 '너'는 모범적인 행동을 하는 인물로 그려지며, 이를 통해 시인은 본인이 그러한 행동을 본받고 싶은 간절한 마음을 표현한다. 시에서 화자는 '너'의 행동을 '바보'라고 반어적으로 표현함으로써 더욱 강하게 그들의 바른 행동을 강조한다. 이러한 표현은 독자에게 '너'의 행동이 얼마나 중요하며 그것을 본받아야 하는지를 강렬하게 인식시킨다. 결국 '넌 바보다'는 '너'의 모범적인 행동을 강조하고 이를 통해 '나'의 마음을 표현하는 시이다. 이 시는 독자에게 도덕적인 가치의 중요성을 깨닫게 하고 그것을 실천하도록 독려하는 메시지를 담고 있다.
상처가 더 꽃이다	유안진	유안진의 '상처가 더 꽃이다'는 인간의 고통과 그로 인해 얻는 성장에 대한 깊이 있는 성찰을 통해 우리에게 중요한 메시지를 전달하는 시이다. 이 시는 인간의 삶에서 불가피하게 마주하게 되는 '상처'라는 주제를 중심으로 그 의미와 가치를 탐구하고 있다. 시에서 '상처'는 통증을 주는 것으로만 보지 않고 오히려 그것이 우리를 성장하게 하는 좌절과 실패, 그리고 슬픔의 원천이라는 점을 강조한다. 즉 이 시는 상처가 고통스럽지만 그것을 극복하고 넘어서는 과정에서 얻는 가치와 성장을 중요하게 여긴다. 또한 유안진은 '상처'를 '꽃'에 비유함으로써 이러한 메시지를 더욱 강조한다. '꽃'은 자연의 아름다움과 생명력을 상징하며 이를 통해 그는 상처를 겪은 후 얻는 성장과 변화를 아름답게 표현하고 있다.

다. 수업 모형 구안

삶의 가치 중심의 심미 체험은 학습자가 문학 작품을 읽고 이를 통해 자신의 삶에서 유익한 가치를 인식하는 심미적 경험의 한 형태이다. 이 유형의 심미 체험은 학습자의 삶에 대한 총체적인 이해와 개인의 정신적 성장을 이루는 것을 목표로 한다(김남희, 2007: 1). 심미 체험의 대상은 문학 작품뿐만 아니라 학습자 자신의 삶을 포함한다는 점에서 그 의미가 확장된다(김한석, 2003: 90-91).

김도남(2004)은 문학 작품의 가치를 내재적 가치와 외재적 가치로 구분하고 이를 수용하는 방식을 제안하였다. 그는 가치의 수용이 내재적 가치를 지각하여 명료화하는 활동과 외재적 가치를 내면화하는 활동으로 이루어진다고 본다. 황혜진(2006)은 문학 작품이 삶에 대한 총체적 이해를 가능하게 하는 도덕적 가치 경험을 제공한다고 제안하였다. 그는 이러한 가치 경험을, 작품에서 발견된 가치를 학습자가 자기화함으로써 정신적 변화를 유발하는 과정으로 정의하였다. 나아가, 문학 작품을 읽고 그 속에서 가치를 발견하여 탐구하고 판단하며 이를 실천하는 과정을 통해 학습자가 가치를 사유하는 정신적 구조를 변형시킬 수 있다고 보았다. 그들은 문학 작품이 학습자에게 주는 중요한 요소를 '가치'로 보았으며, 이 가치를 학습자가 자신의 것으로 내면화하는 것이 중요하다고 강조한다. 문학교육이 이러한 가치를 삶 속에서 실현하는 방법을 모색해야 한다고 본다. 이와 같은 선행 연구들을 바탕으로, 본 연구는 심미적 체험이 학습자의 삶과 연계될 때 비로소 의미가 있다는 점을 강조한다. 즉, 심미적 체험이 학습자에게 유의미하기 위해서는 그 과정에서 학습자의 삶과 가치관에 긍정적인 영향을 미칠 수 있어야 한다.

Galda와 Beach(2001)는 독자가 심미적 체험을 통해 자신의 삶의 가치 체계를 형성한다고 한다. 심미적 읽기 과정에서 독자는 자신의 경험과 지식을 바탕으로 문학 작품의 의미를 재구성하고 그 과정에서 평범한 일상의 경험에서 의미 있는 가치를 발견하게 된다. 독자는 문학 작품을 심미적으로 체험하며 자신의 경험을 음미하고 가치를 판단하여 나름의 가치 체계를 형성한다. 이 가치 체계는 고정된 것이 아니며 다양한 문학 작품을 통해 얻게 되는 새로운 가치들로 인해 지속적으로 변화할 수 있다.

기존의 심미적 체험 연구는 주로 '아름다움을 표현하는 활동', 즉 '미적 체험'에 중점을 두고 있다. '미적 체험'은 '표현' 및 '감상'과 같은 활동과 비등하게 다루어지지만 이러한 구분은 '미적 체험'을 물리적 경험이나 동기유발의 한 측면으로만 국한하여 이해하는 결과를 초래한다(홍기태, 2010). 이에 본 연구는 맥신 그린의 심미적 체험 이론을 바탕으로 상상력의 세계로 입문한 학습자가 '가치' 중심의 심미 체험을 할 수 있도록 중점을 두고자 한다. 이는 학습자가 문학 작품을 통해 가치를 수용하고 이를 자신의 삶에 적용하는 형태의 심미 체험을 의미한다. 이 과정을 통해 학습자는 문학 작품의 가치를 수용할지 여부를 판단하고 그 가치를 삶에 반영하여 자신의 삶의 가치를 명료화한다. 또한, 문학 작품에서 수용한 가치를 바탕으로 작품 속 인물의 삶을 평가하고, 나아가 자신의 삶을 성찰하는 과정을 거친다. 이를 통해 학습자는 삶에 대한 안목을 넓히고, 민주적 공동체의 주체로 성장할 수 있다.

심미적 체험을 기반으로 한 교수·학습 모형은 이와 같은 원리를 바탕으로 미적 체험을 교육 방법의 핵심 원리로 삼고, 학생들의 의식적 참여를 이끌어내어 교육 과정을 보다 유기적이고 의미 있는 학습으로 전환하는 것을 목표로 한다. 특히, 학습자는 심미적 체험을 통해 '가치'를 발견하고 확정해 나가면서 민주적 공동체의 일원으로 성장하게 된다. 이러한 접근은 학생들이 문학 작품뿐만 아니라 교육 과정 전반에서 의미를 찾고, 그 과정을 통해 더 깊은 배움을 얻을 수 있도록 돕는다. 이에 다음과 같은 점에 중점을 두어 설계를 진행한다.

첫째, 미적 체험의 접근이다. 기존 국어 교육에서는 미적 체험을 학습 내용의 일부로만 다루어왔으나, 이를 교육 방법의 원리로 적용할 경우 수업 활동이 더욱 유기적으로 연결되며 학습 과정이 자연스럽게 전환될 수 있다는 관점을 제시한다.

둘째, 의식적 참여의 도입이다. 맥신 그린의 심미적 교육에서 강조한 의식적 참여의 세 가지 측면(적극적, 주체적, 반성적 참여)을 바탕으로 학생들이 문학과 어떻게 만나는지에 대한 고민을 반영하였다. 이를 통해 학생들이 미적 체험을 통해 자신만의 의미를 발견하고, 그 과정에서 학습의 기회를 얻게 하는 것을 목표로 한다.

셋째, 과정의 구성이다. 의식적 참여를 촉진하는 방법적 장치와 활동을 단계별로 제안하여 학생들이 교육 과정 속에서 의미를 발견하고 학습의 가치를 경험할 수 있도록 한다. 이를 통해 학생들이 결과물뿐만 아니라 학습 과정 자체에서도 교육의 가치를 얻을 수 있도록 돕는 것을 목표로 한다.

본 연구는 심미적 체험 요소를 구체적으로 재구조화하고 이를 기반으로 가치를 확장하는 심미적 체험 방법을 단계적으로 제안하는 교수·학습 모형(PEAIT)을 설계하고자 한다. 이를 위해 선행 연구에서 제시된 심미적 체험 과정과 방법을 분석하고, 맥신 그린의 교육 이론을 참조하여 심미적 체험 요소 중 '가치'에 중점을 두어 재구성하였다. 이 모형은 학생들이 미적 체험을 통해 자신만의 의미를 발견하고 그 과정에서 배움을 얻는 것을 강조하며, 이를 통해 교육의 질을 향상시키고 창의적 사고 및 공동체 역량을 증진할 수 있는 기회를 제공한다. 본 연구는 맥신 그린의 예술 교육 철학과 LCE 예술 교육의 이론적 배경을 토대로 심미적 체험 기반 문학 교수·학습 모형(PEAIT)을 구안하였다. PEAIT 모형은 다음의 다섯 단계로 구성된다. '참여(Participation) → 탐색 및 발견(Exploration and Discovery) → 미적 표현(Aesthetic Expression) → 가치 내면화(Internalizing Values) → 가치 전이(Transferring Values)'의 단계로 구성된다. 이 모형은 심미적 체험 기반 문학 수업의 결과물이 관찰과 환류의 대상이 될 수 있도록 설계되었다. PEAIT 모형의 구체적인 구성과 단계는 [그림 3-2]에 시각적으로 제시되어 있다.

[그림 3-2] 심미적 체험 기반 문학 교수·학습모형(PEAIT)

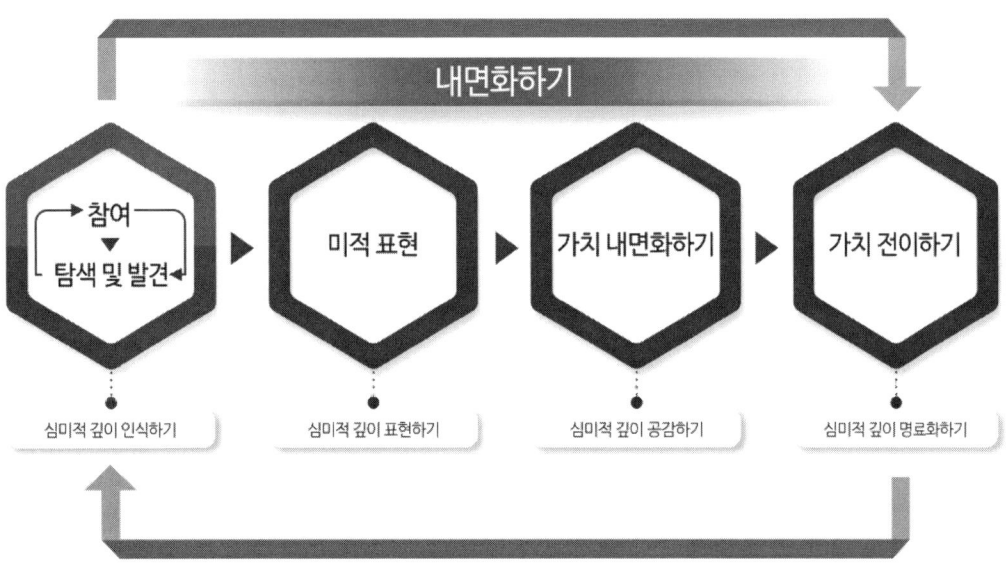

심미적 체험 기반 문학 교수·학습 모형(PEAIT)의 구체적인 세부 학습 활동은 〈표 3-4〉에 상세히 제시되어 있다.

<표 3-4> 심미적 체험 기반 문학 교수·학습모형(PEAIT) 세부 학습 활동

단계	세부 학습 활동	LCE 미적체험 핵심 역량 요소	학습모형
참여 (Participation)	▶ 문학 작품에 대한 호기심·탐구 욕구 자극, 관찰하기 ▶ 문학과 예술의 개념 이해하기 ▶ 탐구 작품 선정하기	· 깊게 관찰하기 · 질문하기 · 패턴 찾기 · 연관성 형성하기	심미적 깊이 인식하기
탐색 및 발견 (Exploration and Discovery)	▶ 자신만의 방식으로 문학 작품 탐색하기 (질문 및 패턴, 연관성 형성하기) ▶ 모둠별 문학 작품 탐색하기 ▶ 직접 체험 및 1인 1디바이스를 활용한 간접 체험하기 (작품에 언급된 특정한 계절, 날씨, 풍경, 감정, 이미지, 사건 등)		
미적 표현 (Aesthetic Expression)	▶ 탐색한 문학 작품의 메시지를 자신을 둘러싼 정서적 관계나 현재 사회의 이슈에 적용하여 창의적으로 표현·창작하기 (구현하기, 의미 만들기)	· 구현하기 · 의미 만들기 · 표현·창작하기	심미적 깊이 표현하기
가치 내면화하기 (Internalizing values)	▶ 탐색 과정을 통한 문학 작품의 개인적 해석 및 연관성 찾기 (모호함 받아들이기, 의미 만들기) ▶ 모둠별 문학 작품 내용 자유 토론하기 (가치 내면화하기-공감, 동일시하기, 자신의 삶과 관련짓기) ▶ 문학 작품을 통한 자아 성찰하기	· 모호함 견디기 · 의미 만들기 · 공감하기 · 성찰하기	심미적 깊이 공감하기
가치 전이하기 (Transferring value)	▶ 문학 작품을 통해 발현된 의사결정 및 행동 기준을 바탕으로 자신의 핵심 가치를 식별하고 행동하기 (학습 내용을 실제 환경이나 다른 맥락에 적용) ▶ 문학 작품을 통한 자아 성찰 및 평가하기	· 모호함 견디기 · 행동하기 · 성찰·평가하기	심미적 깊이 명료화하기

첫 번째 단계는 '참여'로, 문학 작품에 대한 호기심과 탐구 욕구를 자극하며 작품을 섬세하게 관찰하고 탐구하는 과정을 의미한다. Erikson(1968)에 따르면 청소년기는 자아 정체성을 형성하는 중요한 시기로 자신이 누구인지, 어떤 존재로 살아가야 하는지, 그리고 어떤 가치를 지향해야 하는지에 대한 혼란을 겪는 발달 단계이다. 이러한 시기에 문학 작품을 깊이 있게 관찰하고 탐구하는 활동은 자아를 인식하고 이해하는 중요한 과정이라 할 수 있다.

두 번째 단계는 '탐색 및 발견'으로 질문을 던지고 패턴과 연관성을 찾아내어 자신만의 방식으로 문학 작품을 탐색하고 체험하는 단계이다. Rosenblatt(1990: 105)은 문학 작품에 대한 심미적 반응의 첫 단계는 작품을 이해하는 것이라고 강조한다. 문학 작품이 의도하는 바를 정확히 이해하지 못하면 그에 대한 적절한 반응을 이끌어낼 수 없기 때문이다. 특히, 반응 중심 이론이나 수용 이론처럼 독자 중심의 반응을 강조하는 이론에서는 문학 작품의 의미를 자신의 삶에 적용하는 심미 체험이 중요하다. 따라서 문학 작품을 자신만의 방법으로 탐색하고 체험하는 활동은 이러한 심미적 체험에서 핵심적인 역할을 한다.

세 번째 단계는 '미적 표현'으로 학습자가 자신을 둘러싼 정서적 관계를 창의적으로 표현하는 단계이다. 이 과정에서 모둠별로 문학 작품을 언어로 형상화하는 활동도 이루어진다. 문학 교육에서의 심미적 체험은 학습자가 문학 작품에 대해 반응하고, 그 의미를 구성하는 과정을 포함하며 학습자가 작품의 의미나 가치를 수용하여 자신의 모습을 성찰하고 삶에 대한 통찰을 성장시키는 것을 목표로 해야 한다(김중신, 1994: 19). 이러한 심미적 체험을 통한 미적 표현은 학습자가 문학 작품을 통해 가치를 확인하고 이를 바탕으로 삶의 변화를 추구하는 과정이 되어야 한다(최지현, 1997: 166).

네 번째 단계는 '가치 내면화하기'로 학습자가 문학 작품의 가치를 심정적으로 동의하고 이를 적극적으로 수용하는 과정이다(김용환, 1997: 103-106). 이 단계에서는 문학 작품에 대한 개인적인 해석 및 연관성을 찾고, 모둠별로 창의적으로 표현한 결과를 공유하는 과정도 포함된다. 이는 문학 작품을 통한 자아 성찰로 귀결되는 필수적인 과정이라 할 수 있다. 내면화의 과정은 모든 단계에서 이루어지지만, 특히 이 단계에서 학습자가 문학 작품을 통해 얻은 가치를 자신의 가치로 내면화하고 이를 생활 속에서 실천하며 세상을 다각도로 성찰할 수 있도록 하는 것이 핵심이다. 학습자는 특정 가치에 관심을 가짐으로써 점차적으로 그 가치를 내면화하고 정의적인 의미를 추구하며 이를 지속적으로 적용해 가는 과정을 겪는다. 문학교육에서 내면화는 학습자가 문학 작품을 통해 얻은 가치를 자신의 삶과 융합하는 과정을 의미하며, 이는 학습자가 세상을 다각적으로 성찰할 수 있도록 돕는다. '가치 내면화하기' 단계에서 학습자는 작품 속 가치를 심미적으로 수용하고 이를 자신의 삶과 연관 짓는 활동을 통해 자신의 삶에 적용한다. 본 연구에서 강조하는 가치는 백기수(1981: 176-188)가 구분한 감각적 가치와 정신적 가치 중 정신적 가치에 중점을 둔다. 정신적 가치는 선(善)과 관련되며, 도덕적이고 '착한', '좋은' 감정과 연결된다. 이러한 감정은 진(眞), 선(善), 미(美), 성(聖), 신(信)과 같은 인간 본연의 선한 마음을 포함하는 미적 가치를 반영한다. '가치'는 인간의 삶과 밀접하게 관련되며, 인간 행동의 기준이 된다. 감각적 가치와 정신적 가치를 모두 포함하는 '삶의 가치'는 인간이 더 나은 삶을 살아가도록 돕는 기제이다. 문학 작품을 통해 심미적 체험을 하는 과정은 문학 작품에 구현된 가치를 학습자의 삶에 긍정적으로 적용할 수 있는 가능성을 제공한다. 문학 작품에 내재된 가치를 내면화함으로써 학습자는 인간다운 삶의 중요성을 깨닫고 이를 지향하는 삶을 살아간다.

문학 작품은 인간의 삶을 형상화하며, 그 속에 담긴 가치는 학습자가 자신의 삶에 필요한 것을 발견하도록 돕는다. 학습자는 문학 작품을 심미적으로 체험하는 과정에서 삶에 필요한 가치를 수용하고, 이를 바탕으로 작품 속 인물의 삶을 평가하고 자신의 삶을 성찰하게 된다. 이러한 과정을 통해 학습자는 삶에 대한 통찰을 확장하고 주체적인 존재로 성장할 수 있게 된다. 이는 맥신 그린의 '널리 깨어 있음'의 교육 원리와도 일맥상통한다.

따라서, 이 단계의 '가치 내면화하기'는 전체 과정의 내면화와 차별성을 지닌다. 학습자는 문학 작품을 읽고 그 속에 나타난 삶의 모습에 관심을 갖고, 자신의 삶을 투영하여 공감하게 된다. 문학 작품 속 상황과 관련된 자신의 경험을 떠올리며, 감정이입을 할수록 학습자는 자신의 삶을 돌아보는 기회를 얻게 된다. Gribble(1987)은 학습자가 문학 작품의 인물과 동일시를 통해 의도적이고 계획적으로 삶의 문제를 경험한다고 하였다(나병철 역, 1987: 198). 이로써 학습자는 문학 작품과 자신의 삶을 연결 지으며, 자신의 과거를 성찰할 수 있는 기회를 가지게 된다.

마지막 단계는 '가치 전이하기'로 문학 작품을 통해 형성된 의사 결정 및 행동 기준을 바탕으로 자신의 핵심 가치를 식별하고 실천하는 단계이다. 여기서 학습자가 문학 작품의 의미를 적용하는 대상은 바로 자신의 삶이다. 심미적 체험의 가장 중요한 목적은 문학 작품의 의미가 학습자의 삶에 어떻게 도움이 될 수 있는가를 탐구하는 것이다. 학습자는 문학 작품과 자신의 삶을 연계하여 삶의 문제를 파악하고 이를 해결할 실질적 방법을 모색해야 한다. 이때, 삶은 현재의 실생활을 대상으로 한다(한명희, 2005: 73). 2022 개정 교육과정 총론은 '학습자의 삶과 연계한 깊이 있는 학습'을 주요 목표로 설정하고 있다(교육부, 2021). 이러한 학습은 실생활 맥락 속에서 교과 내용을 적용할 기회를 제공하며 학습자가 몰입할 수 있도록 설계된다. 이는 학습한 내용을 실생활에서도 가치 있게 활용할 수 있다는 전제에서 비롯되며 깊이 있는 학습을 통해 학습의 전이가 잘 이루어진다. 문학교육에서 '삶과 연계된 학습'은 문학의 고유한 속성을 다양한 차원에서 고려해야 한다. 국어 교육의 여러 영역에서 현실 세계의 문제를 다루거나 실제 삶의 맥락에의 전이 가능성에 중점을 두고 있다면 문학 영역에서는 가상성을 통한 존재의 변화 가능성과 그로 인한 공동체의 변화 가능성에 중점을 둔다. 최근 문학교육에서는 시민교육이나 생태적 문제와 같은 주제와의 연계 가능성도 주목받고 있다. 이는 문학이 현재 인간 공동체가 당면한 삶의 문제를 반영하고 이를 통해 더 나은 삶과 세계를 상상하고 실천할 수 있는지를 묻고 있기 때문이다.

2022 개정 국어과 교육과정에서는 2015 교육과정의 '공동체 문화 발전에 이바지'라는 모호한 표현을 보다 명확히 수정하여 공동체 문제 해결에 적극적으로 참여하는 방향으로 개정한다. 이 교육과정은 디지털 전환, 기후 및 생태 환경 변화 등 미래 사회의 불확실성에 능동적으로 대응하는 능력과 자신의 삶과 학습을 주도적으로 이끌어갈 수 있는 역량 함양을 강조한다(노은희 외, 2022). 이러한 관점에서 심미적 체험 기반 문학교육은 더 나은 삶과 세계를 만들기 위해 질문하고 상상하며 이를 실천으로 옮길 수 있는 능력을 학습자에게 길러준다. 특히, 개인과 공동체의 변화를 지향하는 중요한 도구로서 작용하며 학습자에게 더 나은 미래를 상상하고 실천할 수 있는 능력을 제공한다.

2.
심미적 체험 기반
문학 수업의 실제

가. 수업 실행의 전제 조건

본고에서는 심미적 체험을 기반으로 한 문학 수업을 효과적으로 구현하기 위해 다음과 같은 전제 조건들을 고려해야 할 필요가 있다.

첫째, 심미적 체험 기반 문학 수업은 학습자가 학습의 주체로서 능동적으로 참여할 수 있는 학습 환경을 조성하는 데 초점을 두어야 한다. 이러한 수업은 학생들이 자신의 생각과 감정을 자유롭게 표현하도록 장려하며, 문학 작품에 대해 다양한 해석을 시도할 기회를 제공함으로써 학습자 중심의 학습 과정을 구현해야 한다. 이는 문학 작품을 매개로 학생들이 자신의 내면을 구체화하고 독창적인 해석을 도출하며, 궁극적으로 문학과 자신의 경험을 연결하도록 돕는 데 중요한 역할을 한다. 이를 실현하기 위해 교사는 학생들에게 문학 작품에 대한 자유로운 탐구와 표현의 기회를 제공해야 한다. 학생들은 이러한 과정을 통해 자신의 관점을 형성하고, 다른 학생들과의 상호작용을 통해 다양한 시각과 해석을 수용하는 태도를 기를 수 있다. 특히, 문학 수업에서 학생 간의 의견 교환은 상호 존중과 협력을 통해 문학 체험의 폭을 확장하는 데 기여할 수 있다. 따라서 교사는 학생들 간의 의사소통과 협력을 촉진할 수 있는 안전하고 개방적인 학습 분위기를 조성해야 한다. 아울러, 문학 작품을 체험하고 이해하는 과정에서 학생들이 자신의 경험과 작품을 연계할 수 있도록 지원하는 것은 심미적 체험을 강화하는 핵심적인 요소이다. 교사는 이를 위해 학생들의 사전 지식과 개인적 경험을 적극적으로 활용할 필요가 있다. 이를 통해 학생들은 문학 작품과 자신 사이의 연관성을 발견하고, 작품 속에서 자신의 삶과 세계를 재해석하는 기회를 얻게 된다. 또한, 문학 작품을 학생들의 일상생활과 연계할 수 있는 다양한 활동을 제공함으로써 참여를 유도하고 학습의 실제적 의미를 강화할 수 있다. 특히, 현대사회의 문제와 연결 짓는 활동은 문학 체험의 깊이를 더하는 데 유용하다. 이러한 활동은 학생들이 작품의 의미를 비판적으로 분석하며 자신의 삶과 연계하는 과정을 경험하게 한다. 따라서 교사는 이러한 연계 활동을 설계할 때, 학생들이 적극적으로 참여할 수 있도록 그들의 관심과 경험을 반영한 교육적 전략을 구체적으로 마련해야 한다. 결론적으로, 심미적 체험 기반 문학 수업에서 교사의 역할은 학생들이 문학 작품과 자신을 연결하고 다양한 해석을 시도할 수 있는 학습 환경을 조성하는 데 있다. 이를 통해 학생들은 문학을 매개로 자신의 정체성과 세계를 성찰하는 심미적 존재로 성장할 수 있을 것이다.

둘째, 심미적 체험 기반 문학 수업은 학생들이 창의적 사고를 확장하고, 문학적 감수성을 함양할 수 있는 자율적이고 창의적인 학습 환경을 제공하는 데 초점을 두어야 한다. 이를 위해 다양한 매체와 도구를 활용할 수 있는 환경을 조성하고, 특히 AI 기반 글쓰기 도구, 시각화 도구, 정보 검색 도구 등 기술적 지원을 통해 학생들이 시각적·문학적 체험을 통해 창작 활동에 몰입할 수 있도록 지원해야 한다. 이러한 기술적 도구는 학생들이 방대한 정보를 신속히 수집하고 선별하며 이를 창의적으로 배치하여 창작의 주체로서 자율성과 창의성을 발휘하도록 돕는 데 기여한다. 특히, AI는 브레인스토밍, 글감 제공, 시각 자료 생성 등 창작 과정의 여러 단계에서 사고를 확장하고 창작 부담을 완화하며, 이질적 소재의 결합을 통해 창의적 사고를 자극하는 데 효과적으로 활용될 수 있다. 이는 창작 경험이 부족한 학생들에게 창작 과정에서의 진입 장벽을 낮추고, 창의적 사고의 기회를 제공하는 데 중요한 역할을 한다. 2022 개정 교육과정은 디지털 전환과 AI 기술의 발전을 반영하여 학습자가 비판적 사고, 협력, 창의성, 윤리적 책임감을 함양할 수 있도록 설계되었다. 특히, 문학 영역에서는 기존의 '창작' 개념 대신 '생산'이라는 보다 포괄적인 개념을 채택하며, 문학적 수용 및 생산 능력을 강조하고 있다. 이는 학생들이 자신의 감정과 생각을 문학적으로 표현하며 창작 주체로 성장할 수 있도록 돕는 데 중점을 둔다(교육부, 2022: 135). 윤경(2022: 144)은 AI 시대에 발맞춰 국어교육에서 AI 교육을 적극적으로 수용하고 발전시켜야 한다고 주장한다. 강서희(2020: 255) 역시 AI 기술을 창작 활동에 적용함으로써 학생들의 시각적 표현 능력을 확장하고 창의적 사고를 자극할 방안을 제안하며, AI가 교육적 도구로서 학생들의 창의성을 촉진할 수 있다는 점을 강조하고 있다. AI를 교육적 도구로 활용하는 데 있어 신중한 논의가 요구되지만, 본 연구는 AI를 효과적인

'도구'로 간주하고 이를 적극적으로 활용하는 관점에서 접근하고자 한다. AI 기반 문학교육은 학생들이 기술을 소비하는 차원을 넘어, 이를 창의적이고 윤리적으로 활용할 수 있는 역량을 함양하는 것을 목표로 삼아야 한다. AI는 인간의 정서적·윤리적 감각을 대체할 수는 없으나, 창작 과정에서 몰입과 흥미를 유발하고 학습 동기를 강화하는 데 유용한 도구로 활용될 수 있다. 디지털 시대의 작가는 과거 독창적 창조성을 요구받던 근대적 작가의 역할을 넘어, 정보를 수집하고 선별하여 이를 조합하고 전달하는 스토리텔러로서의 기능을 수행한다(한혜원, 2010: 27; 김소륜, 2017: 17-18). 따라서 문학교육은 AI 기술을 학생들이 학습자가 심미적 체험 활동을 통해 창의적 사고를 확장하고 디지털 리터러시를 강화할 수 있도록 방향성을 제시해야 한다. 문학의 정서적, 미적, 윤리적 감각을 느끼는 것은 인간 고유의 능력으로 남아 있으나, AI는 이러한 과정을 보완하고 지원하는 유용한 도구로 활용될 수 있다(김지혜, 2023: 392). 본 연구는 이러한 관점에서 심미적 체험과 AI 기술을 융합한 새로운 문학 수업 방안에 초점을 두고 진행하고자 한다. 이러한 수업은 학생들이 창의적이고 자율적인 문학 활동을 통해 디지털 시대의 요구를 충족할 수 있는 역량을 함양하도록 돕는 것을 목표로 한다. AI 기술은 학습자의 창작 활동을 지원하며, 문학적 감수성과 창의적 사고를 확장하는 교육적 도구로 자리매김할 수 있을 것이다.

셋째, AI 및 디지털 리터러시에 대한 기초 교육과 윤리적 AI 활용 교육은 디지털 시대의 교육적 요구를 충족하기 위해 필수적으로 선행되어야 한다. 학생들이 AI와 디지털 도구를 효과적으로 이해하고, 활용할 수 있도록 기초적인 디지털 리터러시와 AI 활용 능력을 체계적으로 교육하는 것은 매우 중요하다. 디지털 리터러시 교육은 학생들로 하여금 정보 검색, 분석, 평가 및 활용 능력을 함양하도록 돕는 동시에, 다양한 디지털 도구를 활용하여 창작 활동을 수행할 수 있는 기반을 제공한다. 또한, AI 기술의 윤리적 사용에 대한 교육은 학생들에게 AI를 비판적으로 인식하고 책임감 있게 활용할 수 있는 역량을 함양하는 데 필수적이다. 학생들은 AI 기술의 가능성과 한계를 이해하며, 기술이 야기할 수 있는 사회적 및 윤리적 문제를 비판적으로 성찰할 수 있어야 한다. 이를 위해 AI가 생성하는 정보의 신뢰성을 평가하고, 데이터 편향, 프라이버시, 저작권과 같은 윤리적 쟁점에 대해 학습할 필요가 있다. 이러한 교육은 학생들로 하여금 AI의 사회적·문화적 영향을 깊이 이해하고 이를 올바르게 활용하는 데 필요한 비판적 사고와 책임감을 기르는 데 기여한다. 특히, AI와 디지털 기술을 창작 활동에 활용할 수 있는 능력을 개발하기 위해서는 기술적 숙련도와 윤리적 책임감이 결합된 교육이 요구된다. 학생들은

AI 기술을 활용하여 창의적 아이디어를 도출하고, 이를 구체화하는 과정에서 디지털 도구를 효과적으로 사용하는 법을 배우게 된다. 동시에, 창작 과정에서 기술이 미칠 수 있는 윤리적·사회적 영향을 인식하고 이를 고려한 책임 있는 결정을 내릴 수 있는 능력을 함양해야 한다. 결론적으로, AI 및 디지털 리터러시에 대한 기초 교육과 윤리적 AI 활용 교육은 학생들이 디지털 시대의 창의적이고 책임 있는 창작 주체로 성장할 수 있는 기반을 마련하는 데 핵심적인 역할을 한다. 이를 통해 학생들은 디지털 기술과 AI를 능숙하게 다루며, 이를 창의적이고 비판적으로 활용하여 사회적 가치를 창출할 수 있는 역량을 갖추게 될 것이다. 이러한 교육적 접근은 기술적 숙련과 윤리적 성찰을 결합함으로써, 미래 사회의 복합적 요구에 부응하는 교육적 방향성을 제시한다.

넷째, 심미적 체험 기반 문학 수업에서는 학생들이 문학 작품을 다각도로 체험하고 이를 심층적으로 이해할 수 있도록 다양한 학습 활동을 설계하는 것이 필수적이다. 이러한 학습 활동은 학생들로 하여금 자신의 생각과 감정을 깊이 탐구하고 표현할 수 있는 기회를 제공한다. 특히, 토론, 팀별 활동, 창작 활동은 심미적 체험을 강화하고 문학적 감수성을 함양하는 데 효과적인 학습 방식으로 작용할 수 있다. 토론은 학생들이 문학 작품에 대한 자신의 해석을 논리적으로 구성하여 표현하고, 다른 학생들의 의견을 경청하며 다양한 관점과 아이디어를 도출하는 과정을 통해 비판적 사고와 의사소통 능력을 함양하도록 돕는다. 이를 통해 학생들은 자신의 해석을 정교화하고 문학 작품에 대한 보다 다각적이고 창의적인 시각을 형성할 수 있다. 또한, 토론은 학생 간의 상호작용을 촉진하며 문학 작품의 의미를 공동으로 탐구하고 확장하는 협력적 학습 환경을 조성한다. 팀별 활동은 협력적 학습을 통해 학생들이 문학 작품을 분석하고 문제를 해결하며, 서로의 아이디어를 공유하는 과정을 경험하게 한다. 이러한 활동은 학생들에게 협동심과 책임감을 부여하며 팀 내에서 다양한 역할을 수행하는 과정을 통해 협력적 문제 해결 능력을 배양하는 데 유용하다. 특히, 팀별 활동은 문학 작품의 주제를 다각도로 탐구하고 작품의 사회적·문화적 맥락을 깊이 이해하는 기회를 제공함으로써 심미적 체험을 심화하는 데 효과적이다. 창작 활동은 학생들이 문학 작품의 감정적·심미적 측면을 자신의 경험과 연계하여 독창적으로 재해석하고, 새로운 작품을 창조하는 과정을 통해 창의적 사고와 표현력을 향상시킬 수 있는 중요한 학습 방식이다. 이를 통해 학생들은 자신의 생각과 감정을 능동적으로 구성하여 문학적으로 표현하는 과정을 경험한다. 결론적으로, 토론, 팀별 활동, 창작 활동과 같은 다양한 학습 활동은 심미적 체험 기반 문학 수업의 핵심적인 구성 요소로 작용한다. 이러한 활동은 학생들로 하여금 문학 작품을 다각적으로 탐구하고 다양한 시각에서 해석할 수 있는 기회를 제공하며, 문학적 감수성과 정서적 공감을 심화하고 비판적 사고를 함양하는 데 기여한다. 나아가, 이러한 학습 과정은 학생들이 문학 작품에 대한 지식과 통찰력을 확장함과 동시에 문학 작품의 심미적 가치와 정서를 깊이 이해할 수 있는 능력을 배양하는 데 도움을 준다. 이러한 접근은 문학 수업이 학생들의 정서적 성장과 창의적 역량 개발을 도모하는 교육적 장으로 자리매김할 수 있도록 한다.

요약하자면, 심미적 체험 기반 문학 수업의 성공적 실행을 위해서는 디지털 시대의 요구에 부합하는 학습자 중심의 창의적이고 자율적인 학습 환경을 조성하는 것이 필수적이다. 이러한 환경은 학생들이 자신의 감정과 생각을 자유롭게 표현하며, 문학 작품에 대해 다양한 해석을 시도할 수 있는 기회를 제공해야 한다. 이를 통해 학생들은 자기 이해와 심미적 감수성을 심화하고, 문학 작품과의 상호작용을 통해 정서적 성장과 창의적 사고를 발전시킬 수 있다. 또한, AI와 디지털 도구의 활용은 학생들에게 새로운 창작의 가능성을 열어줄 뿐 아니라, 윤리적 AI 사용을 기반으로 한 비판적 사고와 협력적 학습 역량을 함양하는 데 중요한 계기를 제공한다. 이를 통해 심미적 체험 기반 문학 수업은 학생들이 문학 작품을 다각도로 체험하고 이해하며, 다양한 매체와 도구를 활용하여 창의적 사고를 확장할 수 있도록 설계되어야 한다. 이는 학생들의 삶과 세계를 연계하고 재해석하는 과정을 통해 의미 있는 배움을 제공함으로써 문학적 감수성과 창의적 사고뿐만 아니라, 공동체적 상호작용을 통해 사회적 책임감을 배양하는 데 기여한다. 따라서 심미적 체험 기반 문학 수업은 학생들이 문학적 감수성, 창의적 사고, 공동체 역량을 종합적으로 함양하도록 돕는 동시에, 자기 주도적인 창작 활동을 통해 디지털 시대와 미래 사회의 변화에 적응하는 미래형 인재로 성장할 수 있는 역량을 배양하는 데 중요한 역할을 수행할 것이다. 이는 문학교육이 학생들의 전인적 성장을 도모하는 교육적 목표를 실현하는 데 핵심적인 기여를 할 수 있음을 시사한다.

나. 심미적 체험 기반 문학 수업의 구현

앞선 논의를 바탕으로, PEAIT 모형에 기반한 심미적 체험 기반 문학 수업은 맥신 그린의 예술 교육 철학과 문학교육의 목표를 통합하여 설계된 교육 모형이다. 이 모형은 학생들이 심미적 체험을 통해 창의적 사고 및 공동체 역량을 효과적으로 함양할 수 있도록 지원하는 데 초점을 맞추고 있다. 이 모형은 문학 수업 내에서 학습자의 심미적 체험을 심화시키는 데 주력하며, 이러한 관점에서 심미적 체험 기반 문학교육은 학습자에게 더 나은 삶과 세계를 만들어 나가기 위해 질문하고 상상하며, 이를 실천으로 옮길 수 있는 역량을 함양하는 것을 목표로 한다. 특히, 본 수업은 학습자의 심미적 체험을 심화시키는 동시에 문학 작품에 내재된 가치를 개인과 공동체의 삶으로 전이시키는 과정을 통해 개인과 공동체의 변화를 지향하는 중요한 교육적 도구로 기능한다. 이러한 과정에서 학습자는 더 나은 미래를 상상하고, 이를 실현할 수 있는 역량을 키우게 된다. 이를 구체적으로 실현하기 위한 단계는 〈표 3-5〉와 같다.

〈표 3-5〉 심미적 체험 기반 문학 수업 구현

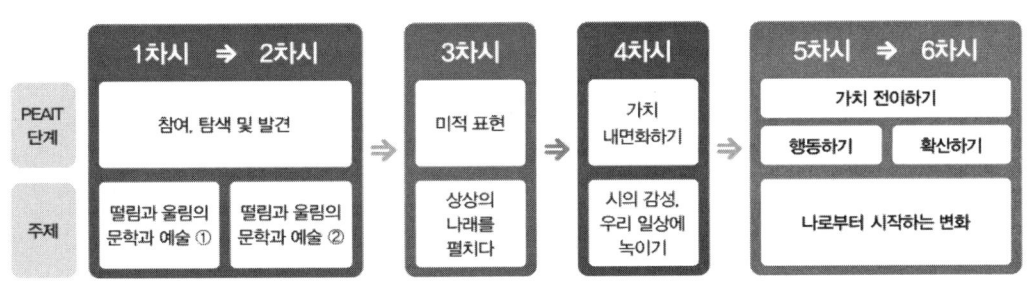

〈표 3-5〉의 PEAIT 단계 중 '참여, 탐색 및 발견 단계'(1~2차시)는 '떨림과 울림의 문학과 예술'이라는 주제로, 시의 미학적 가치를 이해하고 이를 자신의 감정과 생각으로 표현하는 활동에 중점을 둔다. '미적 표현 단계'(3차시)는 '상상의 나래를 펼치다'라는 주제로, 시를 깊이 이해한 후 자신의 독창적 해석을 바탕으로 창의적으로 표현하는 활동이 이루어진다. 학습자는 시의 상징적 의미와 주제를 재구성하고, 다양한 표현 방식을 통해 자신의 미적 감각과 창의성을 발현한다. '가치 내면화하기 단계'(4차시)는 '시의 감성, 우리 일상에 녹이기'라는 주제로, 시 속의 메시지를 일상적 경험과 연결시키고, 이를 통해 우리 주변의 사회적 문제를 발견하는 활동을 진행한다. 이 과정은 학습자가 시를 매개로 자신의 경험과 사회적 현실을 성찰하며, 내면적 가치관을 정립하는 데 도움을 준다.

'가치 전이하기 단계'(5~6차시)는 '나로부터 시작하는 변화'라는 주제로, 학습자는 시를 통해 발견한 문제의 본질을 다양한 관점에서 탐구하고 이를 해결할 수 있는 실질적 역량을 기르는 데 초점을 둔다. 이 단계에서는 시의 메시지를 바탕으로 의사 결정과 행동 기준을 설정하고, 핵심 가치를 실천하며 교실과 학교를 넘어 지역 사회로 활동을 확장한다. 특히, 본 연구에서는 5차시의 '행동하기'와 6차시의 '확산하기'를 독립된 단계로 구분하기보다는, 이들이 학습자의 실천적 역량을 강화하고 학습 내용을 실제로 적용하며, 사회적 영향력을 확대하는 상호 연계적 통합 단계로 접근하였다. 이에 따라 두 단계를 아우르는 개념으로 '가치 전이하기'를 명명하고, 이를 수업 전개 절차 중 하나의 핵심 단계로 정의하였다. '가치 전이하기'는 학습자가 학습한 내용을 바탕으로 개인적 행동을 실행하고, 이를 사회적 차원으로 확장하는 일련의 과정을 체계적이고 일관되게 설명하기 위한 논리적이고 교육적인 기반을 제공한다. 이러한 과정을 통해 학생들은 민주적 공동체의 일원으로서 성장하게 되며, 자신이 실천한 행동이 공동체에 미치는 영향을 자각함으로써 책임감 있는 시민으로서의 역량을 함양하게 된다. 각 차시의 구체적인 내용은 다음과 같다.

  1차시에는 팀별로 시를 선택해 분석한 후, AI 생성형 인공지능으로 웹사이트를 제작하고 발표 자료를 만들어 패들렛에 공유한다. 2차시에는 에듀테크 도구를 활용하여 시의 메시지와 표현 방식, 형식 및 구조가 주제와 메시지에 미치는 영향, 언어와 이미지의 의미 및 효과를 토론한다. 또한, 개인적 해석과 반응을 공유하고 타인의 해석과 비교하는 과정을 통해 다양한 관점을 탐구한다. 3차시에는 팀별로 탐색한 시의 메시지를 정서적 관계에 적용하여 창의적으로 표현·창작하고, AI 글쓰기 도구를 활용한 디지털 스토리텔링 수업을 진행한다. 또한, 디지털 스토리텔링 영상 제작을 통해 퍼포먼스 유튜브, 1분 숏츠, 3분 미적채널-e 등 다양한 창작 활동을 구현한다. 4차시에는 팀별로 탐색 과정을 통해 시의 개인적 해석과 연관성을 심화하며, 이를 자신의 삶과 세상의 사회 문제와 관련짓는다. 5차시에는 팀별로 시를 통해 핵심 가치를 식별하고 행동하며, 지역사회로 활동을 확장하고 해결 방안을 실천하며 심미적 체험 문학 수업의 의의를 탐구한다. 6차시에는 팀별 행동과 확산 활동을 통해 민주적 공동체의 핵심 가치를 실천하며, 공동체 의식을 함양하고 성장하는 과정을 경험한다. 이에 대한 차시별 수업지도안은 다음과 같다.

떨림과 울림의 문학과 예술 ❶

2022 개정 핵심 아이디어	문학은 인간의 삶을 언어로 형상화한 작품을 통해 즐거움과 깨달음을 얻고 타자와 소통하는 행위이다.		차시	1/6차시
주제	떨림과 울림의 문학과 예술		심미적 체험 기반 문학 교육 구성 요소 (PEIC)	심미적 깊이 인식하기
학습 목표	· 시의 미학적 가치를 이해할 수 있다. · 시를 읽고 이해함으로써, 자신의 감정과 생각을 표현하는 능력을 향상시킬 수 있다.			
성취 기준	[9국05-01] 운율, 비유, 상징의 특성과 효과에 유의하며 작품을 감상하고 창작한다. [9국05-07] 연관성이 있는 다른 작품들과의 관계를 파악하며 작품을 감상한다.			
LCE 미적 체험 핵심 역량 요소		· 깊게 관찰하기 · 질문하기 · 패턴 찾기 · 연관성 형성하기		
심미적 체험 기반 문학 수업 단계 (PEAIT)		참여 → 탐색 및 발견 → 미적 표현 → 가치 내면화하기 → 가치 전이하기		

단계(시간)	학습 요소	교수학습 활동	지도상 유의사항
도입(5분)	학습 동기 유발	· 에듀테크를 활용한 미적 체험 : AI디지털 도구 활용(AI 빙 이미지 크리에이터, AI 이미지 Firefly, KREA AI 등) → 프롬프트(분위기, 느낌, 미적 요소 등) 입력 후, 이미지 생성 → 생성한 이미지를 패들렛 게재, 스토리 작성 및 공유	· 에듀테크를 활용한 이미지(미적 요소) 결합, 새로운 시각으로 세상을 바라보는 경험을 표현
전개(40분)	문학과 예술 알아보기	· (팀별) 문학과 예술에 대해 알아본 후, 생각 나누기 · (팀별) 팀의 특성을 문학, 예술적으로 표현하기 예) 시, 소설, 그림, 음악, 무용, 사진 등	· 팀의 특성, 가치, 목표 등을 창의적이고 깊이 있는 방식으로 표현 · '나'가 공동체의 일원으로서 기여하고 있다는 사실을 인식
	함께 읽는 시	· (팀별) 부여된 6개의 '시' 중에서 하나의 '시'를 자율적으로 선택하기 · (팀별) 선택한 '시'를 팀원들과 함께 읽기	· 팀과 함께 시를 읽는 과정을 통해 시를 새롭게 경험하고 이해
	시 분석하기 (질문하기, 패턴 찾기)	▲ (개인) 자신만의 방식으로 작품 탐색하기 · 질문하기 | 1단계	사실적 질문 (명확한 정답)	객관적이고 구체적인 정보를 요구하는 질문
2단계	개념적 질문 (다양한 시각과 해석)	추상적인 개념, 이론, 철학적인 주제 등에 대한 질문
3단계	토론을 위한 질문 (다양한 의견과 견해)	다양한 의견과 견해를 교환하고, 주제에 대한 다양한 시각의 탐구 질문 | · 패턴 및 연관성 형성하기 (시 분석 예시) ① 시를 여러 번 읽어보기: 시의 전체적인 흐름과 주제를 이해하기 위해 시를 여러 번 읽어보세요. 처음 읽을 때는 대략적인 내용을 파악하고, 그 다음에는 좀 더 깊이 이해하기 위해 세부적인 부분에 집중해 보세요. ② 시의 구조 파악하기: 시의 형식(시조, 소네트 등), 구조(절의 수, 행의 수), 라임 패턴 등을 살펴보세요. 이런 요소들이 시의 전체적인 의미에 어떤 영향을 미치는지 생각해 보세요. ③ 어휘와 문장 분석하기: 시에 사용된 단어들의 의미를 살펴보세요. 그리고 그 단어들이 주제나 메시지 전달에 어떻게 기여하는지 생각해 보세요. 또한, 문장의 구조와 표현 방식도 중요한 분석 요소입니다. ④ 이미지와 상징 분석하기: 시는 종종 이미지나 상징을 통해 의미를 전달하죠. 이런 요소들이 무엇을 상징하는지, 그리고 그것이 시의 전체적인 의미에 어떻게 연결되는지 생각해 보세요. ⑤ 테마와 메시지 이해하기: 최종적으로, 시가 전달하려는 주요 테마와 메시지를 파악하세요. 작가가 전달하려는 메시지는 무엇인지, 그리고 그것이 어떻게 전달되는지를 이해하는 것이 중요해요. · (팀별) 앞선 시 분석하기 방법(질문하기, 패턴 및 연관성 형성하기)으로 진행 · AI 생성형 인공지능을 활용한 팀별 웹사이트 제작, PPT나 미리캔버스, 캔바를 활용한 발표 자료 제작(1인 1 디바이스 활용) 후 패들렛에 공유	· 전달하려는 메시지를 이해하고, 작가의 의도를 파악 · 감정을 이해하고, 생각을 표현함으로써 시를 깊이 있게 이해 · 시에 담긴 감정, 이미지, 은유, 라임 등의 미적 체험 · 시를 분석하는 과정을 통해 시를 이해하는 것은 물론, 시의 미적 가치를 깊이 체험 [참여 → 탐색 및 발견]의 과정은 내면화 정도에 따라 '순환'할 수 있다는 것을 지도
정리(5분)	소감 나누기	· 학습 과정에서 인상적인 부분에 대해 소감 나누기(패들렛 활용)	· 소감 나누는 과정을 통해 팀의 소통과 협업 증진
	과제 제시 및 차시 예고	· 팀별로 부여받은 '시'에 대해 토론 및 공유할 수 있도록 의견 정리해 오기 · 다음 시간에는 '시' 토론 및 공유하는 활동을 할 것임을 안내한다.	

떨림과 울림의 문학과 예술 ❷

2022 개정 핵심 아이디어	문학은 인간의 삶을 언어로 형상화한 작품을 통해 즐거움과 깨달음을 얻고 타자와 소통하는 행위이다.	차시	2/6차시
주제	떨림과 울림의 문학과 예술	심미적 체험 기반 문학 교육 구성 요소 (PEIC)	심미적 깊이 인식하기
학습 목표	· 시의 미학적 가치를 이해할 수 있다. · 시를 읽고 이해함으로써, 자신의 감정과 생각을 표현하는 능력을 향상시킬 수 있다.		
성취 기준	[9국05-01] 운율, 비유, 상징의 특성과 효과에 유의하며 작품을 감상하고 창작한다. [9국05-07] 연관성이 있는 다른 작품들과의 관계를 파악하며 작품을 감상한다.		
LCE 미적 체험 핵심 역량 요소	· 깊게 관찰하기 · 질문하기 · 패턴 찾기 · 연관성 형성하기		
심미적 체험 기반 문학 수업 단계 (PEAIT)	참여 → 탐색 및 발견 → 미적 표현 → 가치 내면화하기 → 가치 전이하기		

단계(시간)	학습 요소	교수학습 활동	지도상 유의사항
도입(5분)	전시학습 확인	· (팀별) 앞선 시 분석하기 방법(질문하기, 패턴 및 연관성 형성하기)의 맥락 이해 · (팀별) 직접 체험 및 1인 1 디바이스를 활용한 간접 체험하기 양상 이해 (구글어스 및 VR 증강현실 앱 활용) 예) 작품에 언급된 특정한 계절, 날씨, 풍경, 감정, 이미지, 사건 등	· 시를 분석하는 과정을 통해 시를 이해하는 것은 물론, 시의 미적 가치를 깊이 체험 [참여 → 탐색 및 발견]의 과정은 내면화 정도에 따라 '순환'할 수 있다는 것을 지도
전개(40분)	의견 정리하기	· (팀별) 부여받은 '시'에 대해 토론 및 공유할 수 있도록 의견 정리하기	· '시 토론하기'를 통해 시의 의미를 깊이 있게 이해하고, 생각과 감정을 표현
	시 토론하기	· (팀별) '시 토론하기' 진행 (멘티미터, 패들렛 등의 에듀테크 활용) - 시가 전하려는 메시지는 무엇인지, 그리고 작가가 이를 어떻게 표현하였는지에 대해 토론하기 - 시의 형식과 구조가 시의 주제와 메시지에 어떻게 영향을 미치는지 토론하기 - 시에 사용된 언어와 이미지는 어떤 의미를 가지는지, 그리고 이것이 시의 전체적인 효과에 어떻게 기여하는지 토론하기 - 시에 대한 개인적인 해석과 반응을 공유하고, 다른 사람들의 해석과 반응을 비교해 보기	
	시 토론 공유하기	· (팀별) 분석한 '시' 내용의 발표 및 공유하기	· '시'의 분석 내용을 팀별로 발표하고 공유하는 과정을 통해 자신을 깊이 있게 성찰
정리(5분)	소감 나누기	· 학습 과정에서 인상적인 부분에 대해 소감 나누기(패들렛 활용)	· 소감 나누는 과정을 통해 팀의 소통과 협업 증진
	과제 제시 및 차시 예고	· 팀별로 탐색한 '시'의 메시지를 자신을 둘러싼 정서적 관계에 적용한 후, 창의적으로 표현·창작할 수 있도록 구안해오기 · 다음 시간에는 '시'의 창의적 표현 및 공유하는 활동을 할 것임을 안내한다.	

상상의 나래를 펼치다

2022 개정 핵심 아이디어	문학 수용·생산 능력은 문학의 해석, 감상, 비평, 창작 활동을 통해 향상된다.		차시	3/6차시
주제	상상의 나래를 펼치다		심미적 체험 기반 문학 교육 구성 요소 (PEIC)	심미적 깊이 표현하기
학습 목표	· 시를 더 깊이 있게 이해하고 자신만의 해석을 만들 수 있다. · 자신의 생각과 감정을 창의적인 방식으로 표현하고 구체화할 수 있다.			
성취 기준	[9국05-06] 자신의 경험을 개성적인 발상과 표현으로 형상화한다.			
LCE 미적 체험 핵심 역량 요소	· 구현하기 · 의미 만들기 · 표현·창작하기			
심미적 체험 기반 문학 수업 단계 (PEAIT)	참여 → 탐색 및 발견 → **미적 표현** → 가치 내면화하기 → 가치 전이하기			

단계(시간)	학습 요소	교수학습 활동	지도상 유의사항
도입(5분)	학습 동기 유발	· 재활용 소재를 활용한 DIY 예술 활동(영상) → 버려지는 일회용품, 폐지, 천 등 다양한 재활용 소재를 활용한 예술적 표현	· 재활용 소재의 예술적 표현의 과정을 통해 창의성과 미적 감각 상기
전개(40분)	창의적 표현, 공유하기	· (팀별) 탐색한 '시'의 메시지를 자신을 둘러싼 정서적 관계에 적용한 후, 창의적으로 표현·창작하기(구현하기, 의미 만들기) (1인 1 디바이스, 에듀테크 활용) · (팀별) AI 생성형 인공지능을 활용한 디지털 스토리텔링 수업 진행 (AI 글쓰기 도구: 라이팅젤) · (팀별) 디지털 스토리 텔링 영상 수업 진행 (다양한 표현 및 창작 활동 진행하기) 예) 퍼포먼스 유튜브, 1분 숏츠, 3분 미적채널·e 등 · (팀별) 창의적으로 표현·창작한 작품을 공유하기	· '시'의 메시지를 창의적으로 표현함으로써 시의 감정과 테마를 깊이 있게 이해 · 창의적 표현의 방법은 학생들이 자유롭게 선택할 수 있도록 지도
정리(5분)	소감 나누기	· 학습 과정에서 인상적인 부분에 대해 소감 나누기(패들렛 활용)	· 소감 나누는 과정을 통해 팀의 소통과 협업 증진
	과제 제시 및 차시 예고	· 우리 동네에서 개선되어야 할 부분의 사진을 찍어오기 · 다음 시간에는 탐색한 '시'의 메시지를 실제 생활과 연결해 보는 활동을 할 것임을 안내한다.	

시의 감성, 우리 일상에 녹이기

2022 개정 핵심 아이디어	인간은 문학을 향유하면서 자아를 성찰하고 타자를 이해하며 공동체의 일원으로 성장한다.		차시	4/6차시
주제	시의 감성, 우리 일상에 녹이기		심미적 체험 기반 문학 교육 구성 요소 (PEIC)	심미적 깊이 공감하기
학습 목표	· 시의 감정과 이미지를 우리 일상에 연결시키고, 그것을 통해 우리 생활을 더 깊이 이해하고 즐길 수 있다.			
성취 기준	[9국05-03] 인간의 성장을 다룬 작품을 읽으며 문학의 가치를 내면화한다.			
LCE 미적 체험 핵심 역량 요소	· 모호함 받아들이기 · 의미 만들기 · 공감하기 · 성찰하기			
심미적 체험 기반 문학 수업 단계 (PEAIT)	참여 → 탐색 및 발견 → 미적 표현 → **가치 내면화하기** → 가치 전이하기			

단계(시간)	학습 요소	교수학습 활동	지도상 유의사항
도입(5분)	우리 동네 들여다보기	· 과제로 제시된 '우리 동네의 개선할 부분'의 사진을 보며 느껴지는 감정이나 생각(해결 방안 등)을 공유하기	· 우리 동네를 재발견하고, 산재한 문제점을 찾아보는 혜안을 체득
전개(40분)	문제점 발견하기	· 탐색 과정을 통한 '시'의 개인적 해석 및 연관성 다지기(모호함 견디기, 의미 만들기) · (팀별) '시' 안에 드러난 일상을 나를 둘러싼 세상의 사회 문제와 관련짓기 (가치 내면화하기-공감, 동일시하기, 자신의 삶과 관련짓기) · (팀별) '시'의 가치 내면화를 통해 일상생활에서의 문제점을 발견하기 · (팀별) 5why 활동을 통해 선택한 문제를 들여다보기('시'를 통한 자아 성찰하기) | 교과서 속 시 | 가치 | 사회 문제 | |---|---|---| | 햇비 | 자연현상을 통한 삶과 죽음 | 환경문제, 기후변화 (미세먼지, 코로나19 등) | | 고래를 위하여 | 꿈과 희망 | 미래세대 삶의 불안정성 (고용불안, 일자리 창출 등) | | 넌 바보다 | 도덕성 | 가치관의 혼란, 정보통신 윤리 문제, 이웃사랑과 나눔 실천 등 | | 상처가 더 꽃이다 | 성장과 변화 | 혐오, 차별, 일자리 불안정 등 | | 봄은 | 민족의 화합과 평화 통일 | 남북문제, 평화 통일 |	· 문제 발견하기('시'를 통한 사회적 문제 인식)는 일상생활에서 새로운 문제를 발견하고 그에 대한 해결책을 모색하는 과정 · 문제 발견하기를 통한 미적 체험은 일상생활에서 미적 대상을 발견하고 심미적 감정을 경험하는 것 (창의적 표현 능력과 미적 감수성 향상에 기여)
	팀별 발표	· (팀별) '시'와 관련지어 발견한 사회 문제를 발표, 공유하기	· '어떻게 일상을 시적으로 체험했는지', '그 과정에서 어떤 감정이나 생각을 느꼈는지'를 공유, 이해
정리(5분)	팀별 활동에 대한 소감 나누기	· 학습 과정에서 인상적인 부분에 대해 소감 나누기(패들렛 활용)	· 소감 나누는 과정을 통해 팀의 소통과 협업 중진
	과제 제시 및 차시 예고	· 다음 시간에는 '시'와 관련지어 발견한 사회 문제에 대한 해결 방안 찾기 및 행동하기, 이를 확산하는 활동을 할 것을 안내한다.	

나로부터 시작하는 변화 ❶

2022 개정 핵심 아이디어	인간은 문학을 향유하면서 자아를 성찰하고 타자를 이해하며 공동체의 일원으로 성장한다.		차시	5/6차시
주제	나로부터 시작하는 변화		심미적 체험 기반 문학 교육 구성 요소 (PEIC)	심미적 깊이 명료화하기
학습 목표	·문제와 불편함의 본질을 다양한 시각으로 바라보고 해결할 수 있는 힘을 기를 수 있다. ·체험(실천)을 통해 배우고 참여를 통해 자신의 존재 가치를 깨달을 수 있다.			
성취 기준	[9국05-09] 문학을 통해 타자를 이해하고 공동체의 문제에 참여하는 태도를 지닌다.			
LCE 미적 체험 핵심 역량 요소	·행동하기 ·성찰·평가하기			
심미적 체험 기반 문학 수업 단계 (PEAIT)	참여 → 탐색 및 발견 → 미적 표현 → 가치 내면화하기 → **가치 전이하기**			

단계(시간)	학습 요소	교수학습 활동	지도상 유의사항
도입(5분)	해결 방안 찾기	·(팀별) 발견한 문제의 해결 방안 찾기(AI 인공지능을 통한 챗GPT 활동, 구글 검색 등 활용) - 해결 방안 찾기는 다른 사람들의 공감이 전제 ·(팀별) 주제의 현재 상황(as is)과 이상적인 모습(to be)에 대해 정리하기 ·모든 아이디어를 분류한 후 네이밍하기	·해결 방안 찾기를 통한 미적 체험(일상생활에서 발생한 문제를 해결하는 과정에서 미적 요소를 발견하고 심미적 감정을 경험) ·이는 창의성 향상, 공감 능력 개발, 사회적 변화 등에 기여
전개(40분)	행동하기	·(팀별) '시'를 통해 발현된 의사결정 및 행동 기준을 바탕으로 핵심 가치를 식별하고 행동하기 ·(팀별) 교실이나 학교 밖을 벗어나 지역사회로까지 수업 활동의 결과를 확장하기 ·(팀별) 해결 방안에 따른 직접 실천하기 ·'사회 문제 해결 방안 찾기 및 행동하기'를 통해 발현된 심미적 체험 기반 문학 수업의 교육적 의의 발견 예시) 설문조사, 리플릿 제작, 캔바(Canva), 비즈미(Visme), 벤네지(Venngage) 등을 활용하여 인포그래픽 제작, 유튜브 새늘을 활용한 영상 제작, 텀블러 제작하기, 헌 옷 및 헌 책 수집하여 기부하기, 인터뷰하기, 정책 제안하기 등 팀별로 찾은 해결방안을 직접 실천하기	·행동하기는 일상생활에서 발생한 문제를 해결하기 위해 실제로 행동을 취하는 과정 (일상에서 미적 요소를 발견, 주변 환경과 인간의 조화 탐색)
정리(5분)	소감 나누기	·학습 과정에서 인상적인 부분에 대해 소감 나누기(패들렛 활용)	·소감 나누는 과정을 통해 팀의 소통과 협업 증진
	과제 제시 및 차시 예고	·다음 시간에는 '사회 문제 해결 방안 찾기 및 행동하기'의 결과물을 바탕으로 이를 확산하는 활동을 할 것을 안내한다.	

나로부터 시작하는 변화 ❷

2022 개정 핵심 아이디어	인간은 문학을 향유하면서 자아를 성찰하고 타자를 이해하며 공동체의 일원으로 성장한다.		차시	6/6차시
주제	나로부터 시작하는 변화		심미적 체험 기반 문학 교육 구성 요소 (PEIC)	심미적 깊이 명료화하기
학습 목표	·문제와 불편함의 본질을 다양한 시각으로 바라보고 해결할 수 있는 힘을 기를 수 있다. ·체험(실천)을 통해 배우고 참여를 통해 자신의 존재 가치를 깨달을 수 있다.			
성취 기준	[9국05-09] 문학을 통해 타자를 이해하고 공동체의 문제에 참여하는 태도를 지닌다.			
LCE 미적 체험 핵심 역량 요소	·행동하기 ·성찰·평가하기			
심미적 체험 기반 문학 수업 단계 (PEAIT)	참여 → 탐색 및 발견 → 미적 표현 → 가치 내면화하기 → **가치 전이하기**			

단계(시간)	학습 요소	교수학습 활동	지도상 유의사항
도입(5분)	학습 동기 유발/ 전시학습 확인	·'사회 문제 해결 방안 찾기 및 행동하기'를 통해 발현된 심미적 체험 기반 문학 수업의 교육적 의의 발견 ·'시'를 통해 발현된 의사결정 및 행동 기준을 바탕으로 핵심 가치를 식별하고 행동하기 ·교실이나 학교 밖을 벗어나 지역사회로까지 수업 활동의 결과를 확장하기	·해결 방안 찾기를 통한 미적 체험 (일상생활에서 발생한 문제를 해결하는 과정에서 미적 요소를 발견하고 심미적 감정을 경험) ·이는 창의성 향상, 공감 능력 개발, 사회적 변화 등에 기여 사회 문제에 대해 해결 방안 찾기 및 행동하기를 통해 발현된 가치를 전이하는 확산하기 수업의 필요성 지도
전개(40분)	확산하기	·(팀별) 행동하고 이를 확산하는 활동을 통해 민주적 공동체의 일원으로 성장하기 (가치 전이하기) 예시) 홍보물 만들기(슬로건, 포스터 등), 특허 신청하기, 교내 공유하기(복도에 결과물 설치하기 및 전시), 책 만들기, 외부 채널을 통한 스토리 확산(인스타그램, 페이스북, 유튜브 등의 SNS를 활용한 기사 연재 및 활동사진 업로드 등)	·확산하기는 다양한 관점을 고려하고 새로운 아이디어를 생성하는 과정 (협력과 소통 중요) ·확산하기를 통한 미적 체험은 창의성 향상, 공감 능력 개발, 관계 형성 등에 기여 행동하기를 통해 발현된 가치를 나, 지역사회, 더 나아가 세계로 확산시킴으로써 민주적 공동체의 일원으로 성장하도록 지도
정리(5분)	소감 나누기	·학습 성찰일지를 작성한 후, 활동 소감에 대해 공유하기(패들렛 활용)	

4부

심미적 체험 기반
문학 수업의 효과성 분석

1.
연구 방법과 절차

가. 연구 대상

본 연구의 목적을 달성하기 위해 인천시 S중학교 1학년 학생들을 연구 대상으로 선정하였다. S중학교의 5개 반은 심미적 체험 기반 문학 수업 중 '가치 전이하기 단계'를 진행하지 않았으므로 통제 집단으로, 나머지 5개 반은 '가치 전이하기 단계'를 포함한 심미적 체험 기반 문학 수업을 진행하여 실험 집단으로 선정하였다. S중학교 1학년 학생들은 2024년 6월 24일부터 총 6차시에 걸쳐 수업에 참여하였다. 본 연구를 진행하기 위해 프로그램 적용 이전에 1학년 학생들을 대상으로 창의적 사고 역량 검사와 공동체 역량 검사를 1차적으로 실시하였으며, 이 검사는 2024년 6월 21일에 동시에 시행되었다. 수업은 2024년 6월 24일부터 7월 5일까지 2주간 진행되었으며 학생들의 최종 보고서 수합 및 2차 검사는 7월 8일에 이루어졌다. 심미적 체험 기반 문학 수업의 실험 설계는 <표 4-1>과 같다.

<표 4-1> 심미적 체험 기반 문학 수업 실험 설계

구분	사전 검사	심미적 체험 기반 문학 수업						사후 검사
		1차시	2차시	3차시	4차시	5차시	6차시	
실험 집단	O_1, O_2	O	O	O	O	O	O	O_1, O_2
통제 집단	O_1, O_2	O	O	O	O	X	X	O_1, O_2

O_1: 창의적 사고 역량 측정 검사 O_2: 공동체 역량 측정 검사

실험 집단과 통제 집단의 구성은 <표 4-2>와 같다.

<표 4-2> 실험 집단과 통제 집단의 구성

	실험 집단			통제 집단			총계
	남학생	여학생	계	남학생	여학생	계	
S중학교 1학년	65명	65명	130명	65명	65명	130명	260명

심미적 체험 기반 문학 수업을 적용한 후 통계적 분석을 진행하였으며, 이어 소감문 분석과 개방형 질문을 통해 질적 연구를 수행하였다.

나. 연구 설계

'심미적 체험 기반 문학 수업이 중학생의 창의적 사고 및 공동체 역량에 미치는 효과'를 도출하기 위한 연구는 <표 4-3>에 제시된 절차에 따라 진행되었으며 설문 내용 분석을 위해 코딩 기본 계획을 수립한다.

<표 4-3> 연구 진행 절차

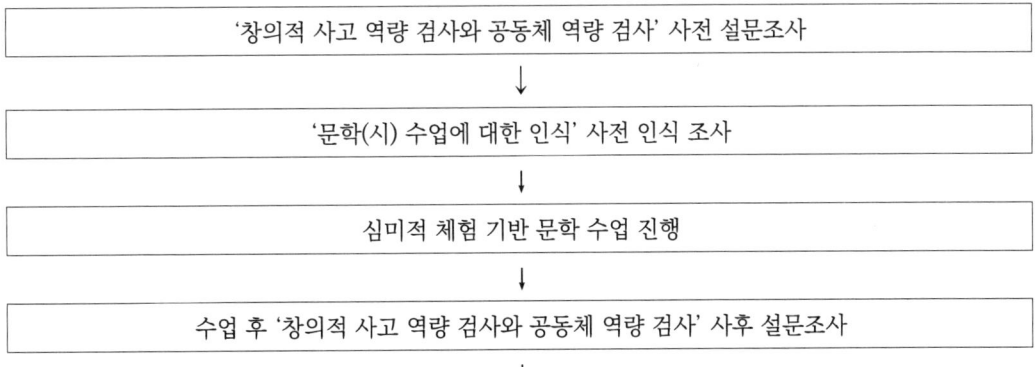

분석계획 수립 및 분석

↓

독립표본 t-검정, 공분산 분석(ANCOVA) 결과 분석 및 개방형 설문지 분석

↓

'심미적 체험 기반 문학 수업이 중학생의 창의적 사고 및 공동체 역량에 미치는 효과'에 대한 결론 도출

'심미적 체험 기반 문학 수업이 중학생의 창의적 사고 및 공동체 역량에 미치는 효과'를 분석하기 위해 SPSS 29.0을 활용하여 다음과 같은 방식으로 자료를 처리하였다. 먼저 6월 2주 차에 중학교 1학년 1, 2학기 교과서에 포함된 '문학(시)' 관련 단원 수업을 위한 '문학 수업에 대한 인식 조사' 설문지를 구안하였다. 사전 설문 조사는 6월 21일에 진행되었으며, 6월 24일부터 총 6차시에 걸쳐 심미적 체험 기반 문학 수업을 진행하였다. 수업 후에는 학생들의 창의적 사고 및 공동체 역량을 평가하는 후속 설문 조사를 실시하였다. 설문 결과는 SPSS 29.0을 이용한 독립표본 t-검정, 공분산 분석(ANCOVA)으로 분석하였으며, 개방형 문항과 활동지는 내용 분석을 통해 심미적 체험 문학 수업이 중학생의 창의적 사고와 공동체 역량에 미치는 효과에 대한 결론을 도출하였다.

연구 대상의 특성을 파악하기 위해 실시한 국어(문학) 수업에 대한 인식 조사 결과는 〈표 4-4〉와 같다.

〈표 4-4〉 문학(시) 수업에 대한 인식 (N=260)

	①전혀 그렇지 않다	②그렇지 않다	③보통이다	④그렇다	⑤매우 그렇다
문학(시) 수업이 중요하다고 생각한다.	6(2.3%)	13(5%)	26(10%)	121(46.5%)	94(36.1%)
문학(시) 수업에 관심이 많다.	89(34.2%)	62(23.8%)	43(16.5%)	38(14.6%)	28(10.7%)
문학(시) 수업이 쉽다.	96(36.9%)	78(30%)	38(10.7%)	29(11.1%)	19(7.3%)

〈표 4-4〉에 따르면 '문학(시) 수업이 중요하다고 생각한다.' 물음에 대해 '매우 그렇다' 94명(36.1%), '그렇다' 121명(46.5%), '보통이다' 26명(10%), '그렇지 않다' 13명(5%), '전혀 그렇지 않다' 6명(2.3%)의 응답을 보여, 학생들 대부분이 문학(시) 수업의 중요성을 인식하고 있음을 알 수 있었다. 이어 '문학(시) 수업에 관심이 많다' 물음의 경우 '매우 그렇다' 28명(10.7%), '그렇다' 38명(14.6%), '보통이다' 43명(16.5%), '그렇지 않다' 62명(23.8%), '전혀 그렇지 않다' 89명(34.2%)의 응답을 보여 문학(시) 수업에 대한 학생들의 관심도가 전반적으로 낮다는 점을 확인할 수 있었다. 이는 많은 학생이 문학(시) 수업에 흥미를 느끼지 못하고 있음을 보여준다. 또한, '문학(시) 수업이 쉽다' 물음에서는 '매우 그렇다' 19명(7.3%), '그렇다' 29명(11.1%), '보통이다' 38명(10.7%), '그렇지 않다' 78명(30%), '전혀 그렇지 않다' 96명(36.9%)의 응답 분포를 보여, 대부분의 학생이 문학(시) 수업을 어렵게 느끼고 있다는 결과가 도출되었다. 이는 수업 방식이 학생들에게 적합하지 않거나 이해하기 어려울 수 있음을 시사한다.

결론적으로, 학생들은 문학(시) 수업이 중요하다는 것은 인식하고 있지만, 문제 풀이에 그치는 형식적인 수업으로 인해 관심도가 낮고, 수업을 어렵게 느끼고 있는 것으로 나타났다. 따라서 이러한 결과는 학생들이 문학(시) 수업을 보다 실질적으로 체화할 수 있는 교수·학습 방법의 필요성을 시사한다. 이에 본 연구에서는 심미적 체험 기반 문학 수업을 통해 문학(시) 수업에 대한 관심과 참여를 제고하고자 한다.

2.
검사 도구와 분석 방법

가. 창의적 사고 역량 검사

창의핵심역량은 선천적으로 타고나는 특별한 능력이 아니라, 학습자가 경험과 학습을 통해 발전시킬 수 있는 보편적인 능력과 성향을 의미한다(김동일, 오헌석, 송영숙, 고은영, 박상민, 정은혜, 2009; 소경희, 2012). 따라서 지식의 축적보다는 지식을 실제로 활용하는 능력에 초점을 맞춘 교육적 요구에 따라 창의핵심역량은 매우 중요한 역할을 한다. 이와 관련하여 양미석 외(2018)는 중·고등학생의 창의성 역량을 측정하기 위해 중·고등학생 창의핵심역량 진단 도구를 개발하였다. 여기에서 '창의 핵심 역량'은 2022 개정 교육과정의 비전인 '포용성과 창의성을 갖춘 주도적인 사람'을 기르기 위한 핵심 역량 중 하나로 정의되며, 이는 본 연구에서 확인하고자 하는 창의적 사고 역량과 동일한 개념으로 해석될 수 있다. 중학생의 창의핵심역량을 측정하기 위해 기존의 선행연구와 P21에서 제시한 '21세기 역량'을 토대로 양미석 외(2018)는 창의교육에서 요구되는 창의핵심역량 설문지를 구안하였으며, 그 과정에서 다음과 같은 사항들이 고려되었다.

첫째, P21 '21세기 역량'에서 제시한 학습 역량과 정의적 역량 두 개의 영역을 기반으로 창의성에 관한 선행 연구를 고찰한 결과 학습 역량에서는 창의성 선행 연구에서 공통적으로 다룬 구성 요소인 비판적 사고력과 문제 해결력에 더해, 창의적 학습역량을 함양하기 위한 의사소통 능력을 추가하여 구성하였다. 창의핵심역량의 정의적 영역에서는 창의성의 성향적 구성 요소에 더해 OECD Education 2030에서 강조하는 학생 행위 주체성(student agency)으로서의 자기 주도성과 변혁적 역량(transformative competencies)으로서의 리더십을 새롭게 추가한다.

둘째, 창의핵심역량 중 학습 역량 영역은 창의성을 단순히 인지적 차원에서 축적하는 데 그치지 않고, 학습한 내용을 실제 삶의 맥락에서 적용하고, 복잡한 문제를 해결하며 사회적 변화에 능동적으로 대응할 수 있는 능력을 의미한다. 이 역량은 학생들의 소질과 적성을 기반으로 미래 사회에서 요구되는 핵심 역량을 기를 수 있는 능력을 포괄한다.

셋째, 창의핵심역량의 정의적 역량 영역은 창의적 지식의 축적과 경험의 발현이 창의적 성취로 이어지는 과정에서 학습자의 태도나 가치관이 중요한 역할을 하며 이는 창의적 능력을 발휘하도록 돕는 학습자의 동기, 가치, 태도 등의 역량을 의미한다.

이에 따라 양미석 외(2018: 101)는 창의핵심역량의 정의적 역량 하위 요소로 유연성, 적응력, 자기 주도성, 리더십 등을 설정하였다. 이러한 구성 요인의 정의를 〈표 4-5〉로 제시하면 다음과 같다.

〈표 4-5〉 창의 핵심 역량 하위 구성 요인 정의

구성 요인		정 의
창의 핵심 역량	비판적 사고	다양한 관점에서 주어진 문제를 분석하여 파악할 수 있는 능력
	문제해결력	어떤 문제 상황에서 적절한 해결방안을 수립 및 적용하여 해결하는 능력
	의사소통	언어적, 비언어적으로 표현되는 생각이나 감정 및 의견을 해석하고 표현하기 위해 적절하게 상호작용하는 능력
	유연성	여러 가지 관점에서 복잡한 현상이나 문제를 파악하고, 다양한 방법을 통해 유연하게 대응하는 능력
	적응력	다양한 역할과 책임, 일정, 상황에 적응하여 불확실하고 급변하는 환경에서 효과적인 임무 수행을 할 수 있는 능력
	진취성과 용기	직접적인 감독자 없이 자율적으로 과제감독, 정의, 우선순위 설정, 완수할 수 있는 능력
	자기 주도성	자신의 목적을 달성하기 위해 계획, 수행, 결정하여 진행하는 능력
	리더십	목표와 비전을 설정하여, 학습자들과 조직 안내 등을 하면서 이끄는 능력

본 연구의 설문 문항은 선행연구인 양미석 외(2018)를 참조하여 8개의 요소로 39개의 문항을 구성하여 검사를 진행하였다. 양미석 외(2018)의 연구는 중·고등학생의 교육 현장에서 직접

적용할 수 있도록 고안되었기 때문에 본 연구에서도 중·고등학생을 대상으로 창의적 사고 역량을 연구하는 데 적합하다. 또한, 해당 연구는 이미 검증된 이론적 기반을 바탕으로 하고 있어 본 연구에서 사용하기에 신뢰성과 학문적 타당성을 확보하는 데 적합한 정의를 제공한다. 이러한 이론적 기반은 연구의 신뢰성과 타당성을 높이는 데 기여한다. 이에 따라 본 연구에서는 양미석 외(2018)의 연구를 따르기로 한다.

본 연구에서 측정한 전체 신뢰도 계수는 양호한 수준으로 나타났다. 각 문항은 5점 Likert 척도로 응답하도록 구성하였으며, 내적 신뢰도 계수(Cronbach's α)는 .949로 매우 높은 신뢰도를 보였다. 창의적 사고 역량 척도의 문항 구성 및 사후 검사 신뢰도는 〈표 4-6〉에 제시되어 있다.

〈표 4-6〉 창의적 사고 역량 척도 문항구성 및 신뢰도

구성 요인		문항 수(번호)	사후 검사 신뢰도
창의적 사고 역량	비판적 사고	7(1번-7번)	.791
	문제해결력	3(8번-10번)	.633
	의사소통	3(11번-13번)	.588
	유연성	6(14번-19번)	.753
	적응력	7(20번-26번)	.748
	진취성과 용기	4(27번-30번)	.656
	자기 주도성	3(31번-33번)	.598
	리더십	6(34번-39번)	.723
계		39	.949

나. 공동체 역량 검사

본 연구에서는 이성자와 임은미(2021)의 측정 도구를 사용하고자 한다. 이 도구는 여러 연구에서 활용되었으며 타당성과 신뢰성이 검증된 도구로 본 연구에서도 신뢰할 수 있는 데이터를 수집하는 데 중요한 역할을 할 것으로 기대된다. 특히, 이 도구는 중·고등학생의 공동체 역량을 구체적이고 명확하게 측정할 수 있는 항목들로 구성되어 연구 대상자의 특성과 연구 목적에 부합한다. 또한, 이 도구는 공동체 역량을 다양한 측면에서 평가할 수 있도록 설계되어 있어 공동체 역량의 다면적 특성을 충분히 반영할 수 있다. 선행 연구에서 사용된 도구를 적용함으로써 본 연구의 결과를 기존 연구들과 비교하거나 연계하는 것이 용이해지며, 이는 연구 결과의 해석과 적용에 있어 중요한 장점을 제공한다. 이러한 이유로 본 연구에서는 이성자와 임은미(2021: 188-189)의 측정 도구를 사용하여 중학생의 공동체 역량을 평가하고자 한다.

이성자와 임은미(2021)는 대학생의 공동체 역량을 측정하기 위해 공동체 역량을 '지식', '기능', '태도'로 구분하고, 지식, 협업, 대인관계, 헌신 등의 구성 요인을 분석하였다. 각각의 구성 요소에 대한 정의는 〈표 4-7〉에 제시되어 있다.

〈표 4-7〉 공동체 역량 하위 구성 요인 정의

구성 요인		정 의
공동체 역량	지식	공동체에서 자신의 감정, 타인의 생각, 공동체의 비전을 비판적으로 이해하는 능력
	협업	공동체의 목표를 달성하기 위해 팀원들과 협력하는 능력
	대인관계	다른 사람들과 편하고 자연스럽게 어울리고 대화할 수 있는 능력
	헌신	공동체 발전을 위해 자신이 맡은 일에 최선을 다하고 끝까지 완수하며 자신의 역량을 최대한 발휘하는 능력
	일체감	자신이 공동체에 속해 있다고 느끼고, 공동체 발전이 곧 자신의 발전이라 생각하며 공동체와 자신을 하나로 보는 태도

본 연구의 설문 문항은 선행연구인 이성자와 임은미(2021)를 참조하여 '지식, 협업, 대인관계, 헌신, 일체감'의 5가지 요소로 구성된 23개의 문항을 구성하여 검사를 진행하였다. 본 연구

에서 측정한 전체 신뢰도 계수는 양호한 수준으로 나타났으며, 각 문항은 5점 Likert 척도로 응답하도록 구성되었다. 내적 신뢰도 계수(Cronbach's α)는 .902로, 매우 높은 신뢰도를 보였다. 공동체 역량 척도의 문항 구성 및 사후 검사 신뢰도는 〈표 4-8〉과 같다.

〈표 4-8〉 공동체 역량 척도 문항구성 및 신뢰도

구성 요인		문항 수(번호)	사후 검사 신뢰도
공동체 역량	지식	4(1번-4번)	.605
	협업	5(5번-9번)	.664
	대인관계	4(10번-13번)	.623
	헌신	6(14번-19번)	.700
	일체감	4(20번-23번)	.688
계		23	.902

다. 자료수집 및 분석

본 연구를 진행하기 위해 우선 S중학교 1학년 학생들을 대상으로 창의적 사고 역량 검사와 공동체 역량 검사를 2024년 6월 21일에 동시에 실시하였다. 사후 검사는 심미적 체험 문학 수업이 종료된 이후인 2024년 7월 8일에 실시하였으며, 모든 검사는 각 교실에서 출력된 설문지를 배부한 뒤 완료된 설문지를 동시에 수합하는 방식으로 진행되었다. 또한, 사후 검사 시, 심미적 체험 문학 수업이 학생들에게 미친 영향을 보다 정성적으로 파악하기 위해 몇 가지 문항을 추가하였다. 학생들이 수업에 참여하는 과정에서 느낀 자신의 태도와 프로그램이 자신에게 미친 긍정적인 영향을 소감문의 형태로 자유롭게 작성하도록 하였으며, 이를 내용 분석하여 정성적 데이터를 수집하였다.

본 연구에서 사용한 검사 도구의 분석 방법은 다음과 같다.

첫째, 창의적 사고 역량과 공동체 역량을 측정하는 검사 도구의 신뢰도를 검증하기 위해 Cronbach's α 계수를 산출한다.

둘째, 창의적 사고 역량과 공동체 역량의 평균값과 표준편차를 확인하기 위해 SPSS 29.0을 이용하여 기술통계 분석을 실시한다.

셋째, 창의적 사고 역량과 공동체 역량에 유의미한 차이가 있는지 확인하기 위해 독립표본 t-검정과 공분산분석(ANCOVA)을 수행한다.

3. 연구 결과 및 분석

가. 실험 집단과 통제 집단의 동질성 검증

1) 창의적 사고 역량

심미적 체험 기반 문학 수업 실시 전에, 실험 집단과 통제 집단의 창의적 사고 역량의 동질성을 확인하기 위해 독립표본 t-test를 실시하였다.

<표 4-9> 창의적 사고 역량[전체] 사전 검사 결과 비교

구 분		N	Mean	SD	t	p
창의적 사고 역량	실험 집단	130	2.27	.22	-1.223	.222
	통제 집단	130	2.31	.24	-1.223	.222

<표 4-9>에 제시된 집단 간 사전 창의적 사고 역량 동질성 검사 결과, 창의적 사고 역량 전체에서 통계적으로 유의미한 차이(t = -1.223, p = .222)가 나타나지 않았다.

창의적 사고 역량 하위 영역에 대한 동질성 검사 결과를 <표 4-10>에서 살펴보면, 비판적 사고(t = 1.744, p = .082), 문제해결력(t = -.115, p = .909), 의사소통(t = .088, p = .930), 유연성(t = .365, p = .715), 적응력(t = -.244, p = .808), 진취성과 용기(t = -1.455, p = .147)

에서는 통계적으로 유의미한 차이가 나타나지 않아 두 집단 간 동질성이 확보되었음을 확인할 수 있다.

하지만, 자기주도성 요인은 실험 집단 평균(2.24)보다 통제 집단 평균(2.49)에서 더 높게 나타났으며, 이 차이는 통계적으로 유의미하였다(t = -2.765, p = .006). 또한, 리더십 요인에서도 실험 집단 평균(2.29)보다 통제 집단 평균(2.42)에서 더 높게 나타났으며, 통계적으로 유의미한 차이가 확인되었다(t = -2.017, p = .045). 따라서, 자기주도성과 리더십 요인에서는 두 집단 간 동질성을 가정할 수 없으므로 사후 검사 차이 분석에서 공변량을 적용한 공분산 분석(ANCOVA)을 시행하였다.

〈표 4-10〉 창의적 사고 역량 하위 구성 요인 사전 검사 결과 비교

구 분		N	Mean	SD	t	p
비판적 사고	실험 집단	130	2.20	.37	1.744	.082
	통제 집단	130	2.11	.43		
문제 해결력	실험 집단	130	2.24	.65	-.115	.909
	통제 집단	130	2.25	.78		
의사 소통	실험 집단	130	2.29	.72	.088	.930
	통제 집단	130	2.29	.70		
유연성	실험 집단	130	2.24	.54	.365	.715
	통제 집단	130	2.22	.48		
적응력	실험 집단	130	2.38	.51	-.244	.808
	통제 집단	130	2.40	.43		
진취성과 용기	실험 집단	130	2.27	.66	-1.455	.147
	통제 집단	130	2.39	.68		
자기 주도성	실험 집단	130	2.24	.62	-2.765	.006
	통제 집단	130	2.49	.83		
리더십	실험 집단	130	2.29	.45	-2.017	.045
	통제 집단	130	2.42	.56		

2) 공동체 역량

심미적 체험 기반 문학 수업 실시 전에, 실험 집단과 통제 집단의 공동체 역량의 동질성을 확인하기 위해 독립표본 t-test를 실시하였다.

〈표 4-11〉 공동체 역량[전체] 사전 검사 결과 비교

구 분		N	Mean	SD	t	p
공동체 역량	실험 집단	130	2.40	.30	-1.119	.264
	통제 집단	130	2.44	.26		

〈표 4-11〉에 제시된 집단 간 사전 공동체 역량 동질성 검사 결과, 공동체 역량 전체에서 통계적으로 유의미한 차이(t = -1.119, p = .264)가 나타나지 않았다.

한편, 공동체 역량 하위 영역에 대한 동질성 검사 결과를 〈표 4-12〉에서 살펴보면, 지식(t = -.651, p = .516), 협업(t = .231, p = .817), 대인관계(t = .290, p = .772), 헌신(t = -1.772, p = .086), 일체감(t = -.627, p = .531) 모두에서 통계적으로 유의한 차이가 나타나지 않아, 모든 요인에서 두 집단 간 동질성이 확보되었음을 확인할 수 있다.

〈표 4-12〉 공동체 역량 하위 구성 요인 사전 검사 결과

구 분		N	Mean	SD	t	p
지식	실험 집단	130	2.32	.60	-.651	.516
	통제 집단	130	2.37	.54		
협업	실험 집단	130	2.49	.60	.231	.817
	통제 집단	130	2.47	.58		
대인관계	실험 집단	130	2.45	.72	.290	.772
	통제 집단	130	2.42	.67		
헌신	실험 집단	130	2.39	.58	-1.772	.086
	통제 집단	130	2.51	.51		
일체감	실험 집단	130	2.36	.60	-.627	.531
	통제 집단	130	2.41	.68		

나. 독립표본 t-검정, 공분산분석(ANCOVA)을 통한 심미적 체험 기반 문학 수업의 효과성 분석

1) 창의적 사고 역량

심미적 체험 기반 문학 수업 실시 후, 창의적 사고 역량에 대한 실험 집단과 통제 집단 간의 차이를 확인하기 위해 독립표본 t-검정을 실시하여 검증하였다. 또한, 사전에 차이가 있었던 변수를 통제한 후 사후 집단 간 차이를 분석하기 위해 공변량을 적용한 공분산분석(ANCOVA)을 수행하였다.

집단 간 사후 검사 결과는 〈표 4-13〉과 같다.

〈표 4-13〉 집단 간 창의적 사고 역량[전체] 사후 검사 결과

구 분		N	Mean	SD	t	p
창의적 사고 역량	실험 집단	130	4.18	.23	52.782	.000
	통제 집단	130	2.71	.22		

창의적 사고 역량의 사후 검사 결과, 실험 집단의 평균(4.18)이 통제 집단의 평균(2.71)보다 높게 나타났으며, 통계적으로 유의한 차이(t = 52.782, p = .000)가 확인되었다.

〈표 4-14〉 창의적 사고 역량 하위 구성 요인 사후 검사 결과

구 분		N	Mean	SD	t/F	p
비판적 사고	실험 집단	130	4.09	.46	28.896	.000
	통제 집단	130	2.56	.39		
문제 해결력	실험 집단	130	4.18	.65	18.403	.000
	통제 집단	130	2.64	.70		
의사소통	실험 집단	130	4.22	.61	19.451	.000
	통제 집단	130	2.71	.64		

유연성	실험 집단	130	4.20	.44	28.531	.000
	통제 집단	130	2.66	.43		
적응력	실험 집단	130	4.20	.41	28.214	.000
	통제 집단	130	2.75	.42		
진취성과 용기	실험 집단	130	4.19	.56	20.203	.000
	통제 집단	130	2.75	.59		
자기주도성	실험 집단	130	4.23	.62	626.108	.000
	통제 집단	130	2.81	.70		
리더십	실험 집단	130	4.17	.46	796.514	.000
	통제 집단	130	2.81	.52		

〈표 4-14〉의 창의적 사고 역량 하위 영역을 구체적으로 살펴보면, 비판적 사고 요인에서 실험 집단 평균(4.09)이 통제 집단 평균(2.56)보다 높게 나타났으며, 통계적으로 유의한 차이($t = 28.896$, $p = .000$)가 있었다. 문제 해결력에서도 실험 집단 평균(4.18)이 통제 집단 평균(2.64)보다 높게 나타났으며, 통계적으로 유의한 차이($t = 18.403$, $p = .000$)가 확인되었다. 의사소통 요인에서도 실험 집단 평균(4.22)이 통제 집단 평균(2.71)보다 높았고, 통계적으로 유의한 차이($t = 19.451$, $p = .000$)가 나타났다. 유연성 요인에서도 실험 집단 평균(4.20)이 통제 집단 평균(2.66)보다 높게 나타났으며, 통계적으로 유의한 차이($t = 28.531$, $p = .000$)가 있었다. 적응력 요인에서는 실험 집단 평균(4.20)이 통제 집단 평균(2.75)보다 높았고, 통계적으로 유의한 차이($t = 28.214$, $p = .000$)가 나타났다. 진취성과 용기에서는 실험 집단 평균(4.19)이 통제 집단 평균(2.75)보다 높았으며, 통계적으로 유의한 차이($t = 20.203$, $p = .000$)가 나타났다. 자기주도성 요인에서도 실험 집단 평균(4.23)이 통제 집단 평균(2.81)보다 높았으며, 통계적으로 유의한 차이($F = 626.108$, $p = .000$)가 확인되었다. 마지막으로, 리더십 요인에서도 실험 집단 평균(4.17)이 통제 집단 평균(2.81)보다 높게 나타났으며, 통계적으로 유의한 차이($F = 796.514$, $p = .000$)가 있었다.

따라서 심미적 체험 기반 문학 수업을 시행한 실험 집단은 통제 집단에 비해 전체 창의적 사고 역량과 그 하위 요인 모두에서 긍정적인 효과를 보였음을 확인할 수 있었다.

2) 공동체 역량

심미적 체험 기반 문학 수업 실시 후, 공동체 역량에 대한 실험 집단과 통제 집단 간의 차이를 확인하기 위해 독립표본 t-검정을 실시하여 검증하였다.

집단 간 사후 검사 결과는 〈표 4-15〉와 같다.

〈표 4-15〉 집단 간 공동체 역량[전체] 사후 검사 결과

구 분		N	Mean	SD	t	p
공동체역량	실험 집단	130	4.19	.25	45.157	.000
	통제 집단	130	2.80	.24		

공동체 역량의 사후 검사 결과, 실험 집단의 평균(4.19)이 통제 집단의 평균(2.80)보다 높게 나타났으며, 통계적으로 유의한 차이(t = 45.157, p = .000)가 확인되었다.

〈표 4-16〉 공동체 역량 하위 구성 요인 사후 검사 결과

구 분		N	Mean	SD	t	p
지식	실험 집단	130	4.13	.56	20.614	.000
	통제 집단	130	2.77	.50		
협업 능력	실험 집단	130	4.19	.47	22.492	.000
	통제 집단	130	2.80	.53		
대인관계	실험 집단	130	4.16	.54	18.425	.000
	통제 집단	130	2.82	.63		
헌신	실험 집단	130	4.21	.50	22.905	.000
	통제 집단	130	2.86	.46		
일체감	실험 집단	130	4.23	.56	19.748	.000
	통제 집단	130	2.76	.64		

〈표 4-16〉의 공동체 역량 하위 영역을 구체적으로 살펴보면, 지식 요인에서 실험 집단 평균(4.13)이 통제 집단 평균(2.77)보다 높게 나타났으며, 통계적으로 유의한 차이($t = 20.614$, $p = .000$)가 있었다. 협업 요인에서도 실험 집단 평균(4.19)이 통제 집단 평균(2.80)보다 높게 나타났으며, 통계적으로 유의한 차이($t = 22.492$, $p = .000$)가 확인되었다. 대인관계 요인에서는 실험 집단 평균(4.16)이 통제 집단 평균(2.82)보다 높았으며, 통계적으로 유의한 차이($t = 18.425$, $p = .000$)가 있었다. 헌신 요인에서도 실험 집단 평균(4.21)이 통제 집단 평균(2.86)보다 높게 나타났으며, 통계적으로 유의한 차이($t = 22.905$, $p = .000$)가 확인되었다. 일체감 요인에서는 실험 집단 평균(4.23)이 통제 집단 평균(2.76)보다 높았으며, 통계적으로 유의한 차이($t = 19.748$, $p = .000$)가 나타났다.

따라서 심미적 체험 기반 문학 수업을 시행한 실험 집단은 통제 집단에 비해 전체 공동체 역량과 그 하위 요인 모두에서 긍정적인 효과를 보였음을 확인할 수 있었다.

다. 심미적 체험 기반 문학 수업의 결과 분석

1) 창의적 사고 역량

본 연구에서 수행된 양적 분석 결과, 심미적 체험 기반 문학 수업이 중학생들의 창의적 사고 역량에 미치는 긍정적인 영향을 명확하게 보여주었다. 사후 검사 결과를 통해 실험 집단과 통제 집단 간의 차이를 구체적으로 분석하였으며, 창의적 사고 역량의 전체적 성과와 각 하위 요인에서 실험 집단이 통제 집단에 비해 월등히 높은 성과를 나타내었다. 이 결과는 통계적으로 유의미한 차이로 확인되었으며, 문학교육의 심미적 체험이 창의적 사고를 촉진하는 데 매우 효과적임을 입증하였다.

창의적 사고 역량의 전체 성과를 살펴보면 사후 검사 결과, 창의적 사고 역량의 전체 평균에서 실험 집단의 평균은 4.18로 나타났으며, 통제 집단의 평균은 2.71로 나타났다. t값(52.782)과 p값(.000)은 두 집단 간의 차이가 통계적으로 유의미함을 보여준다. 이는 심미적 체험 기반 문학 수업이 학생들의 창의적 사고 능력을 향상시키는 데 크게 기여했음을 시사한다. 실험 집단의 학생들은 문학 작품을 탐구하고, 이를 통해 새로운 아이디어를 생성하며 문제를 해결하는 능력이 향상되었다. 창의적 사고 역량의 하위 영역을 구체적으로 살펴보면 다음과 같다.

비판적 사고는 논리적 사고와 분석적 사고를 포함하는 창의적 사고 역량의 중요한 하위 요소이다. 사후 검사 결과 실험 집단의 평균은 4.09, 통제 집단의 평균은 2.56으로 나타났으며 t값(28.896)과 p값(.000)이 제시된 것처럼 집단 간의 차이가 통계적으로 매우 유의미함을 보여준다. 이는 심미적 체험 기반 문학 수업이 학생들에게 다양한 관점을 제시하고 작품을 깊이 있게 분석하고 해석하는 능력을 향상시켰음을 보여준다. 문제 해결력은 학생들이 창의적이고 효율적으로 문제를 해결할 수 있는 능력을 의미한다. 사후 검사에서 실험 집단의 평균은 4.18, 통제 집단의 평균은 2.64로 나타났으며, t값(18.403)과 p값(.000)이 제시된 것처럼 통계적으로 유의미한 차이가 있었다. 심미적 체험 기반 문학 수업은 학생들이 다양한 문학적 문제를 해결하는 데 창의적 사고를 적용하도록 장려하였으며, 이를 통해 문제 해결 능력이 크게 향상되었다. 의사소통 능력은 학생들이 자신의 생각을 명확히 전달하고, 상호작용하는 능력을 의미한다. 사후 검사에서 실험 집단의 평균은 4.22, 통제 집단의 평균은 2.71로 나타났으며 t값(19.451)과 p값(.000)이 제시된 것처럼 통계적으로 유의미한 차이가 확인되었다. 문학 수업을 통해 학생들은 문학 작품을 기반으로 자신의 의견을 발표하고 토론하는 기회를 많이 가졌으며, 이를 통해 의사소통 능력을 강화하였다. 유연성은 고정된 사고에서 벗어나 다양한 관점에서 문제를 해결할 수 있는 능력을 의미한다. 사후 검사에서 실험 집단의 평균은 4.20, 통제 집단의 평균은 2.66으로 나타났으며, t값(28.531)과 p값(.000)은 통계적으로 유의미한 차이를 나타냈다. 문학 작품을 통해 학생들은 복잡한 현상이나 문제에 대응하는 다양한 관점을 탐구하면서 유연하게 사고할 수 있는 능력을 길렀다. 적응력은 변화하는 환경에서 창의적으로 대처하고 적응할 수 있는 능력을 의미한다. 사후 검사에서 실험 집단의 평균은 4.20, 통제 집단의 평균은 2.75로 나타났으며, t값(28.214)와 p값(.000)은 통계적으로 유의미한 차이가 있었다. 문학 수업은 다양한 문학적 상황을 통해 학생들이 변화에 적응하여 효과적인 임무를 수행할 수 있는 능력을 기를 수 있도록 도왔다. 진취성과 용기는 도전 정신과 새로운 시도를 할 수 있는 능력을 의미한다. 사후 검사에서 실험 집단의 평균은 4.19, 통제 집단의 평균은 2.75로 나타났으며, t값(20.203)과 p값(.000)은 통계적으로 유의미한 차이가 있었다. 문학 수업은 학생들이 도전적인 과제에 직면하더라도 두려움을 극복하고 새로운 방식으로 접근할 수 있도록 용기를 주었다. 자기주도성은 학생들이 스스로 학습을 계획하고 실행할 수 있는 능력을 의미한다. 사후 검사에서 실험 집단의 평균은 4.23, 통제 집단의 평균은 2.81로 나타났으며, F값(626.108)과 p값(.000)은 통계적으로 유의미한 차이를 나타냈다. 심미적 체험 기반 문학 수업은 학생들이 스스로 학습 목표를 설정하고 이를 성취할 수 있도록 자기주도적 학습을 장려하였다. 리더십은 팀워크와 협력을 통해 문제를 해결하고, 리더로서 역할을 수행하는 능력을 의미한다. 사후 검사에서 실험 집단의 평균은 4.17, 통제 집단의 평균은 2.81로 나타났으며, F값(796.514)과 p값(.000)은 통계적으로 매우 유의미한 차이가 있음을 보여준다. 문학 수업에서 학생들은 팀 활동을 통해 리더십 역량을 개발할 수 있는 기회를 가졌다.

본 연구의 사후 검사 결과는 심미적 체험 기반 문학 수업이 창의적 사고 역량과 그 하위 요인들에 긍정적인 영향을 미쳤음을 입증한다. 특히, 실험 집단은 창의적 사고의 전체 평균뿐만 아니라, 각 하위 요소에서도 통제 집단보다 유의미하게 높은 점수를 기록하였으며, 이는 문학 수업이 학생들의 창의적 사고를 자극하고 문제 해결, 의사소통, 자기주도성, 리더십 등의 다양한 능력을 계발하는 데 기여했음을 보여준다.

2) 공동체 역량

본 연구에서 수행된 양적 분석 결과 심미적 체험 기반 문학 수업이 중학생들의 공동체 역량에 미치는 긍정적인 영향을 명확하게 보여주었다. 사후 검사 결과를 통해 실험 집단과 통제 집단 간의 차이를 구체적으로 확인하였으며, 공동체 역량의 전체적 성과와 각 하위 요인에서 실험 집단이 통제 집단에 비해 월등히 높은 성과를 나타내었다. 이 결과는 통계적으로 유의미한 차이로 확인되었으며, 문학교육의 심미적 체험이 공동체 역량을 고취시키는 데 매우 효과적임을 입증하였다.

공동체 역량의 전체 성과를 살펴보면 사후 검사 결과, 공동체 역량의 전체 평균에서 실험 집단의 평균은 4.19로 나타났으며, 통제 집단의 평균은 2.80으로 나타났다. t값(45.157)과 p값(.000)이 제시된 것처럼 집단 간의 차이가 통계적으로 유의미함을 보여준다. 이는 심미적 체험 기반 문학 수업이 학생들의 공동체 역량을 전반적으로 향상시키는 데 크게 기여했음을 의미한다. 문학 수업은 학생들이 서로의 경험을 공유하고, 문학적 경험을 통해 공동체 의식을 형성할 수 있도록 도왔다. 공동체 역량의 하위 영역을 구체적으로 살펴보면 다음과 같다.

지식은 공동체에서 자신의 감정, 타인의 생각, 공동체의 비전을 비판적으로 이해하는 능력을 의미한다. 사후 검사에서 실험 집단의 평균은 4.13, 통제 집단의 평균은 2.77로 나타났으며, t값(20.614)과 p값(.000)은 집단 간의 차이가 통계적으로 매우 유의미함을 보여준다. 이는 심미적 체험 기반 문학 수업이 학생들에게 공동체에 대한 지식과 이해를 높이는 데 중요한 역할을 했음을 보여준다. 학생들은 다양한 사회적, 문화적 배경을 이해하고 이를 통해 공동체의 중요성과 더불어 비전을 비판적으로 이해하는 역할을 깊이 있게 학습하였다. 협업은 공동체 역량의 중요한 하위 요소로 팀워크와 협력을 통해 문제를 해결하는 능력을 의미한다. 사후 검사에서 실험 집단의 평균은 4.19, 통제 집단의 평균은 2.80으로 높게 나타났으며, t값(22.492)과 p값(.000)은 집단 간의 차이가 통계적으로 매우 유의미한 차이를 나타냈다. 심미적 체험 기반 문학 수업은 학생들이 팀 활동을 통해 함께 문제를 해결하고 다양한 의견을 조율하는 과정을 강조하였다. 이는 학생들이 공동체 내에서 상호 협력하는 방법을 학습하고 협업 능력을 강화하는 데 큰 도움을 주었다. 대인관계 능력은 학생들이 다른 사람과 원활하게 소통하고 관계를 형성하는 능력을 의미한다. 사후 검사에서 실험 집단의 평균은 4.16, 통제 집단의 평균은 2.82로 나타났으며, t값(18.425)과 p값(.000)은 집단 간의 차이가 통계적으로 유의미한 차이가 있었다. 심미적 체험 기반 문학 수업은 학생들이 타인과의 관계를 이해하고, 긍정적인 관계를 맺고 유지할 수 있는 능력을 배양할 수 있도록 하였다. 헌신은 공동체를 위해 자신의 역할을 다하고 기여하는 마음가짐을 의미한다. 사후 검사에서 실험 집단의 평균은 4.21, 통제 집단의 평균은 2.86으로 나타났으며, t값(22.905)과 p값(.000)은 집단 간의 차이가 통계적으로 매우 유의미한 차이가 있었다. 심미적 체험 기반 문학 수업은 학생들이 문학 작품을 통해 사회적, 윤리적 책임감을 배우고 공동체 내에서 자신의 역할을 충실히 이행하도록 동기를 부여하였다. 이 과정에서 학생들은 공동체에 대한 헌신적 태도를 형성하였다. 일체감은 공동체 내에서 자신이 소속감을 느끼고, 공동체와의 정서적 유대감을 형성하는 능력을 의미한다. 사후 검사에서 실험 집단의 평균은 4.23, 통제 집단의 평균은 2.76으로 나타났으며, t값(19.748)과 p값(.000)은 집단 간의 차이가 통계적으로 유의미한 차이가 있었다. 심미적 체험 기반 문학 수업은 학생들이 문학 작품 속에서 다른 사람들과의 연대감을 느끼고, 자신이 속한 공동체와의 일체감을 형성할 수 있는 기회를 제공하였다. 이를 통해 학생들은 공동체 내에서 소속감을 느끼고 더 큰 유대감을 형성할 수 있었다.

본 연구의 사후 검사 결과는 심미적 체험 기반 문학 수업이 공동체 역량과 그 하위 요인들에 긍정적인 영향을 미쳤음을 입증한다. 특히, 실험 집단은 공동체 역량의 전체 평균뿐만 아니라, 각 하위 요소에서도 통제 집단보다 유의미하게 높은 점수를 기록하였으며, 이는 심미적 체험 기반 문학 수업이 학생들의 공동체 역량을 자극하고 지식, 협업, 대인관계, 헌신, 일체감의 능력을 계발하는 데 매우 효과적임을 보여준다. 이러한 결과는 심미적 체험 기반 문학 수업이 학생들에게 보다 넓은 사회적 맥락에서 공동체 의식을 형성하고, 공동체에 기여할 수 있는 능력을 배양하는 데 중요한 역할을 할 수 있음을 시사한다.

라. 심미적 체험 기반 문학 수업의 현상학적 분석

본 연구에서는 앞서 살펴본 바와 같이 PEAIT 모형의 '가치 전이하기' 단계에 해당하는 5차시의 '행동하기'와 6차시의 '확산하기'가 실험 집단 학생들의 창의적 사고 및 공동체 역량에 미친 영향을 분석하였다. 양적 분석 결과, 심미적 체험 기반 문학 수업이 학생들의 창의성과 공동체 역량의 발현에서 통계적으로 유의미한 성과를 나타낸 것으로 확인되었다. 이에 대한 질적 분석을 위해, 수업 결과를 창의적 사고 역량과 공동체 역량의 하위 요소들을 분석 기준으로 삼아 심층적으로 검토하였다. 학습자들의 경험과 인식을 보다 깊이 이해하기 위해 현상학적 분석 방법을 적용하였으며, 학생들이 수업을 통해 형성한 체험의 본질과 의미를 구체적으로 탐구하고자 하였다. 현상학적 분석은 현상학적 철학 방법론을 바탕으로 인간 경험의 본질을 탐구하는 연구 방법이다. 이 접근법은 개인의 주관적 경험에 중점을 두며, 사람들이 특정 상황에서 어떻게 그 경험을 인식하고, 의미를 형성해 나가는지를 심층적으로 탐구하는 데 활용된다. 본 연구에서 심미적 체험 기반 문학 수업의 질적 연구 방법론으로 현상학적 분석을 채택한 이유는 다음과 같다.

첫째, 심미적 체험은 학습자의 감정, 사고, 감각을 통해 개별적이고 고유한 방식으로 나타난다. 현상학적 분석은 이러한 주관적 경험을 탐구함으로써 학습자가 문학 작품과 어떻게 상호작용하고, 감정적 반응을 경험하며, 이를 바탕으로 의미를 구성하는지를 깊이 있게 이해할 수 있는 방법론을 제공한다. 둘째, 현상학적 분석은 문학 수업에서 학습자가 경험하는 심미적 체험의 본질적 요소들을 구체적으로 파악하는 데 유용하다. 이를 통해 심미적 체험이 학습자의 인지적, 감정적, 그리고 상호작용적 변화로 이어지는 과정을 탐구할 수 있다. 셋째, 현상학적 접근은 심미적 체험이 교육적 실천으로 연계되는 과정을 분석하는 데 유용하다. 이를 통해 심미적 체험이 창의적 사고, 공동체 의식과 같은 역량을 어떻게 촉진하는지에 대한 실질적 증거를 도출할 수 있다. 넷째, 현상학적 분석은 교사나 연구자가 아닌 학습자의 관점에서 경험을 이해하는 데 초점을 맞춘다. 이는 학습자가 문학 수업에서 겪는 심미적 체험을 그들 자신의 언어와 해석을 통해 분석함으로써, 교육과정이 학습자에게 실제로 어떻게 다가가고 있는지를 구체적으로 파악할 수 있다. 따라서, 현상학적 분석은 심미적 체험 기반 문학 수업이 학습자의 전인적 성장을 어떻게 촉진하는지뿐만 아니라, 이러한 교육적 경험이 개인적 및 공동체적 차원에서 어떠한 의미를 지니는지를 심층적으로 이해하는 데 중요한 역할을 한다.

본 연구는 심미적 체험 기반 문학 수업이 학습자의 창의적 사고 및 공동체 역량 발달에 미치는 영향을 심층적으로 탐구하는 것을 목적으로 한다. 이를 위해 창의적 사고 역량의 하위 요소로 비판적 사고, 문제 해결력, 의사소통, 유연성, 적응력, 진취성과 용기, 자기주도성, 리더십을 설정하였으며, 공동체 역량의 하위 요소로 지식, 협업, 대인관계, 헌신, 일체감을 선정하였다. 연구 과정에서는 심미적 체험 기반 문학 수업의 5차시 '행동하기'와 6차시 '확산하기'에 참여한 실험 집단의 수업 참여 과정 및 그에 따른 성과를 심층적으로 분석하였다. 이를 위해 학습자들이 작성한 개방형 설문 응답과 수업 중 산출된 학습 결과물을 주요 분석 자료로 활용하였으며, 이러한 자료를 바탕으로 창의적 사고 및 공동체 역량의 하위 요소가 어떻게 함양되었는지를 탐구하였다. 수집된 질적 자료는 내용 분석 기법을 적용하여 체계적으로 분석하였다.

분석 과정에서는 학습자들의 참여 과정에서 드러난 각 역량의 발달 양상을 정성적으로 도출하고, 심미적 체험 기반 문학 수업이 학습자에게 미친 영향을 하위 요소별로 명확히 규명하는 데 초점을 맞추었다. 예를 들어, 학습자들이 수업 중 작품을 비판적으로 해석하며 문제 해결 전략을 제안하는 과정을 통해 비판적 사고와 문제 해결력이 어떻게 강화되었는지를 구체적으로 살펴보았다. 또한, 협업 프로젝트 수행 과정에서 나타난 의사소통과 협업 능력이 어떻게 향상되었는지를 심층적으로 분석하였다. 그뿐만 아니라, 학습자들이 문학적 경험을 바탕으로 주도적으로 아이디어를 제안하거나, 자신의 역할을 확장하는 모습을 통해 자기주도성과 리더십의 발달 양상을 분석하였다. 이와 더불어 공동체 역량의 경우, 수업 참여 과정에서 학습자들이 작품 속 사회적 이슈에 대한 이해를 확장하고, 이를 실천적 행동으로 연결한 사례를 통해 지식과 헌신의 발달을 확인하였다. 나아가, 동료 학습자들과의 협력과 상호작용 속에서 형성된 대인관계 및 일체감의 형성 과정을 탐색하여 수업 참여가 학습자들의 공동체적 감각을 어떻게 고취했는지를 구체적으로 조명하였다.

결론적으로, 본 연구는 심미적 체험 기반 문학 수업이 학습자들의 창의적 사고 및 공동체 역량을 포괄적으로 함양하는 데 유의미하게 기여했음을 질적 자료 분석을 통해 확인하였다. 이러한 연구 결과는 문학교육에서 심미적 체험을 중심으로 한 접근법이 학습자의 전인적 성장과 역량 발달에 미치는 긍정적 영향을 입증하며, 이를 기반으로 심미적 체험을 활용한 문학교육의 가능성과 교육적 의의를 논의하였다.

더불어, 본 연구에서 PEAIT 모형의 '가치 전이하기' 단계에 해당하는 5차시의 '행동하기'와 6차시의 '확산하기'를 중심으로 실험 집단 학생들의 소감문을 부각하여 제시한 이유는, 심미적 체험 기반 문학 수업이 학습자에게 미치는 구체적이고 차별적인 영향을 보다 명확히 드러내기 위함이다. 실험 집단 학생들의 소감문은 심미적 체험 중심의 교육적 접근이 학습자의 창의적 사고 및 공동체 역량에 어떠한 영향을 미쳤는지를 구체적으로 보여주는 주요한 자료로, 심미적 체험이 교육적 도구로서 가지는 실질적 가치를 입증하는 데 핵심적인 근거를 제공한다. 이러한 자료는 연구의 목적에 부합하는 심층적이고 질적 차원의 통찰을 제시함으로써, 연구의 설득력을 높인다. 따라서, 본 연구는 통제 집단과의 비교에 초점을 맞추기보다, 심미적 체험이 실험 집단에 미친 영향을 중심으로 논의함으로써, 심미적 체험 기반 문학 수업의 효과성을 보다 설득력 있게 전달하고자 한다.

1) 창의적 사고 역량

학생들은 심미적 체험 기반 문학 수업을 통해 시를 다양한 방식으로 표현하고 이를 실제 삶과 연계하는 과정을 매우 긍정적으로 인식하였다. 특히, 팀 활동을 통해 창의력과 표현력을 함양하였으며 시의 핵심 가치를 사회 문제와 연계하여 탐구하는 과정을 통해 새로운 시각을 형성하였다. 이러한 수업 방식은 학생들에게 높은 성취감을 제공하였고, 더 많은 문학 작품을 통해 이와 같은 경험을 지속적으로 이어가고자 하는 학습 동기를 유발하였음을 확인할 수 있었다. 이에 대한 학생 반응 양상의 주요한 결과는 다음과 같다.

첫째, 심미적 체험을 통한 감정적 몰입과 창의적 사고의 촉진이다. 학생들은 심미적 체험을 통해 문학 작품에 감정적으로 몰입할 수 있었으며, 이를 통해 자신의 생각과 감정을 자유롭게 표현하는 능력이 향상되었다고 응답하였다. 이러한 과정에서 학생들은 기존의 틀에서 벗어나 새로운 관점에서 작품을 이해하고 다양한 아이디어와 창의적 사고를 이끌어낼 수 있었다. 이는 심미적 체험이 학생들의 감정적 인식과 창의적 사고 간의 상호작용을 촉진하는 데 중요한 역할을 한다는 점을 시사한다.

둘째, 문학 수업에서의 체험적 활동이 창의적 문제 해결 능력 향상에 기여하였다. 학생들은 문학 수업에서 텍스트 분석뿐만 아니라, 작품의 문제 의식을 직접 체험하고 표현하는 과정이 매우 유익했다고 평가하였다. 이러한 체험적 활동은 학생들이 문제를 새로운 방식으로 접근하는 방법을 배우는 데 도움을 주었으며, 이는 결과적으로 창의적 문제 해결 능력의 향상으로 이어졌다. 특히, 자신의 경험과 작품을 연결 지으며 사고하는 과정에서 창의적인 해결책을 도출하는 능력이 크게 발전한 것으로 나타났다.

셋째, 심미적 체험을 통한 창의적 사고 역량의 다양한 측면의 확장이다. 학생들은 심미적 체험이 자신들의 사고 영역을 확장시키는 중요한 역할을 했다고 평가하였다. 문학 작품을 읽으며 자신의 내면에 잠재된 다양한 생각을 발견하고, 이를 표현하는 과정을 통해 창의적 사고 역량의 폭이 넓어졌다고 응답하였다. 이는 심미적 체험이 창의적 사고의 다양한 구성 요소인 비판적 사고, 문제 해결력, 의사소통, 유연성, 적응력, 진취성과 용기, 자기주도성, 리더십 등을 강화하는 데 기여함을 보여준다.

넷째, 심미적 체험 기반 문학 수업의 교육적 효과를 확인할 수 있었다. 학생들은 심미적 체험 기반 문학 수업이 기존의 전통적 문학교육 방식과 달리, 보다 적극적이고 몰입도 높은 학습 경험을 제공했다고 언급하였다. 이러한 수업 방식은 학생들에게 창의적으로 사고하고 문제를 해결하는 능력을 실질적으로 키울 수 있는 장을 마련해 주었다는 점에서 교육적으로 큰 의의를 지닌다고 할 수 있다.

이와 같은 연구 결과는 심미적 체험 기반 문학 수업이 학생들의 창의적 사고 역량을 향상시키는 데 효과적임을 시사하며, 이러한 접근법이 문학교육에서 중요한 역할을 할 수 있음을 보여준다.

창의적 사고와 관련된 하위 요소로 비판적 사고, 문제 해결력, 의사소통, 유연성, 적응력, 진취성과 용기, 자기주도성, 리더십을 설정하였으며, 각 하위 요소에 대한 응답 결과는 다음과 같다.

① '비판적 사고'와 관련한 응답

비판적 사고는 창의적 사고 역량의 핵심 하위 요소로, 문제나 상황을 다양한 관점에서 분석하고 논리적으로 평가하여 적절한 결론을 도출하는 능력을 의미한다. 이는 정보의 신뢰성과 타당성을 검토하고, 이를 바탕으로 문제 해결이나 새로운 아이디어 창출에 필수적인 사고 과정이다(Ennis, 1987: 9-10). 문학적 경험은 비판적 사고를 강화하는 데 효과적인 방법으로 작용한다. 학생들은 문학 작품을 분석하는 과정에서 사고의 범위를 확장하고, 새로운 해석을 탐구하며 논리적 판단 능력을 함양할 수 있다(맥신 그린, 1995: 123-127). 이러한 경험은 학습자를 단순한 텍스트 소비자에서 나아가 능동적이고 비판적으로 참여하는 독자로 성장시키는 데 기여한다. 또한, 비판적 사고는 창의적 문제 해결과 밀접하게 연결되어 있으며, 기존 지식을 검토하고 새로운 지식을 창출하는 데 필수적인 기반을 제공한다.

이에 대한 학생들의 반응 양상은 다음과 같이 나타난다.

학생 A: "시는 인간의 감정과 사회 문제를 상징적으로 표현하고 있다는 것을 깨닫고 환경 문제에 대한 기존 해결 방안의 한계를 분석했다. 이를 바탕으로 더 현실적이고 지속 가능한 대안을 제안하기 위해 팀원들과 논의했다."

학생 B: "한 편의 시를 읽으며, 그것이 단순히 아름다운 말로 끝나는 것이 아니라 현재 사회의 불평등이나 문제를 반영하고 있음을 깨달았다. 이를 바탕으로, 시 속에서 제기된 문제를 내 삶과 연결하여 어떻게 변화를 이끌어낼 수 있을지 논의하고 실천 방안을 모색한 후, 행동으로 옮기게 되었다."

학생 C: "시는 우리가 직면한 기후 위기를 상징적으로 표현하고 있었는데, 이를 비판적으로 해석하며 기존의 캠페인 방식이 왜 효과적이지 못했는지 분석했다. 이를 통해 학교 내에서 더 창의적이고 실질적인 실천 방안을 계획했다."

학생 D: "시가 사회의 불평등이나 환경문제를 은유적으로 다룬다는 것을 알게 되었다.

시가 담고 있는 문제를 우리 사회와 연결하여 비판적으로 성찰한 결과, 내가 실천할 수 있는 행동 방안을 구체적으로 설계하게 되었다."

학생들의 반응은 심미적 체험 기반 문학 수업이 창의적 사고 역량의 하위 요소인 비판적 사고를 촉진했음을 보여준다. 학생 A는 시를 통해 환경 문제를 인식하고 기존 해결 방안의 한계를 논리적으로 분석한 뒤, 현실적이고 지속 가능한 대안을 팀원들과 함께 모색하였다. 학생 B는 시에서 제기된 사회적 불평등 문제를 자신의 삶과 연계하여 문제 해결의 가능성을 논의하고 구체적인 실천 방안을 실행에 옮겼다. 학생 C는 시의 상징적 표현을 기후 위기와 연계하여 기존 캠페인의 비효율성을 평가하고 창의적이고 실질적인 대안을 계획하였다. 학생 D는 시의 주제를 현대 사회와 연결하며 이를 비판적으로 성찰하고, 자신이 실천할 수 있는 구체적인 행동 방안을 설계하였다. 이러한 사례들은 시적 메시지를 비판적으로 해석하고, 현실 문제를 해결하기 위한 대안을 도출하며 이를 실천으로 연결하는 과정을 보여준다. 이는 심미적 체험 기반 문학 수업이 학습자의 비판적 사고를 심화시키는 동시에, 현실 문제 해결 능력과 사회적 책임감을 함양하는 데 기여할 수 있음을 시사한다.

② '문제해결력'과 관련한 응답

창의적 사고 역량의 하위 요소인 문제해결력은 복잡하고 새로운 문제를 창의적이고 효과적으로 해결하는 능력을 의미한다. 이는 문제를 새로운 시각에서 바라보고 기존 방식을 뛰어넘는 참신하고 실행 가능한 해결책을 도출하는 과정에서 발휘된다. 문제해결력은 문제의 본질과 맥락을 체계적으로 분석하는 능력을 바탕으로, 창의적 사고와 상상력을 활용하여 다양한 해결 방안을 모색한다. 이 과정에서 비판적 사고는 해결책의 타당성과 실행 가능성을 검토하여 최적의 방안을 선택하고 실천으로 이어갈 수 있게 한다. 또한, 문제해결력은 개인의 창의성뿐만 아니라 협력적 과정에서 타인의 의견과 다양한 관점을 통합하여 복합적인 문제를 해결할 수 있는 역량을 포함한다. 이는 현실적이고 실천 가능한 결과를 만들어내며, 변화와 혁신을 이끄는 중요한 원동력으로 작용한다. 이를 통해 개인과 사회의 발전을 동시에 도모할 수 있는 핵심 역량으로 자리 잡는다.

이에 대한 학생들의 반응 양상은 다음과 같이 나타난다.

학생 A: "시는 구체적인 답을 주지 않아서 처음엔 어려웠지만, 상상력을 활용해 문제를 다른 방식으로 접근할 수 있었다. 시에 담긴 문제 의식을 바탕으로 새로운 해결 방법을 떠올릴 수 있었다."

학생 B: "시는 현실 문제를 은유적으로 보여줬는데, 그걸 현재 사회의 상황에 적용해 보니 문제를 새로운 시각에서 볼 수 있었다. 이를 통해 실제로 해결할 수 있는 작은 방법들을 생각해 봤다."

학생 C: "시는 단순히 문제를 드러내는 것에서 끝나지 않고, 감정을 자극해서 더 깊이 공감하게 만들었다. 이 공감이 내가 현실에서 작은 실천을 고민하게 한 계기가 되었다."

학생 D: "시는 문제를 명확히 보여주기보다 질문을 던지는 역할을 했다. 나는 그 질문에 답을 찾는 과정에서 비판적으로 사고하고, 상상력을 발휘해 새로운 해결 방법을 생각해 낼 수 있었다."

학생들의 반응은 창의적 사고 역량 중 문제해결력과 밀접하게 연결된다. 학생 A는 시의 모호함을 상상력으로 극복하며 새로운 해결 방안을 도출하고, 문제를 유연하게 접근하였다. 학생 B는 시의 은유를 현재 사회 문제와 연결하여 새로운 시각에서 문제를 바라보고, 실행 가능한 해결책을 고민하며 비판적 사고와 상상력을 결합하였다. 학생 C는 시가 제공하는 감정적 자극을 통해 문제에 공감하며, 현실에서 실천 가능한 해결 방안을 모색하였다. 이는 공감과 실천을 결합한 문제 해결 과정을 보여준다. 학생 D는 시의 질문을 통해 문제를 비판적으로 정의하고, 상상력을 발휘하여 창의적인 해결책을 모색하며 사고를 확장하였다. 이처럼 학생들은 시를 통해 문제를 새롭게 정의하고, 비판적 사고와 상상력을 활용하여 창의적이고 다각적인 해결책을 도출하였다. 또한, 감정적 공감이 문제 해결의 동기로 작용하며 이를 현실적 실천으로 연결하였음을 확인할 수 있다. 이러한 반응은 심미적 체험 기반 문학 수업이 문제의 본질을 탐구하고, 다각적이며 실천 가능한 해결책을 도출하는 데 효과적임을 시사한다.

③ '의사소통'과 관련한 응답

창의적 사고 역량의 하위 요소인 의사소통은 복잡한 문제를 해결하거나, 새로운 아이디어를 개발하는 과정에서 타인과 효과적으로 소통하며 창의적인 결과를 도출하는 능력을 의미한다. 이는 자신의 생각을 명확히 표현하고, 타인의 관점과 아이디어를 경청하며 이를 바탕으로 협력적 사고를 발전시키는 과정을 포함한다. 의사소통은 창의적 아이디어를 공유하고, 피드백을 통해 보완·확장하는 데 핵심적인 역할을 한다. 특히, 비언어적 의사소통, 감정적 공감, 시각적 표현 등 다양한 방식은 아이디어를 보다 효과적으로 전달하고 문제를 다각도로 접근하는 데 기여한다. 이와 함께, 의사소통은 협력과 팀워크를 지원하며, 신뢰와 이해를 바탕으로 다양한 아이디어를 통합하고 실행 가능한 해결책을 도출하는 데 필수적이다. 결과적으로, 의사소통은 창의적 사고를 활성화하고, 개인과 집단의 문제 해결 및 혁신적인 성과를 이끌어내는 핵심 역량으로 작용한다.

이에 대한 학생들의 반응 양상은 다음과 같이 나타난다.

학생 A: "수업에서 친구들과 같은 시를 다르게 해석하는 과정을 통해 생각을 확장하고 이를 행동으로 옮길 가능성을 고민하게 되었다. 서로의 아이디어를 공유하면서 내가 놓쳤던 부분을 알게 되었고, 이를 바탕으로 사회적 문제에 적용할 수 있는 구체적인 실천 방안을 구상할 수 있었다."

학생 B: "발표 시간에 친구들과 시가 전달하는 메시지를 나누면서 서로의 관점을 이해하고 공감할 수 있었다. 특히, 나와 다른 관점을 가진 친구의 이야기를 통해 시의 메시지를 다양한 현실 문제와 연결 지어 보고, 이를 바탕으로 공동체적 행동을 설계하는 데 새로운 시각을 얻을 수 있었다."

학생 C: "팀별 활동에서 시가 제기하는 문제를 논의하며 각자의 생각을 공유하고 결합하여 더 창의적이고 현실적인 해결 방안을 모색했다. 한 명의 아이디어가 다른 아이디어와 연결되면서, 시 속 메시지가 개인적인 차원을 넘어 공동체적 행동으로 확산될 수 있음을 경험했다."

학생 D: "시는 복잡한 메시지를 담고 있어서 나의 관점을 친구들과 공유하며, 이를 다양한 현실 문제와 연결하는 방법을 함께 탐구했다. <u>친구들의 감정과 관점을 통해 시의 의미를 더 깊이 이해하고, 이를 사회적 변화로 확장할 수 있는 실천 아이디어를 구체화할 수 있었다.</u>"

학생들의 반응은 심미적 체험 기반 문학 수업이 창의적 사고 역량의 하위 요소인 의사소통 역량을 심화시키는 데 기여했음을 입증한다. 학생 A는 친구들과의 해석 공유를 통해 자신의 사고를 확장하고, 이를 바탕으로 구체적인 실천 방안을 구상하였다. 학생 B는 발표 시간에 친구들의 관점을 경청하며 공감하는 과정을 통해 시의 메시지를 새로운 시각에서 이해하고, 이를 공동체적 행동으로 연결하는 방안을 설계하였다. 학생 C는 팀별 활동에서 각자의 아이디어를 연결하고 결합하여 창의적이며 현실적인 해결 방안을 도출하며, 협력적 의사소통 역량을 발휘하였다. 학생 D는 시에 담긴 복잡한 메시를 친구들과 공유하고 이를 현실 문제와 연결하는 방안을 모색하였으며, 상호작용을 통해 실천 아이디어를 구체화하였다. 이와 같은 결과는 학생들이 서로의 의견을 경청하고 상호작용을 통해 사고를 확장하며, 의사소통이 창의적 사고와 실천으로 이어지는 과정을 잘 보여준다. 이는 심미적 체험 기반 문학 수업이 학습자들 간의 협력적 사고와 의사소통 능력을 활성화시키는 데 효과적임을 시사한다.

④ '유연성'과 관련한 응답

창의적 사고 역량의 하위 요소인 유연성은 문제를 다양한 관점에서 접근하고 고정된 틀에 얽매이지 않으며 창의적인 해결책을 탐색하는 능력을 의미한다. 이는 변화하는 상황에서도 적응하며 문제 해결과 혁신을 이끄는 데 중요한 핵심 역량이다. 유연성은 문제를 재구성하고 다양한 관점을 수용하며, 변화에 신속히 적응해 새로운 대안을 모색하는 데 기여한다. 이를 통해 고정관념에서 벗어난 창의적 사고와 실행력을 발휘하여 복잡한 문제와 도전 과제를 효과적으로 해결하고 발전을 도모한다.

이에 대한 학생들의 반응 양상은 다음과 같이 나타난다.

학생 A: "시는 답을 명확히 제시하지 않아서 문제를 새롭게 정의하고 접근해야 했다. 내가 고민했던 방식과 전혀 다른 방향으로 생각할 수 있었다."

학생 B: "시는 복잡한 감정을 담고 있어서, 처음에는 이해하기 어려웠지만, 보다 확장된 메시지를 상상하며 시를 다르게 느껴보니 새로운 아이디어가 떠올랐다."

학생 C: "팀별 활동에서 친구들이 시를 해석하는 여러 가지 방식들을 듣고, 기존에 생각했던 방식에서 벗어나 새로운 방법으로 문제를 해결해 볼 수 있었다."

학생 D: "시는 평소 내가 생각하지 못했던 방식으로 문제를 표현했다. 상상력을 발휘해 다른 각도에서 문제를 바라보니 해결 방법도 다양하게 떠올릴 수 있었다."

학생들의 반응은 창의적 사고 역량 중 유연성과 밀접하게 연관된다. 학생 A는 시의 모호성을 활용하여 문제를 새롭게 정의하고, 기존과는 전혀 다른 방식으로 접근하며 문제를 다각적으로 탐구하는 유연성을 발휘하였다. 학생 B는 시가 담고 있는 보다 확장된 메시지를 상상력을 통해 다르게 해석하며 문제를 정서적으로 이해하고, 이를 바탕으로 새로운 아이디어를 도출하였다. 학생 C는 팀별 활동에서 친구들의 다양한 해석을 수용하며 기존 사고를 확장하고, 각기 다른 아이디어를 융합하여 창의적인 해결책을 탐구하였다. 학생 D는 고정관념에서 벗어나 상상력으로 문제를 다양한 각도에서 바라보며 해결 방안을 모색하였다. 학생들은 시의 열린 구조와 정서적 자극, 협력 활동을 통해 사고의 폭을 넓히고, 기존의 틀에서 벗어난 창의적 접근 방식을 보여주었다.

이러한 반응은 맥신 그린의 예술 교육 철학에서 강조하는 상상력과 열린 사고의 중요성을 입증하며, 심미적 체험 기반 문학 수업이 학습자들의 유연성을 강화하고 창의적 문제 해결 역량을 증진하는 데 효과적임을 시사한다.

⑤ '적응력'과 관련한 응답

　창의적 사고 역량의 하위 요소인 적응력은 변화하는 환경에 유연하게 대응하며 새로운 문제를 창의적으로 해결하는 능력을 의미한다. 적응력은 고정된 사고 틀에서 벗어나 문제를 재정의하고, 다양한 해결책을 모색하며 변화에 부합하는 최적의 방안을 적용하는 과정을 포함한다. 또한, 적응력은 변화 속에서 긍정적으로 대처하고, 필요한 기술을 배우고 이를 상황에 맞게 적용해 나가는 데 중요한 역할을 한다. 이러한 역량은 개인과 사회가 복잡한 도전에 창의적으로 대응하고, 지속적인 혁신을 이루는 데 필수적이다. 특히, 적응력은 창의적 사고와 협력적 활동을 통해 더욱 강화될 수 있으며, 이는 변화와 불확실성 속에서 효과적인 문제 해결과 발전을 가능하게 하는 핵심적인 요소로 작용한다.

이에 대한 학생들의 반응 양상은 다음과 같이 나타난다.

학생 A: "시는 인간의 고통과 희망을 상징적으로 표현하고 있다는 것을 깨닫고, 이를 내 삶과 현재의 문제 상황에 연결하며 새로운 관점을 적용할 수 있었다. 시에서 다룬 환경문제를 오늘날 우리가 직면한 기후 위기로 전환해 생각하며, 학교에서 에너지 절약 캠페인을 기획하고 실행 방안을 구체화했다. 이를 통해 변화에 적응하며 창의적으로 대응할 자신감을 얻었다."

학생 B: "수업 중 발표를 통해 친구들과 시의 주제에 대해 논의하면서, 우리가 사회적으로 실천할 수 있는 다양한 행동 방안을 탐색했다. 특히, 시 안에 드러난 소외된 사람들의 이야기를 현재의 사회적 상황에 맞추어 새롭게 해석하며 봉사활동 프로젝트를 제안했고, 이를 구체화하는 과정에서 문제 해결을 위한 적응적 사고를 기를 수 있었다."

학생 C: "시는 현실 문제를 성찰하며 새로운 방식으로 접근할 수 있도록 돕는다는 것을 알게 되었다. 시의 상징을 통해 불평등 문제를 다룬 작품을 읽고, 우리 지역 사회의 상황에 맞게 재구성해 봉사활동 계획을 세웠다. 이러한 과정을 통해 문제를 새로운 맥락에 맞춰 재해석하고 적응하는 능력을 키웠다."

학생 D: "시는 차별받는 이들의 목소리를 담고 있다는 것을 깨닫고, 친구들과 현대 사회의 차별 사례를 조사하며 시의 주제를 새로운 사회적 맥락에 적용했다. <u>논의를 통해 차별 문제에 적응하여 학교에서 실천할 방안을 마련했고, 시의 메시지를 활용해 캠페인 구호를 작성하고 활동을 계획했다. 이를 통해 문학이 현실 문제에 창의적으로 적응하며 변화를 이끌 수 있는 도구임을 깨달았다.</u>"

학생들의 반응은 심미적 체험 기반 문학 수업이 창의적 사고 역량의 적응력을 강화했음을 보여준다. 학생 A는 시에서 다룬 환경 문제를 기후 위기로 재해석하며 에너지 절약 캠페인을 기획하고 실천 방안을 구체화하였다. 학생 B는 발표를 통해 소외된 사람들의 이야기를 현대 사회 문제에 적용하여 봉사활동 프로젝트를 제안하였다. 학생 C는 시의 상징을 불평등 문제와 연결해 지역 사회에서 실천 가능한 봉사활동을 계획하며 문제를 새로운 방식으로 접근하였다. 학생 D는 시에 나타난 차별 문제를 현대적 맥락에 맞춰 해석하고 이를 기반으로 캠페인을 구상하였다. 이들은 시적 메시지를 현실 상황에 적용하여 문제를 재구성하고, 실천적 해결 방안을 탐색하는 과정에서 적응력을 발휘하였다.

이러한 결과는 심미적 체험 기반 문학 수업이 학습자들에게 창의적 적응력과 현실 문제 해결 능력을 함양하는 데 효과적임을 시사한다.

⑥ '진취성과 용기'와 관련한 응답

창의적 사고 역량의 하위 요소인 진취성과 용기는 창의적 아이디어를 실행하고 혁신을 실현하는 데 핵심적인 역할을 한다. 진취성은 새로운 기회와 가능성을 탐색하며 문제를 능동적으로 해결하려는 목표 지향적 태도, 적극적 탐색, 지속적 실행을 포함한다. 이는 변화를 선도하려는 의지와 열정으로 구체화된다. 용기는 실패나 비판을 두려워하지 않고 새로운 아이디어를 시도하는 태도로 위험 감수, 결단력, 회복력을 통해 창의적 시도를 지속할 수 있게 한다. 진취성과 용기는 상호 보완적 관계를 가지며 진취성은 도전을 위한 에너지를 제공하고, 용기는 실패와 불확실성을 극복하는 힘을 부여한다. 이 두 요소는 학생들이 도전적인 과제에 능동적으로 접근하고, 실패를 학습의 기회로 삼아 창의적 문제 해결과 혁신을 실현하는 데 필수적인 역량이다.

이에 대한 학생들의 반응 양상은 다음과 같이 나타난다.

학생 A: "시는 인간의 고통과 희망을 상징적으로 표현한다는 것을 깨닫고, 내가 처음으로 학교에서 환경 문제 해결 캠페인을 주도했다. 처음에는 실패에 대한 두려움이 있었지만, 팀원들과 함께 실천하면서 자신감을 얻고 목표를 이루기 위한 용기를 키울 수 있었다."

학생 B: "시의 메시지를 현실 문제와 연결해 소외된 이웃을 돕기 위한 봉사활동을 제안했다. 익숙하지 않은 활동을 주도하는 것이 부담스러웠지만, 친구들과 함께 첫걸음을 내디디며 더 큰 변화를 만들 수 있다는 자신감을 얻게 되었다."

학생 C: "수업에서 시의 메시지를 바탕으로 지역 환경 문제를 다룬 프로젝트를 제안했다. 새로운 환경에서 처음으로 지역 사회와 협력하며 활동을 주도하는 데 어려움이 있었지만, 작은 실천이 큰 변화를 만든다는 믿음으로 도전했다."

학생 D: "시는 차별받는 이들의 목소리를 담고 있다는 것을 깨닫고 직접 학교 게시판에 시와 함께 차별 문제에 대한 해결 방안을 담은 메시지를 작성해 게시했다. 처음에는 비판을 받을까 두려웠지만 시의 메시지를 통해 문제를 알리고 변화를 촉진할 수 있다는 확신으로 용기 있게 행동에 나섰다."

학생들의 반응은 심미적 체험 기반 문학 수업이 창의적 사고 역량의 하위 요소인 진취성과 용기를 강화했음을 보여준다. 학생 A는 시를 통해 환경 문제를 인식하고, 처음으로 환경 문제 해결 캠페인을 주도하며 실패에 대한 두려움을 극복하고 자신감을 얻었다. 학생 B는 시의 메시지를 소외된 이웃 돕기 봉사활동으로 연결하며, 익숙하지 않은 활동을 주도하면서 도전과 실천의 중요성을 경험하였다. 학생 C는 시의 메시지를 바탕으로 지역 환경 문제를 다룬 프로젝트를 제안하며, 새로운 환경에서 협력의 어려움을 극복하고 실질적인 해결 방안을 모색하였다. 학생 D는 시 안에 나타난 차별 문제를 학교 게시판에 알리는 행동으로 확장하며, 비판에 대한 두려움을 용기로 극복하였다. 이러한 사례들은 문학이 학생들에게 두려움을 극복하고 새로운 시도를 주도할 동기를 부여하며 진취성과 용기를 발휘할 기회를 제공했음을 시사한다.

이러한 결과는 심미적 체험 기반 문학 수업이 학습자들에게 자기 성찰과 실천을 통한 성장의 기회를 제공하는 교육적 효과를 입증한다.

⑦ '자기 주도성'과 관련한 응답

창의적 사고 역량의 하위 요소인 자기주도성은 학습자가 학습 및 문제 해결 과정에서 스스로 목표를 설정하고, 이를 달성하기 위한 계획을 수립하며 주도적으로 실행하고 평가하는 능력을 의미한다. 자기주도성은 외부의 지시나 도움에 의존하지 않고 창의적 과제를 능동적으로 탐색하고 자율적으로 해결하는 데 핵심적인 역할을 한다. 이 역량은 학습자가 문제 상황을 인식하고 필요한 자원을 탐색하며 창의적이고 실행 가능한 해결 방안을 자율적으로 모색할 수 있도록 지원한다. 이를 통해 학습자는 자신의 학습과 사고 과정을 스스로 통제하며 창의적 아이디어를 실행하고 문제를 주체적으로 해결함으로써 혁신적 사고를 실현하는 능력을 강화할 수 있다. 나아가, 자기주도성은 창의적 문제 해결을 넘어 지속적 학습과 성장을 가능하게 하는 중요한 기반으로 작용한다. 이를 통해 학습자는 변화하는 환경 속에서 주도적으로 학습하고 발전할 수 있는 역량을 갖추게 된다.

이에 대한 학생들의 반응 양상은 다음과 같이 나타난다.

학생 A: "시가 환경 문제를 다룬다는 것을 알게 된 후, 내가 평소 사용하던 에너지 소비 방식을 점검하고 이를 줄이는 개인적인 실천 방안을 작성해 보았다. 또한 학교 전체에 알리는 캠페인을 기획하며 스스로 실천할 구체적인 계획을 세웠다."

학생 B: "시를 읽으면서 차별 문제를 현대적 관점에서 다시 생각하게 되었고, 내가 학교에서 겪거나 본 사례를 기록하며 이를 줄이기 위한 캠페인을 기획했다. 친구들과 논의하기 전, 먼저 혼자 계획안을 작성하고 구체화시켰다."

학생 C: "시에서 다룬 문제를 해결하기 위해 내가 무엇을 할 수 있을지 고민했고, 개인적인 실천 목표를 설정했다. 그런 다음, 친구들에게 설명하고 함께 실행할 수 있도록 팀 활동을 주도했다."

학생 D: "시가 사회 문제를 반영한다는 것을 깨닫고, 내가 속한 공동체의 문제를 조사하기로 결심했다. <u>조사한 내용을 바탕으로 작은 변화를 만들어낼 수 있는 실천 계획을 세우고, 실행 결과를 기록했다.</u>"

학생들의 반응은 심미적 체험 기반 문학 수업이 창의적 사고 역량의 하위 요소인 자기주도성을 강화했음을 보여준다. 학생 A는 시를 통해 환경 문제를 인식하고, 에너지 소비 방식을 점검한 뒤 실천 계획을 자발적으로 구체화하며 이를 학교 캠페인으로 확장하였다. 학생 B는 시에서 다룬 차별 문제를 현대적 맥락에서 재해석하여 개인적으로 계획안을 작성하고, 이를 발전시켜 캠페인을 기획하였다. 학생 C는 개인적 실천 목표를 설정한 후 이를 팀 활동으로 확장하며 실행을 주도하였다. 학생 D는 공동체의 문제를 조사하고 이를 해결하기 위한 실천 방안을 독립적으로 설계하며, 그 결과를 체계적으로 기록하였다. 이와 같은 사례들은 학생들이 문학 작품을 현실과 연결하며 자발적으로 문제 해결을 위한 구체적인 행동을 설계하고 실행했음을 보여준다.

이는 심미적 체험 기반 문학 수업이 학습자의 자기주도성을 함양하고, 개인적 성찰을 공동체적 실천으로 확장하는 데 효과적임을 시사한다.

⑧ '리더십'과 관련한 응답

창의적 사고 역량의 하위 요소인 리더십은 팀이나 그룹 내에서 목표를 설정하고, 구성원의 창의적 협력을 유도하며 문제를 해결하거나 아이디어를 실행하도록 지원하는 능력을 의미한다. 리더십은 팀원들의 아이디어를 경청하고 융합하여 창의적 해결책을 도출하는 과정을 포함한다. 또한, 도전적인 상황에서도 신뢰와 지원의 문화를 형성하여 팀원들이 새로운 시도를 두려움 없이 수행할 수 있도록 돕는다. 특히, 팀 활동과 협력 과제에서 리더십은 학생들이 주도적으로 참여하여 문제 해결 과정을 이끌고, 창의적 사고를 실현하며 협력적 문제 해결 능력을 발전시키는 데 핵심적인 역할을 한다. 이는 팀 내에서 창의적 아이디어의 실행 가능성을 높이고, 협력적 성과를 도출하는 데 중요한 기반을 제공한다.

이에 대한 학생들의 반응 양상은 다음과 같이 나타난다.

학생 A: "이번 수업을 통해 친구들과 협력하며 문제를 해결하는 과정에서 리더의 역할이 무엇인지 더 깊이 이해할 수 있었다. 특히, 서로 다른 의견을 조율하고 모두가 참여할 수 있도록 이끄는 것이 얼마나 중요한지 느꼈다."

학생 B: "수업 중에 팀을 이끄는 역할을 맡으면서 리더십이 단순히 지시를 내리는 게 아니라, 팀원들과의 소통과 협력을 통해 성과를 이끌어내는 것임을 깨달았다."

학생 C: "다른 친구들과 함께 작업하면서 리더의 역할이 협동과 신뢰를 기반으로 한다는 걸 배웠다. 특히, 서로의 의견을 경청하고 존중하는 태도가 리더십의 핵심이라는 걸 알게 되었다."

학생 D: "나는 팀의 리더로서 활동하며 창의적인 아이디어를 공유하고, 팀원들과 함께 목표를 달성하는 즐거움을 느꼈다. 리더십이란 함께 성장하는 과정이라는 걸 깨달았다."

학생들이 경험한 리더십은 창의적 사고 역량과 밀접하게 연관되어 있다. 학생들은 리더십을 소통과 협력을 통해 팀의 목표를 달성하는 관계적이고 민주적인 과정으로 재구성하였다. 특히, 의견을 조율하고 팀원 모두가 참여하도록 이끄는 역할에서 의사소통 능력과 문제 해결력의 중요성을 체감하였다. 또한, 리더십은 협동과 신뢰를 기반으로 형성되며, 타인의 의견을 경청하고 존중하는 태도를 강조하였다. 이 과정에서 학생들은 창의적 아이디어를 제안하고 실행하며, 팀워크와 집단적 성과를 통해 리더십의 가치를 직접 경험하였다. 학생들은 리더십을 개인 성과 중심이 아닌 공동 성장 모델로 이해하고, 팀과 함께 발전하려는 태도를 강화하였다. 이러한 경험은 창의적 사고 역량 중 협력, 정서적 공감, 문제 해결력을 심화시키며 리더십의 발현에 필수적인 요소로 작용하였다.

이러한 결과는 심미적 체험 기반 문학 수업이 학습자들의 정서적 공감, 창의적 사고 역량, 그리고 민주적 리더십을 발달시키는 데 효과적임을 시사한다.

2) 공동체 역량

학생들은 심미적 체험 기반 문학 수업을 통해 시를 새로운 시각으로 접하고 이를 사회 문제와 연계하여 다양한 문제를 해결하는 과정을 경험하면서 시의 진정한 가치를 깨달았다. 이러한 수업 방식은 학생들이 시를 더 깊이 이해하고 문학이 실제 삶과 밀접하게 연결되어 있다는 점을 인식하는 데 큰 도움이 되었다. 이를 통해 학생들은 문학에 대한 흥미와 이해도를 높였으며, 동시에 공동체 의식을 형성하게 되었음을 확인할 수 있었다. 이에 대한 학생 반응 양상의 주요한 결과는 다음과 같다.

첫째, 협력과 조율의 중요성 인식이 강화되었다. 학생들의 응답에서 가장 두드러진 주제는 수업을 통해 협력과 조율의 중요성을 인식하게 되었다는 점이다. 학생들은 수업에서 모둠 활동이나 토론을 통해 서로 다른 의견을 조율하고, 공동의 목표를 달성하기 위해 협력하는 과정을 겪으며 공동체 역량이 향상되었다고 언급했다. 이는 학생들이 심미적 체험 기반 문학 수업을 통해 타인과의 협력을 바탕으로 문제를 해결하는 능력을 강화할 수 있었음을 시사한다.

둘째, 상호 이해와 존중의 태도가 형성되었다. 학생들은 문학 작품을 매개로 생각을 공유하는 과정에서 다른 사람들의 생각을 이해하고, 존중하는 태도를 기르게 되었다고 응답했다. 이러한 경험은 학생들이 공동체 내에서 서로의 차이를 인정하고, 이를 통해 더욱 강한 유대감을 형성하는 데 기여했음을 확인할 수 있었다. 이는 학생들이 공동체 안에서 더 조화롭게 소통하고 협력할 수 있는 능력을 키우게 되었음을 시사한다.

셋째, 공동체 의식이 강화되었다. 학생들은 수업을 통해 공동체 내에서 자신의 역할과 책임을 인식하게 되었다고 응답했다. 심미적 체험 기반 문학 수업에서의 체험적 활동들은 학생들이 공동의 목표를 위해 협력하고, 각자의 역할을 수행하며 이를 통해 공동체 내에서의 소속감을 강화하는 데 큰 도움이 되었다. 이는 학생들이 개인의 성취뿐만 아니라, 공동체의 성장을 함께 도모하는 경험을 통해 공동체 의식이 강화되었음을 보여준다.

넷째, 다양한 시각의 존중과 통합이 가능했다. 학생들은 심미적 체험 기반 문학 수업을 통해 다양한 시각을 접하고, 이를 존중하며 통합하는 방법을 배웠다고 언급했다. 서로 다른 배경과 생각을 가진 친구들과 함께 문학 작품을 분석하고, 이에 대해 토론하는 과정은 학생들이 다원적 시각을 수용하고, 이를 공동체 내에서 어떻게 조화시킬 수 있는지를 배우는 중요한 경험이 되었다. 이러한 과정은 학생들의 공동체 역량을 심화시키는 데 기여했음을 방증한다.

마지막으로 적극적인 참여와 소통의 경험이 공동체 내에서의 책임감과 리더십을 키웠다. 심미적 체험 기반 문학 수업에서의 적극적인 참여와 소통 경험은 학생들이 수업 내에서 주도적으로 의견을 제시하고, 다른 학생들과 적극적으로 소통함으로써 공동체 내에서 자신의 역할을 더욱 명확히 인식하는 데 기여하였다. 이러한 적극적인 참여 경험은 공동체 내에서의 책임감과 리더십을 키우는 데 기여했음을 확인할 수 있다.
　이와 같은 연구 결과는 심미적 체험 기반 문학 수업이 학생들의 공동체 역량을 향상시키는 데 효과적임을 시사하며, 이러한 접근법이 문학교육에서 중요한 역할을 할 수 있음을 보여준다.

　공동체 역량과 관련된 하위 요소로 지식, 협업, 대인관계, 헌신, 일체감을 설정하였으며, 이에 대한 응답 결과는 다음과 같다.

① '지식'과 관련한 응답

　공동체 역량의 하위 요소인 '지식'은 개인이 공동체에 기여하고 효과적으로 참여하기 위해 필요한 정보와 이해력을 의미한다. 이는 공동체의 역사, 문화, 규범과 같은 맥락적 이해를 포함하며, 이를 기반으로 사회적 문제를 분석하고 해결할 수 있는 통찰력을 제공한다. 지식은 다양한 관점에서 정보를 수집하고 이를 비판적으로 분석하는 능력을 요구하며, 지역 및 글로벌 이슈에 대한 깊은 이해를 통해 공동체 내 협력과 연대를 촉진한다. 또한, 이러한 지식은 타인의 의견을 존중하고 합리적인 의사소통을 가능하게 하며, 지속 가능한 공동체를 구축하는 데 중요한 역할을 한다. 결과적으로, '지식'은 공동체 역량의 핵심 기반으로 학생들이 공동체 문제를 인식하고 해결할 사고력과 실천력을 함양하는 데 필수적인 요소로 작용한다.
　이에 대한 학생들의 반응 양상은 다음과 같이 나타난다.

　학생 A: "시는 환경 문제를 은유적으로 표현하고 있었기에 환경 관련 국내 사례를 조사하여 현재의 문제와 연결했다. 이를 통해 실천 활동의 필요성을 친구들에게 알리고 함께 계획을 세웠다."

학생 B: "수업에서 읽은 시에서 환경 보호의 중요성을 발견하고 <u>재활용과 자원 순환 시스템에 대한 자료를 조사했다.</u> 팀원들과 이를 공유하며, 우리 학교에 적용할 수 있는 재활용 캠페인 방안을 마련했다."

학생 C: "시를 통해 발견한 사회적 문제들이 공동체에 어떤 메시지를 전달할 수 있을지 고민하게 되었다. <u>예술이 공동체를 이해하고 긍정적으로 변화시키는 도구가 될 수 있다는 걸 배웠다.</u>"

학생 D: "이번 수업을 통해 우리가 공동체에서 해야 할 일과 책임에 대해 깊이 생각하게 되었다. 무엇보다 <u>문제 해결을 위한 실천 방향을 제안하는 것도 의미 있었다.</u>"

학생들의 반응은 심미적 체험 기반 문학 수업이 공동체 역량의 하위 요소인 지식을 강화했음을 보여준다. 학생 A는 시의 환경적 메시지를 국내외 사례와 연결하여 실천 활동의 필요성을 알리고 구체적인 계획을 수립하였다. 학생 B는 재활용과 자원 순환 시스템에 대한 자료를 조사하여 팀원들과 공유하며, 이를 학교에 적용할 수 있는 실천 방안을 마련하였다. 학생 C는 시를 통해 예술이 공동체를 이해하고 긍정적으로 변화시키는 도구가 될 수 있음을 학습하며, 문학적 메시지를 사회적 맥락으로 확장하였다. 학생 D는 공동체의 책임을 성찰하고, 문제 해결을 위한 실천 방향을 제안하였다. 이와 같은 사례는 학생들이 시의 메시지를 기반으로 공동체 문제를 이해하고, 이를 해결하기 위한 지식을 탐구하며 실천으로 연결하는 과정을 잘 보여준다. 이는 심미적 체험 기반 문학 수업이 학습자의 공동체적 책임 의식과 실천 능력으로 이어지는 지식을 함양하는 데 효과적임을 시사한다.

② '협업'과 관련한 응답

공동체 역량의 하위 요소인 협업은 공동의 목표를 달성하기 위해 구성원들이 서로 협력, 조율, 책임 분담을 통해 문제를 해결하는 능력을 의미한다. 협업은 의사소통, 역할 분담, 갈등 조정, 집단적 문제 해결, 신뢰와 존중을 포함하며, 이를 통해 집단의 성과를 창출하고 공동체 의식을 강화한다. 협업은 효과적인 대화와 경청, 피드백을 통해 의사소통 능력을 키우고, 역할 분담을 통해 각자의 책임을 수행하며 팀워크를 유지한다. 또한, 갈등을 해결하고 다양한 아이디어를 조율하여 최적의 방안을 도출하며 이 과정에서 창의성과 혁신을 촉진한다. 협력 과정에서 신뢰를 바탕으로 한 관계 형성과 상호 존중은 팀의 결속력을 강화하며, 팀 내 상호작용의 질을 높인다. 결과적으로, 협업은 공동체 내에서 개인이 집단적 목표 달성을 위해 적극적으로 기여하고, 창의적이며 사회적으로 책임감 있는 구성원으로 성장하는 데 필수적인 역량이다.

이에 대한 학생들의 반응 양상은 다음과 같이 나타난다.

학생 A: "우리 공동체의 문제를 시를 통해 발견한 후, 친구들과 함께 해결책을 논의했다. 각자 아이디어를 내고 의견을 합치며 더 나은 방안을 만들어낼 수 있었다."

학생 B: "우리 팀은 시를 통해 공동체의 변화를 위한 메시지를 전하려 했다. 각자의 경험을 공유하며 어떻게 하면 실천으로 이어질지 아이디어를 모았다."

학생 C: "우리 팀은 시에 대해 발표하면서 공동체의 문제를 알리는 캠페인을 제안했다. 발표 준비와 실행 과정에서 역할을 나누고 함께 실천할 방법을 구체화했다."

학생 D: "시가 전하고 싶은 메시지를 결정하면서 친구들과 우리의 목표를 명확히 했다. 팀원들과 협력해 공동체의 문제를 알리고 더 나은 변화를 꿈꾸게 되었다."

학생들의 반응은 공동체 역량의 하위 요소인 협업의 중요성을 명확히 보여준다. 학생 A는 공동체 문제를 발견하고 아이디어를 공유하며 의견을 조율해 해결책을 도출하는 과정에서 의사소통과 조율의 중요성을 강조하였다. 학생 B는 경험을 공유하며 실천 가능한 아이디어를 모색했고, 이를 통해 협업이 집단적 경험과 통찰을 바탕으로 한 실천적 해결 과정임을 확인하였다. 학생 C는 발표와 실행 과정에서 역할을 나누고 책임을 다하며 협업이 역할 분담과 실행 가능성을 강화하는 데 기여한다는 점을 보여주었다. 학생 D는 팀 목표를 설정하고 협력적으로 실행 방안을 마련하며, 협업의 목표 지향성과 비전 공유의 중요성을 강조하였다. 이러한 반응은 협업이 문제 발견, 해결책 도출, 실천 방안 구체화 전 과정에서 중요한 역할을 한다는 점을 입증한다. 학생들은 협업을 통해 공동체 문제를 분석하고 해결하는 데 필요한 의사소통, 경험 공유, 책임 분담, 목표 설정 등의 핵심 요소를 체화하였다. 이는 심미적 체험 기반 문학 수업이 학습자의 사회적 연대와 공동체 의식을 강화하며, 목표 설정과 실행 과정을 통해 실천적 능력으로 이어지는 협력을 함양하는 데 효과적임을 시사한다.

③ '대인관계'와 관련한 응답

공동체 역량의 하위 요소인 대인관계는 타인과 원활히 상호작용하며, 긍정적인 인간관계를 형성하고 유지하는 능력을 의미한다. 대인관계는 공동체 내 원활한 소통과 관계 형성을 통해 협력을 촉진하고, 갈등을 예방하며 문제를 해결하는 데 필수적인 역량이다. 긍정적인 대인관계는 개인에게 정서적 안정감을 제공하며, 타인을 배려하고 공동체 참여 의식을 강화하는 데 기여한다. 특히, 교육적으로는 의사소통 기술 훈련, 공감 능력 향상을 위한 문학·예술 활동, 갈등 해결 교육, 협력적 활동 기회 제공 등을 통해 대인관계 기술을 체계적으로 발달시켜야 한다. 이는 개인이 사회적 상황에서 효과적으로 참여하고 협력할 수 있도록 돕는, 공동체 활동과 개인의 성장을 위한 핵심 기반 역량이다.

이에 대한 학생들의 반응 양상은 다음과 같이 나타난다.

학생 A: "친구들과 시를 통해 공동체 문제를 이야기하면서 서로의 의견을 경청하고 공감하는 법을 배웠다. 다른 친구의 이야기가 내 생각을 더 깊게 만들어줬다."

학생 B: "우리 팀에서 의견 충돌이 있었지만 서로의 입장을 들어보고 합의점을 찾았다. 갈등을 해결하고 나니 더 좋은 결과가 나와서 뿌듯했다."

학생 C: "친구들과 공동체 문제에 대해 이야기하면서 각자의 경험을 공유하고 감정을 나누는 것이 중요한 걸 알게 되었다. 공감대가 형성되니 더 좋은 아이디어가 나왔다."

학생 D: "시를 통해 공동체 문제를 알리는 활동을 준비하며 친구들과 목표를 나누고 서로 협력하는 과정이 재미있었다. 특히, 발표 전 서로 응원하면서 자신감을 얻었다."

학생들의 반응은 공동체 역량의 하위 요소인 대인관계가 어떻게 발현되는지를 잘 보여준다. 학생 A는 친구들의 의견을 경청하고 공감하며 자신의 생각을 확장했다고 답하며, 이는 의사소통과 공감이 대인관계의 기본 요소임을 강조한다. 학생 B는 팀 내 의견 충돌을 타협과 합의를 통해 해결하며, 갈등이 더 나은 결과를 도출할 기회가 될 수 있음을 경험했고, 이는 갈등 해결과 상호 존중의 중요성을 시사한다. 학생 C는 경험과 감정을 나누는 과정에서 공감대가 형성되었고 이를 통해 창의적 아이디어를 도출했다고 답했으며, 이는 경험 공유와 정서적 연결이 팀 내 협력을 강화하는 핵심임을 보여준다. 학생 D는 시 발표 준비 과정에서 팀원들의 응원을 통해 자신감을 얻고, 협력의 즐거움을 느꼈다고 답하며 상호 지지와 협력적 태도가 개인적 성장과 팀워크 형성에 기여했음을 강조했다. 이러한 반응은 대인관계가 의사소통, 공감, 갈등 해결, 정서적 지지, 협력적 태도를 통해 공동체 문제를 해결하고 협력적 성과를 도출하는 데 중요한 역할을 한다는 것을 입증한다. 학생들은 경청과 공감을 통해 팀 내 신뢰를 형성하고, 갈등을 해결하며 협력적 관계를 구축하였다. 또한, 경험 공유와 상호 지지를 통해 창의적 문제해결과 정서적 안정감을 경험하였다. 이는 심미적 체험 기반 문학 수업이 공동체 문제를 탐구하고 해결하며, 창의적 성과를 도출하는 데 필수적인 대인관계 능력을 함양하는 데 효과적임을 시사한다.

④ '헌신'과 관련한 응답

공동체 역량의 하위 요소인 헌신은 개인이 공동체의 가치와 목표를 이해하고 이를 실현하기 위해 지속적으로 노력하며 자신을 투입하는 태도를 의미한다. 이는 공동체의 이익을 개인의 이익보다 우선시하며 책임감과 열정을 바탕으로 공동체 활동에 적극적으로 참여하는 것을 포함한다. 나아가, 헌신은 공동체의 목표를 실현하고 문제를 해결하며 연대감을 강화하고 공동체의 결속력을 높이는 데 중요한 역할을 한다. 이를 교육적으로 실현하기 위해 공동체 가치와 목표에 대한 이해를 증진시키는 교육과 책임감을 기반으로 한 행동 훈련, 지속적 참여를 위한 동기부여, 이타적 태도와 연대감을 형성하는 활동 설계가 요구된다. 따라서, 헌신은 공동체 변화와 발전을 위한 핵심 역량으로, 학생들이 책임감과 연대감을 바탕으로 공동체에 기여할 수 있도록 지원하는 데 필수적이다.

이에 대한 학생들의 반응 양상은 다음과 같이 나타난다.

학생 A: "우리 지역에서 발생한 환경 문제 해결을 위해 우리가 해야 할 일들을 친구들과 논의했다. 지역 사회에 작은 변화라도 만들기 위해 함께 플라스틱 사용 줄이기 캠페인을 시작하기로 했다."

학생 B: "시에서 공동체 내 갈등을 찾아 발표하면서, 문제를 알리는 데 그치지 않고 친구들과 문제 해결 방안을 구체적으로 논의했다. 해결책을 실행하기 위해 서로 역할을 나눴고, 작은 실천부터 시작하기로 했다."

학생 C: "우리 공동체에서 자주 발생하는 쓰레기 문제를 포스터로 제작했다. 이후 친구들과 함께 쓰레기 분리수거 봉사활동을 하며, 문제를 해결하기 위해 꾸준히 노력하기로 약속했다."

학생 D: "시를 통해 다문화 학생들의 어려움을 알게 되었고, 이를 돕기 위해 친구들과 한국을 소개하는 책을 만들었다. 이렇게 꾸준히 참여하면서 우리 공동체에 필요한 일을 찾아 실천하고 싶다."

학생들의 반응은 공동체 역량의 하위 요소인 헌신이 어떻게 발현되는지를 구체적으로 보여준다. 학생 A는 환경 문제 해결을 위해 플라스틱 사용 줄이기 캠페인을 기획·실천하며 책임감 있는 행동과 주인의식을 발휘하였다. 학생 B는 공동체 내 갈등을 알리는 데 그치지 않고 문제 해결 방안을 논의하며, 역할을 분담하고 작은 실천부터 시작하는 실행 의지를 보여줬다. 학생 C는 쓰레기 문제를 알리고 분리수거 봉사활동을 지속적으로 실천하며, 헌신의 지속성을 강조하였다. 학생 D는 다문화 학생들을 돕기 위해 한국을 소개하는 책을 제작하며 이타적 태도와 창의적 기여를 통해 공동체 발전을 도모하였다. 이와 같은 사례는 헌신이 공동체 문제를 해결하는 데 있어 책임감 있는 행동, 지속적 노력, 이타적 태도, 실행 의지로 구체화됨을 보여준다.

학생들은 공동체 문제를 주체적으로 인식하고, 팀 내 협력과 창의적 활동을 통해 변화를 추구하며 공동체 발전에 기여하려는 태도를 명확히 드러냈다. 이는 심미적 체험 기반 문학 수업이 공동체 변화와 지속 가능한 발전을 실현하기 위한 핵심 요소인 헌신을 함양하는 데 효과적임을 시사한다.

⑤ '일체감'과 관련한 응답

공동체 역량의 하위 요소인 일체감은 개인이 공동체와의 정체성과 연대감을 느끼고, 공동의 목표와 가치를 공유하며 심리적 소속감을 형성하는 능력을 의미한다. 일체감은 구성원들이 공동체의 일원으로 인정받고, 서로 신뢰하며 협력하는 환경을 조성함으로써, 공동체의 목표를 달성하기 위한 동기 부여를 강화한다. 또한, 일체감은 개인과 공동체 간의 조화를 이루고, 공동체의 지속 가능성을 강화하는 데 중요한 역할을 한다. 이를 교육적으로 실현하기 위해 공동체 목표를 이해하고 이를 개인의 정체성과 연결할 수 있도록 돕는 활동, 소속감을 강화하는 팀 활동, 상호 신뢰를 구축하는 프로그램, 공동체의 역사와 가치를 배우는 정체성 교육 설계가 요구된다. 결론적으로, 일체감은 개인이 공동체와 연결되고 소속감을 느끼며, 구성원 간 신뢰와 협력을 통해 공동체의 성장과 발전을 도모하는 데 필수적인 역량이다.

이에 대한 학생들의 반응 양상은 다음과 같이 나타난다.

학생 A: "폐현수막으로 물병 파우치를 만들면서 친구들과 함께 우리가 공동체의 일원으로서 환경 보호에 기여하고 있다는 느낌이 들었다. 우리의 작은 행동이 지역 사회에 긍정적인 영향을 줄 수 있다는 점이 뿌듯했다."

학생 B: "바다 유리 냉장고 자석을 만들며 우리가 해양 쓰레기 문제를 해결하기 위해 서로 돕고 협력하는 과정에서 팀원들과 더 가까워졌다. 우리가 함께 변화를 만들 수 있다는 확신이 들었다."

학생 C: "친구들과 함께한 업사이클링 활동을 통해 서로의 생각을 나누고 의견을 조율하면서 우리가 함께 같은 방향으로 나아가고 있다는 사실을 느꼈다. 이런 경험이 공동체의 힘이라는 걸 알게 되었다."

학생 D: "SNS 계정을 통해 우리가 만든 업사이클링 물품을 알리며, 더 많은 사람이 우리의 활동에 공감하고 지지해 주는 것을 보며 공동체와 연결되어 있다는 느낌이 들었다."

학생들의 반응은 공동체 역량의 하위 요소인 일체감이 공동체 문제 해결 과정에서 어떻게 형성되는지를 명확히 보여준다. 학생 A는 폐현수막으로 물병 파우치를 제작하는 활동을 통해 자신이 공동체의 일원으로서 환경 보호에 기여하고 있다는 심리적 소속감과 자긍심을 경험하였다. 학생 B는 바다 유리 냉장고 자석 제작 과정에서 팀원들과의 협력을 통해 신뢰와 유대감을 형성하였으며, 이러한 협력적 경험을 통해 더 큰 변화를 만들어낼 수 있다는 자신감을 얻게 되었다. 학생 C는 업사이클링 활동을 통해 서로의 생각을 조율하며 공동체가 공동의 목표와 방향성을 공유하고 있음을 깨닫고, 이를 통해 협력의 중요성을 체감하였다. 학생 D는 SNS 계정을 통해 활동을 확산하는 과정에서 외부로부터의 지지를 경험하였으며, 이를 통해 자신이 공동체와 연결되어 있다는 확장된 소속감과 연대 의식을 느꼈다. 이와 같은 사례들은 학생들이 활동 과정에서 심리적 소속감, 신뢰와 유대감, 공동 목표 공유, 확장된 연대 의식을 형성하였음을 보여준다. 학생들은 자신이 공동체의 중요한 구성원임을 자각하고, 개인의 행동이 공동체의 목표 실현에 기여할 수 있다는 자부심을 경험하였다. 또한, 협력적 활동을 통해 구성원 간 신뢰와 연대를 강화하며, 공동체의 변화와 발전을 위한 주체적 역할을 수행하고자 하는 태도를 드러냈다. 이는 심미적 체험 기반 문학 수업이 공동체 역량의 하위 요소인 일체감을 강화하고, 학생들이 공동체 문제 해결의 주체로 성장할 수 있는 기회를 제공함을 시사한다.

5부

심미적 체험 기반
문학교육의 실천적 함의

본 연구는 맥신 그린의 예술 교육 철학을 토대로 한 심미적 체험 기반 문학 수업이 중학생의 창의적 사고와 공동체 역량에 긍정적인 영향을 미칠 것이라는 가정하에 그 효과성을 탐구하였다. 이를 위해 맥신 그린의 교육철학을 바탕으로 심미적 체험 기반 문학 수업을 제안하고, 이를 구체화한 교수·학습 방안을 설계하였다. 더불어, 이 수업을 실제 중학교 현장에 적용하여 학습자들이 심미적 체험을 통해 창의적 사고력과 공동체 역량을 어떻게 발휘하는지에 대한 분석을 수행하였다. 본 연구는 이와 같은 과정을 통해 심미적 체험 기반 문학 수업의 교육적 효과와 의의를 규명하고자 하였다. 상술한 내용을 종합하면, 본 연구의 주요 내용을 바탕으로 도출된 결과는 다음과 같다.

첫째, '심미적 체험 기반 문학 수업이 기존 문학 수업 방법과 비교하여 어떤 변별적 효과를 나타내는가?'에 대한 결론은 다음과 같다. 본 연구는 전통적인 문학(시) 수업 방식과 심미적 체험 기반 문학 수업이 학생들의 시에 대한 인식과 학습 경험에 미치는 차이를 명확히 분석하였다. 전통적인 문학 수업은 학생들에게 형식적이고 분석적인 접근을 강조하여 시의 이해와 분석 능력을 함양하는 데 중점을 두었으나, 이러한 방식은 학습자에게 지나친 부담을 줄 수 있고, 시 수업을 단조롭고 어려운 경험으로 인식하게 만드는 요인으로 작용할 수 있다. 이에 비해, 맥신 그린의 예술 교육 철학을 바탕으로 한 심미적 체험 기반 문학 수업은 학생들이 시적 언어와 메시지에 몰입하며, 상상력과 자기표현을 통한 창의적 사고를 촉진하는 데 효과적이었다. 이러한 수업 방식은 학생들이 시를 통해 자신을 표현하고 타인과의 감정적 교감을 경험하며 공동체적 연대감을 형성하는 데 긍정적인 영향을 미쳤다. 특히, 심미적 체험 기반 수업은 학습자들이 예술적 몰입을 경험하면서 '깨어 있음'을 통해 시에 대한 새로운 시각을 얻게 하였으며, 이를 바탕으로 창의적 문제 해결 능력과 감정적 소통 능력을 강화하는 데 기여하였다. 이러한 학습자 중심의 접근법은 문학 수업을 보다 역동적이고 흥미로운 경험으로 변화시키며, 시에 대한 학생들의 관심을 높이는 결과를 도출하였다. 또한, 공동체 역량 측면에서 심미적 체험 기반 문학 수업은 학생들이 시를 매개로 서로의 감정과 생각을 공유하고 사회적 상호작용을 통해 협력과 공감을 형성하는 데 효과적이었다. 결론적으로, 심미적 체험 기반 문학 수업은 기존의 전통적 수업 방식에 비해 학생들의 창의적 사고 및 공동체 역량을 효과적으로 향상시키며, 문학 교육의 목적을 달성하는 데 있어 차별적인 교육적 효과를 나타냈다. 이러한 연구 결과는 문학 교육에서 학생들의 정서적 성장과 사회적 상호작용을 촉진하기 위한 중요한 시사점을 제공하며, 향후 문학 수업의 교수법 개선을 위한 이론적 토대가 될 것이다.

둘째, '심미적 체험 기반 문학 수업은 중학생의 창의적 사고 역량에 어떠한 영향을 미치는가?'에 대한 결론은 다음과 같다. 본 연구는 심미적 체험 기반 문학 수업이 중학생의 창의적 사고 역량에 미치는 영향을 분석하였으며, 특히 가치 전이하기 단계(5차시 행동하기와 6차시 확산하기)가 실험집단 학생들의 창의적 사고 역량에 미친 효과를 중점적으로 살펴보았다. 양적 분석 결과, 심미적 체험 기반 문학 수업은 전반적으로 학생들의 역량 강화를 위해 효과적이라는 것이 입증되었으며, 특히 '가치 전이하기' 단계를 진행한 실험 집단은 창의적 사고 역량 및 그 하위 요인 전반에서 동일 단계를 진행하지 않은 통제 집단보다 유의미하게 높은 성과를 보였다. 이러한 차이는 통계적으로도 유의미한 것으로 확인되었으며 이는 심미적 체험 기반 문학 수업, 특히 '가치 전이하기' 단계가 학생들의 창의적 사고 역량 향상에 효과적인 교육적 접근임을 시사한다.

구체적으로, 심미적 체험 기반 문학 수업은 다음과 같은 다양한 측면에서 학생들의 창의적 사고를 촉진한 것으로 나타났다. 첫째, 비판적 사고 능력의 강화이다. 학생들은 문학 작품을 활용해 현실 문제를 창의적으로 접근하고 해결 방안을 도출하는 경험을 하였다. 심미적 체험 기반 활동은 학생들에게 복잡한 문제를 새로운 시각으로 바라보고 실행 가능한 해결책을 제안할 기회를 제공하였다. 둘째, 문제 해결력의 강화이다. 학생들은 문학 작품을 활용하여 현실 문제를 창의적으로 접근하고, 실행 가능한 해결 방안을 도출하는 경험을 하였다. 심미적 체험 기반 활동은 학생들에게 복잡한 문제를 새로운 시각에서 바라보도록 유도하며, 창의적 사고를 통해 현실적이고 구체적인 해결책을 제안할 기회를 제공하였다. 셋째, 의사소통 능력의 강화이다. 심미적 체험 기반 문학 수업에서의 협력적 활동은 학생들이 자신의 의견을 명확히 표현하고 타인의 아이디어를 경청하며, 이를 통합하는 능력을 배양하는 데 기여하였다. 특히, 팀 활동 중 진행된 발표와 토론 과정은 학생들이 효과적으로 의사소통하며, 팀 내 신뢰를 형성하고 공동 목표를 성공적으로 달성하는 데 중요한 역할을 하였다. 넷째, 유연성의 강화이다. 학생들은 시의 상징적 의미와 열린 구조를 다각도로 탐구하며 문제를 다양한 관점에서 접근하였다. 이러한 과정은 학생들이 기존의 고정된 사고 틀에서 벗어나 새로운 가능성을 모색하도록 돕는 중요한 기회를 제공하였다. 다섯째, 적응력의 강화이다. 학생들은 문학 작품 속 주제와 메시지를 현대적 이슈에 적용하며, 변화하는 상황에 유연하게 대응하는 능력을 강화하였다. 여섯째, 진취성과 용기의 강화이다. 학생들은 새로운 아이디어를 실행에 옮기고, 실패를 두려워하지 않는 태도를 배양하였다. 일곱째, 자기주도성의 강화이다. 학생들은 문학 작품에서 영감을 받아 학습 목표를 스스로 설정하고, 이를 달성하기 위한 구체적인 계획을 수립하였다. 개별적으로 실천 활동에 참여하면서 자기주도적 학습 태도를 강화하였으며, 이러한 학습 태도를 팀 활동으로 확장하여 실행력을 더욱 높였다. 마지막으로, 리더십의 강화이다. 학생들은 팀 내에서 의견을 조율하고, 팀원들의 협력을 이끌며 공동 목표를 실현하기 위해 리더십을 발휘하였다. 특히, 리더로서 구성원의 다양한 관점을 수용하고 이를 융합하여 창의적 결과를 도출하는 경험은 학생들의 리더십 역량을 효과적으로 발전시키는 데 기여하였다.

또한, 심미적 체험 기반 문학 수업은 학생들에게 실제 삶의 맥락에서 사회 문제 해결 능력을 함양하는 데 긍정적인 영향을 미쳤다. 학생들은 문학 작품을 체험하며, 개인적 성장뿐만 아니라 사회적 책임감을 강화하였고 더 나은 사회를 상상하고 실현하려는 태도를 기를 수 있었다. 특히, 문학 작품 속 주제와 메시지를 현대적 사회 문제와 연결하여 다양한 실천 활동에 참여하는 과정은 학생들에게 사회적 문제를 비판적으로 사고하고 창의적으로 해결하는 경험을 제공하였다. 이러한 과정은 학생들이 문학 수업을 통해 자신과 공동체를 변화시킬 수 있는 주체적 역할을 수행하도록 돕는 중요한 기회가 되었다. 결론적으로, 심미적 체험 기반 문학 수업은 학생들의 창의적 사고 역량을 효과적으로 향상시킬 뿐만 아니라, 사회적 문제 해결 능력을 고취시키는 데 중요한 교육적 접근임을 확인하였다.

셋째, '심미적 체험 기반 문학 수업은 중학생의 공동체 역량에 어떠한 영향을 미치는가?'에 대한 결론은 다음과 같다. 본 연구는 심미적 체험 기반 문학 수업이 중학생의 공동체 역량에 미치는 영향을 분석하였으며, 특히 가치 전이하기 단계(5차시 행동하기와 6차시 확산하기)가 실험집단 학생들의 공동체 역량에 미친 효과를 중점적으로 살펴보았다. 양적 분석 결과, 심미적 체험 기반 문학 수업은 전반적으로 학생들의 역량 강화를 위해 효과적이라는 것이 입증되었으며, 특히 '가치 전이하기' 단계를 진행한 실험 집단은 공동체 역량 및 그 하위 요인 전반에서 동일 단계를 진행하지 않은 통제 집단보다 유의미하게 높은 성과를 보였다. 이러한 차이는 통계적으로도 유의미한 것으로 확인되었으며 이는 심미적 체험 기반 문학 수업, 특히 '가치 전이하기' 단계가 학생들의 공동체 역량 향상에 효과적인 교육적 접근임을 시사한다.

구체적으로, 심미적 체험 기반 문학 수업은 다음과 같은 다양한 측면에서 학생들의 공동체 역량을 촉진한 것으로 나타났다. 첫째, 공감과 이해의 증진이다. 심미적 체험은 학생들로 하여금 다양한 상황에 대해 깊이 공감하고 타인의 감정과 관점을 존중하는 능력을 함양하도록 하였다. 이러한 경험은 공동체 내에서의 상호 이해와 협력을 촉진하는 데 기여하였다. 둘째, 의사소통 능력의 향상이다. 문제 해결을 위한 토론과 팀 활동을 통해 학생들은 자신의 생각과 감정을 효과적으로 표현하고, 타인의 의견을 경청하며 소통하는 능력을 배양하였다. 셋째, 협력과 팀워크의 증진이다. 공동 과제와 프로젝트를 통해 학생들은 협력과 팀워크의 중요성을 학습하였으며 이를 통해 공동의 목표를 달성하는 경험을 쌓았다. 넷째, 사회적 책임감의 강화이다. 문학 작품을 통해 학생들은 사회적 이슈와 도덕적 딜레마를 접하며 자신의 역할과 책임을 고민하게 되었고, 이는 공동체 내에서 책임감 있는 행동과 사회적 문제에 적극적으로 참여하는 태도를 기르는 데 기여하였다. 마지막으로, 자기 이해와 타인 이해의 균형이다. 문학 작품을 매개로 한 심미적 체험은 학생들로 하여금 자신의 감정과 경험을 깊이 이해하게 하고, 동시에 타인의 감정과 경험에 공감할 수 있도록 하였다. 결론적으로, 심미적 체험 기반 문학 수업은 중학생의 공동체 역량을 효과적으로 증진시켰으며 학생들이 공감, 소통, 협력, 책임감 등의 능력을 배양하는 데 긍정적인 영향을 미쳤다. 이러한 수업 방식은 학습자들에게 사회적 책임감을 갖추고 협력과 팀워크를 통해 문제를 해결하며, 실천적 경험을 바탕으로 학습하는 기회를 제공함으로써 공동체 내에서의 건강하고 적극적인 상호작용 능력을 함양하는 데 기여하였다. 이는 국어과 교육과정에서 심미적 체험 기반 문학 수업의 도입 및 확산의 필요성을 뒷받침하며, 학습자의 개인적 성장과 공동체적 성장을 동시에 도모할 수 있는 중요한 교육적 접근임을 다음과 같이 시사한다. 첫째, 지식의 강화이다. 문학 작품을 통해 학생들은 공동체의 역사와 가치 그리고 현대 사회의 문제에 대한 이해를 확장하였다. 특히, 시의 메시지를 현실적 맥락에 적용하며 공동체 문제를 분석하고 해결책을 탐구하는 과정에서 지식을 심화하였다. 둘째, 협업의 강화이다. 학생들은 팀 활동을 통해 공동의 목표를 설정하고 역할을 분담하며, 의견을 조율하고 갈등을 해결하는 과정을 경험하였다. 이 과정은 학생들에게 협력의 중요성을 체득하게 하였으며, 팀 내 소통과 조율을 통해 공동체 내에서 효율적인 협력을 실현하였다. 특히, 협업 활동은 학생들이 서로의 아이디어를 수용하고 통합하며, 창의적인 성과를 도출하는 데 기여하였다. 셋째, 대인관계의 강화이다. 학생들은 팀원들과의 상호작용을 통해 신뢰와 유대감을 형성하며 대인관계 역량을 발전시켰다. 서로의 감정과 생각을 공유하고, 공감하는 과정을 통해 학생들은 타인을 이해하고 배려하는 능력을 배양하였다. 특히, 협력적 활동에서 발생한 구성원 간의 갈등을 조정하고, 조화를 이루는 과정은 대인관계 역량의 핵심 요소로 작용하였다. 넷째, 헌신 역량의 강화이다. 학생들은 문학 수업을 통해 공동체의 목표를 실현하기 위한 책임감과 이타적 태도를 배양하였다. 이 과정에서 학생들은 공동체의 문제를 인식하고, 이를 해결하기 위해 자발적으로 행동하며 사회적 책임을 실천하는 자세를 길렀다. 이를 통해 학생들은 지속 가능한 발전을 위한 헌신적 태도를 내면화하였으며, 개인의 이익을 넘어 공동체의 가치를 실현하려는 적극적인 태도를 강화하였다. 다섯째, 일체감의 강화이다. 학생들은 문학 작품을 매개로 공동체와의 소속감을 형성하고, 공동 목표를 공유하며 연대감을 강화하였다. 이를 통해 학생들은 자신이 공동체의 중요한 구성원임을 자각하고, 개인의 행동이 공동체의 목표 실현에 기여할 수 있음을 깨달았다. 이러한 경험은 학생들이 공동체 문제를 해결하는 데 있어 주체적인 역할을 수행할 수 있도록 돕는 기반이 되었으며, 공동체적 비전 형성과 지속 가능한 발전을 위한 역량을 배양하는 데 기여하였다.

지금까지 본 연구는 맥신 그린의 철학에 근거하여 심미적 체험 기반 문학 수업이 학습자의 창의적 사고와 공동체 역량에 미치는 영향을 분석하였다. 맥신 그린의 철학은 예술과 문학을 매개로 학습자가 자신의 감정과 경험을 심층적으로 탐구하고, 이를 타인과의 교감을 통해 확장함으로써 공동체 의식을 강화하는 데 초점을 둔다. 특히, 본 연구에서 강조된 가치 전이하기 단계는 학습자가 심미적 체험을 통해 내면화한 감정과 경험을 실제 삶의 맥락으로 확장하며, 이를 바탕으로 공동체 내에서 상호작용과 협력을 실천하도록 돕는 핵심 과정으로 작용하였다. 이 단계에서 학습자는 문학 작품에서 얻은 통찰을 행동으로 전환하며, 타인의 관점과 감정을 수용하고 공동체 내에서 책임감 있는 역할을 수행하는 역량을 함양하였다. 이러한 과정은 학습자의 창의적 사고를 현실적 문제 해결로 연결하고 공동체 의식을 강화하는 데 중요한 기여를 한 것으로 나타났다. 특히, 심미적 체험 기반 문학 수업은 학습자들에게 문학적 통찰을 사회적 실천으로 확장하는 기회를 제공하며, 공동체적 참여를 통합적으로 경험할 수 있도록 지원하였다. 본 연구는 심미적 체험 기반 문학 수업이 학생들의 핵심 역량을 신장시키는 데 유의미한 성과를 거두었음을 실증적으로 제시하였다. 특히, 개별 프로그램이 학생들의 창의성과 공동체성을 자극함으로써 핵심 역량을 효과적으로 향상시켰음을 보여준다. 이러한 연구 결과는 2022 개정 교육과정의 목표와 부합하며, 교육과정이 지향하는 창의적이고 협력적인 인재 양성이라는 방향성을 구체적으로 실현하는 데 기여한다. 특히, 심미적 체험 기반 문학 수업은 문학교육을 통해 학습자들이 창의적 사고와 공동체 의식을 배양하며, 이를 실제적 삶의 맥락에서 실천하도록 지원하였다. 더 나아가, 본 연구는 심미적 체험 기반 문학 수업의 교육 현장에서의 적용 가능성을 입증하였으며, 이를 통해 문학교육의 질적 향상과 함께 교육 실천의 혁신적 가능성을 제시하였다. 이는 학생들의 전인적 성장을 도모하고, 핵심 역량 중심의 교육을 강화하는 데 있어 중요한 시사점을 제공한다.

본 연구에 대한 제언은 다음과 같다.

첫째, 프로그램의 유연한 적용 필요성이다. 본 연구는 일반 중학교 재학생을 대상으로 수행되었기 때문에, 동일한 프로그램을 모든 유형의 중학교에 똑같이 적용하는 것은 무리가 있을 수 있다. 심미적 체험 기반 문학 수업은 학생들의 창의적 사고와 공동체 역량을 향상시키는 데 효과적임을 확인하였으나, 각 학교의 학생 수준과 특성을 고려하지 않은 일괄적 적용에는 한계가 있을 수 있다. 따라서, 텍스트의 난도와 수업 진행 방식을 학생들의 수준에 맞게 조정하고, 개별화된 학습 접근을 통해 교육 효과를 극대화해야 한다. 이러한 조정을 통해 모든 학생이 심미적 체험 기반 문학 수업의 혜택을 충분히 누릴 수 있도록 해야 한다. 더 나아가, 다양한 학교 환경과 학생 구성원들의 특성에 부합하는 맞춤형 교육 설계를 통해 심미적 체험 기반 수업의 접근성과 효과성을 동시에 높이는 방안을 마련할 필요가 있다. 이를 통해 프로그램이 실제 교육 현장에서 폭넓게 적용되고, 효율적이고 지속 가능한 교육 모델로 자리 잡을 수 있을 것이다.

둘째, 문학 텍스트의 다양성과 통합적 접근 필요성이다. 본 연구에서 S중학교에 적용된 심미적 체험 기반 문학 수업 프로그램은 1학년 1학기 국어 교과 정규 수업 시간에 진행되었다. 이에 따라 교과서에 제시된 문학 텍스트(주로 시)에 한정되었다. 심미적 체험 기반 문학 수업의 효과를 보다 타당하게 확인하기 위해서는 교육용 텍스트의 범위를 다양한 문종(文種)으로 확장하여 연구를 진행할 필요가 있다. 학생들이 다양한 시대, 문화, 장르의 문학 작품을 접함으로써 폭넓은 문학적 경험을 쌓고, 문학 작품에 대한 이해와 해석 능력을 심화할 수 있다. 또한, 학생들이 자신의 경험과 문학 작품을 연결하여 해석하고 감상할 수 있도록 지원하는 것이 중요하다. 이를 통해 학생들은 다양한 문학 형식을 경험하며 심미적 체험의 폭과 깊이를 확장할 수 있다. 더 나아가, 교과 통합 접근, 학생 주도 학습, 다양한 평가 방식 등을 도입함으로써 교육 효과를 극대화할 수 있다. 이러한 접근은 심미적 체험 기반 문학 수업의 교육적 잠재력을 극대화하고, 문학교육의 혁신적 발전에 기여할 수 있을 것이다.

셋째, 연구 설계와 통제의 강화 필요성이다. 본 연구에서는 실험 집단과 통제 집단 모두에서 성장과 성숙의 효과 또는 가외 변인을 완전히 배제할 수 없었기 때문에, 온전한 통제가 이루어졌다고 보기 어렵다. 이는 실험 집단과 통제 집단 모두 다른 교과나 학교 자체의 교육계획에 따른 다양한 활동이 진행되었을 가능성이 있으며, 그로 인해 학생들의 내적 성장이 이루어졌을 수 있으므로 온전한 통제가 이루어졌다고 보기 어렵기 때문이다. 따라서 후속 연구에서는 심미적 체험 기반 문학 수업의 하위 구성 요소가 각 역량에 직접 영향을 미치는 과정을 심층적으로 연구할 필요가 있다. 이를 위해 정교한 연구 설계, 가외 변인의 통제, 장기적 연구, 질적 연구 병행, 다양한 평가 방법 도입 등을 통해 연구의 신뢰성과 타당성을 높이는 것이 중요하다. 이러한 접근은 심미적 체험 기반 문학 수업의 효과를 보다 명확하게 규명하고 교육 현장에서의 실질적인 적용 가능성을 높이는 데 기여할 것이다. 이와 같은 접근은 심미적 체험 기반 문학 수업의 효과를 보다 명확히 규명하고, 교육 현장에서의 실질적인 적용 가능성을 높이는 데 기여할 것이다. 이는 문학교육의 이론적 기반을 강화할 뿐만 아니라, 실제 교육 현장에서 심미적 체험 기반 수업이 효율적이고 지속 가능한 교육 방식으로 자리 잡는 데 중요한 역할을 할 것이다.

　심미적 체험 기반 문학 수업은 학습자가 문학 작품을 통해 심층적이고 감각적인 체험을 하며, 이를 바탕으로 창의적 사고와 공동체 역량을 함양할 수 있는 효과적인 교육적 접근으로 평가된다. 이 수업 방식은 학습자의 개인적 성장뿐만 아니라, 사회적 책임감을 함양하고 공동체에 기여하는 역량을 배양하는 데 유의미한 영향을 미친다. 이러한 목표를 달성하기 위해 교육 현장에서는 다양한 문학 작품을 활용하고, 학습자 중심의 경험과 상호작용을 중시하는 교육 환경을 조성하는 것이 필수적이다. 이와 같은 접근은 문학교육의 심미적 가치를 극대화하여 학습자에게 문학을 매개로 한 깊이 있는 학습 경험을 제공하고, 이를 바탕으로 전인적 성장과 공동체적 의식을 증진하는 데 기여할 것으로 기대된다. 나아가, 심미적 체험 기반 문학 수업은 문학교육이 학습자의 삶과 실천으로 연결되는 교육적 전환의 모델을 제시한다는 점에서 중요한 의의를 지닌다. 이러한 연구 결과는 심미적 체험 기반 문학 수업이 학습자의 창의성과 공동체성을 함양할 뿐만 아니라, 사회적 책임감을 강화하는 교육적 실천으로 자리 잡을 수 있음을 시사한다. 이는 문학교육의 방향성을 재정립하고, 학습자 중심의 교육이 지향해야 할 목표를 구체화하는 데 기여할 것이다.

참고 문헌

1. 자료

교육부(2021), 『2022 개정 교육과정 총론 시안』.
교육부(2022), 초·중·고등학교 교육과정 총론, 교육부 고시 제2022-33호 [별책 1].
교육부(2022), 중학교 교육과정, 교육부 고시 제2022-33호 [별책 3].
교육부(2022), 고등학교 교육과정, 교육부 고시 제2022-33호 [별책 4].
교육부(2022), 국어과 교육과정, 교육부 고시 제2022-33호 [별책 5].
박영목 외, 중학교 국어 1-1~중학교 국어 3-2, ㈜천재교육, 2020.

2. 국내 문헌

가. 단행본

구인환 외 4인 공저(2009), 『문학교육론』, 서울: 삼지원.
곽덕주 외(2014), 『미적 체험과 예술교육』, 서울: 이음스토리.
김성진, 우한용 외(2009), 『실용과 실천의 문학』, 새문사.
김수현(2011), 『미적교육론』, 서울: 현실문화연구.
김은전(2001), 『시의 본질과 문학교육, 현대시 교육의 쟁점과 전망』, 서울: 월인, 16면.
김정우(2001), 『시 교육과 언어 능력의 향상, 현대시 교육의 쟁점과 전망』, 서울: 월인, 47면.
김대행 외(2000), 『문학교육원론』, 서울: 서울대학교출판부, 5면.
김진수·김한별·박상영·이태욱(2019), 『4차산업혁명과 교육』, 서울: 공감북스. 148면.
다케우치 도시오, 안영길 등 역(2003), 『미학·예술학사전』, 미진사, 215면.
박이문(1983), 『예술철학』, 문학과지성사.
박인기(1996), 「문학교육」, 『국어교육학개론』, 삼지원.
박인기 외(2005), 『문학을 통한 교육』, 삼지원, 78-79면.
박인기 외(2011), 『교과는 진화하는가』, 서울: 지식과 교양, 281면.
백기수(1981), 『미의 사색』, 서울대학교출판부.

서울문화재단(2017), 『미적 체험과 예술교육』, 서울: ㈜커뮤니케이션북스.
서울대학교 국어 교육 연구소(1999), 『국어 교육학 사전』, 대교출판.
이홍수(1990), 『음악교육의 현대적 접근』, 세광음악출판사, 105면.
오병남(2003), 『미학강의』, 서울대학교출판부.
정재찬(2014), 『문학교육개론 1: 이론편』, 서울: 역락, 2014, 205-206면.
최경석(2007), 「미적 태도와 미적 대상, 가치, 경험의 관계」, 『미학의 문제와 방법』, 미학대계 제2권, 미학대계간행회(편), 서울대학교출판문화원.
한혜원(2010), 『디지털 시대의 신인류』, 호모 나랜스, 살림출판사, 22-179면.

나. 연구논문

강동훈(2023), 「챗지피티(ChatGPT)의 등장과 국어교육의 대응」, 『국어문학』, 82, 국어문학회, 469-496면.
강보선·신호철(2018), 「국어과 교과 역량 신장을 위한 문법 평가 설계- 공동체·대인 관계 역량 평가를 위한 문법 평가 요소를 중심으로」, 『한국문법교육학회 학술발표논문집』, 2018(2), 한국문법교육학회, 123-140면.
강보선(2020), 「공동체·대인 관계 역량 함양을 위한 문법교육의 내용 탐색-'언어 다양성 존중'을 중심으로-」, 『우리말 글』, 84, 우리말글학회, 33-59면.
강수연(2012), 「LCI 심미적 교육을 활용한 교과통합수업 지도방안」, 서울교육대학교 석사학위논문.
강진숙·장유정(2012), 「스마트폰 이용자들의 원격현전 경험에 대한 현상학적 연구: 비릴리오의 속도론과 '감각의 마비'를 중심으로」, 『한국방송학보』, 26(6), 7-45면.
경규진 (1993), 「반응 중심 문학교육의 방법 연구」, 서울대학교 대학원 박사학위청구논문.
고봉준(2011), 「근대문학과 공동체, 그 이후」, 『상허학보』, 33, 상허학회, 31-67면.
고정희(2013), 「텍스트 중심 문학교육의 이론적 기반과 읽기 방법」, 『문학교육학』, 40, 한국문학교육학회, 57-88면.
고혜진(2017), 「미적체험 기반 융합교육 프로그램 수행과정에서 발현되는 사회적 공감능력과 확산적 사고능력 특성 : 중등 수·과학영재를 중심으로」, 이화여자대학교 박사학위논문.
곽덕주·최진(2018), 「맥신 그린의 '미적 체험 예술교육 접근'의 인문교육적 가치: 새로운 '인문적'교수-학습 패러다임을 탐색하며」, 『교육철학연구』, 40(2), 1-26면.
권소정(2012), 「미적체험교육을 활용한 예술교육 수업지도안 개발 연구: LCI의 미적체험교육을 중심으로」, 중앙대학교 석사학위논문.
권은재·강인애(2017), 「Maxine Greene의 '상상력 학습'을 활용한 고등학교 역사 수업 사례」, 『학습자중심교과교육연구』, 17(17), 151-172면.

김유동(1992), 「아도르노의 심미적 세계 체험과 예술론」, 서울대학교 박사학위논문.
김윤경(2022), 「AI 리터러시 함양을 위한 국어교육의 탐색 – 'AI 기반 융합 혁신미래교육'을 중심으로」, 『인공지능인문학연구』, 11, 중앙대학교 인문콘텐츠연구소, 121-148면.
김지혜(2010), 「심미적 교육을 위한 미적체험의 미학적 고찰과 지도방안 연구」, 한국교원대학교 석사학위논문.
김진엽(2001), 「미적 체험에 대한 미학적 이해」, 『미술교육』, 11, 1-9면.
김민재(2021), 「시 인식 중심의 심미적 문식성 교육 연구」, 서울대학교 박사학위논문.
김보민(2019), 「협력적 문제해결학습을 활용한 사회참여미술 수업지도방안 연구」, 한양대학교 석사학위논문.
김선희(2007), 「문학적 정서 함양을 위한 시조 교육 연구」, 한국교원대학교 박사학위논문.
김승현, 박재현(2010), 「국어 수업 도입부의 소통 전략 연구」, 『국어교육연구』, 25, 서울대학교 국어교육연구소, 163-195면.
김수진(2013), 「뮤지엄에서의 심미적 교육 모형 개발 및 적용 : 링컨센터예술교육원의 교육방식을 기반으로」, 서울교육대학교 석사학위논문.
김소륜(2017), 「AI(artificial intelligence) 시대 속 한국 문학, '창조'하는 작가에서 '배치'하는 작가로의 이행」, 『현대소설연구』, 68, 5-35면.
김성진(2020), 「예술교육으로서의 문학교육에 대한 시론 – 창작교육을 중심으로」, 『문학교육학』, 66, 한국문학교육학회, 73-103면.
김은성(2003), 「국어과 창의성 교육의 관점」, 『국어교육학연구』, 18, 국어교육학회, 65-95면.
김은규, 김정효(2022), 「초등 미술과 체험 영역에서 에듀테크 활용 수업 사례 연구」, 『문화예술교육연구』, 한국문학교육학회, 107-132면.
김지현(2016), 「융합적 문학교육을 위한 교육연극 활용방안 연구 : '문학전문가 역할수행' 프로그램을 중심으로」, 경북대학교 박사학위논문.
김종옥(2011), 「이야기 다시 쓰기를 통한 이야기 구조 내면화 지도 방안 연구」, 전주교육대학교 석사학위논문.
김종규(2023), 「생성형 인공지능, 생각하는 존재(homo cogitans) 그리고 리터러시 교육의 향방」, 『사고와 표현』, 16, 한국사고와 표현학회, 7-31면.
김창원(2003), 「창의성 중심의 국어과 교육과정 구성 방향」, 『국어교육학연구』, 18, 국어교육학회, 97-127면.
김희경(2007), 「심미적 체험을 위한 시 교육 방안 연구」, 한국외국어대학교 석사학위논문.
김현정(2015), 「팀 기반 학습을 활용한 대학 글쓰기 교육 방법 – 논증적 글쓰기를 중심으로」, 『작문연구』, 24, 한국작문학회, 23-49면.
노대원, 홍미선(2023), 「ChatGPT 글쓰기 표절 대응과 교육적 활용 전략」, 『국어교육연구』, 82, 국어교육학회, 71-102면.
노현정(2014), 「맥신 그린의 이론과 학교문화예술교육 활성화 방안 연구 – LCI를 중심으로 한 맥신 그린의 철학적 인식에 대한 연구」, 동국대학교 석사학위논문.

문선영(2022), 「심미적 관심 기반의 현대시 비평교육 연구」, 이화여자대학교 박사학위논문.
박민수(2010), 「미적 경험과 좋은 삶-마르틴 젤의 미학에 대하여」, 『독어독문학』, 113, 한국독어독문학회, 104면.
박성근(2013), 「내면화를 위한 대화 중심의 현대시 교수·학습 방법 연구」, 경북대학교 석사학위논문.
박성준(2023), 「AI이육사 실현 가능성에 대한 시론―인공지능과 문학적 담화 기능 구축 사례 제언―」, 『한국문예창작』, 22, 한국문예창작학회, 87-119면.
박인기(2002), 「문화적 문식성의 국어교육적 재개념화」, 『국어교육학연구』, 15, 국어교육학회, 23-54면.
박인기(2016), 「미래 사회 국어능력과 국어교육의 혁신」, 『새국어교육』, 109, 191-218면.
박정현(2013), 「미적 체험활동을 통한 사회참여능력 향상방안 연구 : 중학교 미술교육과정을 중심으로」, 부산대학교 석사학위논문.
백순근, 윤승혜, 신안나, 손주영, 김연경(2017), 「고등학생용 여섯 가지 핵심역량 측정도구 개발 및 타당화 연구」, 『교육평가연구』, 30(3), 363-395면.
백미현, 이희수(2010), 「링컨센터(LCI)의 교사 재교육에서 심미적 교육에 대한 고찰」, 『문화예술교육연구』, 5(3), 127-158면.
백미현(2011), 「문화예술교육 프로그램 참여자의 심미적 경험에 대한 사례 연구」, 중앙대학교 박사학위논문.
서정은(2016), 「맥신 그린의 심미적 교육에 관한 연구」, 서울대학교 석사학위논문.
서정은, 김형숙(2015), 「미술과 교육 실습 경험과 실천 과정에 대한 자전적 내러티브 연구」, 『예술교육연구』, 13(4), 63-82면.
서민정(2007), 「문학 비평 교수-학습 방안 연구」, 한국교원대학교 석사학위논문.
서민정(2011), 「가치 수용적 심미 체험을 위한 문학교육 연구」, 한국교원대학교 박사학위논문.
성희자 외(2013), 「농촌지역 주민의 사회참여와 공동체의식이 "배타성"에 미치는 영향」, 『사회과학연구』, 24(4), 충남대학교 사회과학연구소, 315-332면.
손우택(2023), 「독서 토론이 고등학생의 창의적 사고 및 공동체 역량에 미치는 효과」, 충북대학교 석사학위논문.
송상훈(2008), 「초등 사회과 사회참여학습을 통한 사회참여 능력 신장 방안」, 부산대학교 석사학위논문.
심규환(2015), 「현대시에 나타난 사회성 연구」, 동의대학교 석사학위논문.
양미석, 김정겸, 이상선, 김기덕(2018), 「중·고등학생 창의핵심역량 진단도구 개발」, 『교육정보미디어연구』, 24(1), 95-124면.
양일동(2024), 「챗GPT를 활용한 시쓰기 방안 연구」, 『학습자중심교과교육연구』, 학습자중심교과교육학회, 24, 619-634면.
양일동(2024), 「AI 시대 국어과 디지털 활용 교육 연구: 디지털을 활용한 팀 발표 영상 제작 수업이 중학생의 수업 참여도 및 학습경험에 미치는 영향」, 학습자중심교과교육학회, 16, 657-672면.
양지선(2024), 「에듀테크 기반 디지털 스토리텔링을 활용한 그림책 개발 활동 사례 연구」, 『한국초등교육』, 35, 서울교육대학교 초등교육연구원, 115-136면.

양진예(2015), 「중학생 무용 수업에서의 미적체험 사례연구: LCE 미적체험교육을 기반으로」, 고려대학교 박사학위논문.
염창권(2002), 「초등학교 문학수업의 문화기술적 연구」, 『한국초등국어교육』, 21, 115-142면.
염창권(2008), 「미적 정서의 특성과 문학교육적 함의」, 『한국초등국어교육』, 36, 301-333면.
오윤주(2023), 「'삶과 연계한 학습'으로서의 문학교육 연구」, 『한국문학교육학회』, 81, 93-130면.
오연경(2014), 「시적 능력의 구조와 문제해결 과정으로서의 시 교육 방법」, 『한국근대문학연구』, 15, 한국근대문학회, 357-383면.
유진현(2020), 「인공지능 시대의 문학교육을 위한 시론(試論)」, 『문학교육학』, 68, 한국문학교육학회, 119-153면.
윤서진(2012), 「LCI 교육철학을 활용한 미적체험교육프로그램에 관한 연구」, 경희대학교 석사학위논문.
윤호경(2019), 「심미적 소통을 위한 현대시의 상징 해석 교육 연구」, 이화여자대학교 박사학위논문.
이가원(2005), 「예술 교육개선을 위한 미국링컨 센터(Lincoln Center Institute)의 심미적 교육 프로그램(Aesthetic Education Program)에 대한 고찰」, 『연세음악연구』, 12, 55-77면.
이경화(2003), 「언어적 창의성의 개념과 국어과 교육 내용 연구」, 『한국초등국어교육』, 23, 한국초등국어교육학회, 183-212면.
이승민(2011), 「링컨센터 예술교육연구소의 미적 교육 프로그램에 대한 고찰」, 경희대학교 석사학위논문.
이상일(2021), 「고전소설의 갈등 해결 방식과 국어교육적 의의」, 『국어교육연구』, 75, 국어교육학회, 317-346면.
이성자, 임은미(2021), 「대학생용 공동체역량 척도개발 및 타당화」, 『아시아교육연구』, 22(1), 177-200면.
이영희(2011), 「학습자 '의도' 중심의 국어과 창의성 교육 연구」, 한국교원대학교 석사학위 논문.
이안정, 윤재웅(2023), 「사진을 활용한 시 쓰기 교육 연구」, 『학습자중심교과교육연구』, 23, 학습자중심 교과교육학회, 621-638면.
이현정(2024), 「교양교육에서 AI 창작품을 활용한 융복합 시 교육 실제 - '영상시' 제작을 중심으로」, 『리터러시 연구』, 15, 한국리터러시학회, 517-558면.
임환모(2013), 「심미적 소통 행위로서의 소설 교육에 대하여」, 『국어교과교육연구』, 22, 국어교과교육학회, 7-31면.
임은미(2017), 「맥신 그린의 심미적 교육철학과 링컨센터 예술교육원 음악교육 프로그램」, 한국교원대학교 석사학위논문.
임새롬(2022), 「맥신 그린(Maxine Greene)의 예술교육철학을 바탕으로 한 예비음악교사 대상 융합기반 음악교육 수업설계 및 적용」, 한국교원대학교 박사학위논문.
장성민(2023), 「챗GPT가 바꾸어 놓은 작문교육의 미래 - 인공지능 시대, 작문교육의 대응을 중심으로」, 『작문연구』, 56, 7-34면.
진선희(2006), 「학습 독자의 시적 체험 특성에 따른 시 읽기 교육 내용 설계 연구」, 한국교원대학교 박사학위논문.
진은영(2015), 「미적 교육과 문학치유」, 『문학치료연구』, 37, 한국문학치료학회, 379-408면.

전한성(2014), 「경험 서사 창작 교육 연구 : 자서전 서사 쓰기를 중심으로」, 동국대학교 박사학위논문.

정소영(2016), 「2015년 개정 문학교육과정 핵심역량 함양을 위한 고전소설 교육 내용 연구」, 『국어교육연구』, 62, 국어교육학회, 419-446면.

정일준(2004), 「5·18담론의 변화와 권력-지식관계-역사공동체 형성을 위하여」, 『민주주의와 인권』, 4(2), 전남대학교 5.18 연구소, 103-123면.

정윤경(2007), 「반성적 교사교육에서 '반성'의 의미」, 『교육의 이론과 실천』, 12(2), 165-188면.

정민형, 소금현(2021), 「증강현실과 가상현실을 활용한 과학 수업이 초등학생의 과학학습동기와 학업성취도에 미치는 영향」, 『생물교육』, 49, 한국생물교육학회, 391-398면.

정화영(2016), 「LCE 미적체험교육을 기반으로 한 시각적 문해력 미술관 교육프로그램 개발」, 서울교육대학교 박사학위논문.

정혜승(2004), 「국어적 창의성 계발을 위한 교재 구성방안 연구」, 『한국초등국어교육』, 24, 한국초등국어교육학회, 125-164면.

정혜승(2009), 「문식성 실천으로서 베토벤 바이러스 팬덤(fandom) 읽기」, 『국어교육』, 128, 273-324면.

정혜옥, 박부남(2017), 「디지털 스토리텔링을 활용한 영어이야기 제작 학습에 대한 인식」, 『열린교육연구』, 25, 한국열린교육학회, 23-45.

최민지(2023), 「인공지능 기반 글쓰기 프로그램에 관한 실행 연구 : -초등학교 5학년 학생의 '라이팅젤' 활용을 중심으로-」, 서울교육대학교 석사학위논문.

최수진(2015), 「시 감상에서의 심미적 체험 연구 : 중학생 학습독자의 체험 양상을 중심으로」, 이화여자대학교 석사학위논문.

최수연(2017), 「국문장편 고전소설의 문학교육의 한 방안」, 『語文論集』, 71, 중앙어문학회, 119-142면.

최진(2020), 「심미적 감성 역량의 이해를 위한 '표현' 개념의 재탐색」, 『예술교육연구』, 18(2), 한국예술교육학회, 238면.

최민지(2023), 「인공지능 기반 글쓰기 프로그램에 관한 실행 연구 : -초등학교 5학년 학생의 '라이팅젤' 활용을 중심으로」, 서울대학교 교육전문대학원 석사학위논문.

홍기태(2010), 「미적 체험의 이론적 고찰을 통해 본 미술 교육적 함의」, 한국교원대학교 박사학위논문.

홍경아(2018), 「초등학교 고학년을 위한 학교교육과정 내 감각중심 연극놀이의 교육적 가치」, 한국예술종합학교 예술전문사학위논문.

3. 외국 문헌

A. McCosker & R. Wilken(2020). Machine vision, computer art and the infrastructure of AI. Media International Australia, 177(1), pp.77-89.

C. Rautins & A. Ibrahim(2011). Wide-awakeness: Toward a critical pedagogy of imagination, humanism, agency, and becoming. The International Journal of Critical Pedagogy, 3(3), pp.24-36., p.29.

C. Menke-Eggers(2013), 『미학적 힘: 미학적 인간학의 근본 개념』, 김동규 옮김, 서울: 그린비, p.168.

D. R. Krathwohl 외, 진위교 외 역(1964), 『교육목표분류학(Ⅱ) 정의적 영역』, 서울: 교육과학사.

E. Lévinas, Le Temps et l'autre, 『시간과 타자』, 강영안 역(2003), 문예출판사, p.21.

E. W. Eisner(2004). Arts and the Creation of Mind, New Haven, Connecticut: Yale University Press.

E. Booth(2001). 강주헌 역(2009). 일상, 그 매혹적인 예술. 서울: 에코의서재. pp.125-128.

F. Schiller(1795), Asthetische Erziehung Des Menschen in Einer Reihe von Briefen, 최익희 (1997), 『인간의 미적 교육에 관한 서한』, 서울: 이진출판사.

G. Wiggins & J. McTighe(2005). Understanding by Design (Expanded 2nd ed.). Alexandria, VA: Association for Supervision and Curriculum Development (ASCD).

H. R. Jauss(1977), Aesthetic Experience and Literary Hermeneutics, Minneapolis, MN: University of Minnesota Press.

H. Pink, Daniel(2006), Whole new mind:why right-brainers will rule the future, New York:Riverhead Books, 김명철 역(2012), 『새로운 미래가 온다: 미래 인재의 6가지 조건』, 교보문고, p.33.

J. Culle(1999), Literary Theory, 『문학이론』, 이은경·임옥희 역, 동문선, pp.103-104.

J. Dewey(1916). Democracy and Education: An Introduction to the Philosophy of Education. New York: The Macmillan Company.

J. Dewey(1934). Art as Experience. New York: Capricorn Books.

J. Dewey(1938). Experience and education. New York: Touchstone.

J. Dewey(2003), 이제언 역, 『경험으로서의 예술』, 서울: 책세상. (원서출판 1932).

J.E. Many(1991), The Effect of Reader Stance on Student's Personal Understanding of Literature, Texas A & M Unniversity.

J. M. Erickson(1991). Wisdom and the Senses: The Way of Creativity. New York: W. W. Norton & Company.

J. Goodman & J. Teel (1998). The Passion of the Possible: Maxine.

J. Simspon(1996). Constructivism and connection making in art education. Art Education, 49(1), pp.53-59.

J. Gribble(1983), Literary education : A Revaluation, 나병철 역(1987), 『문학교육론』, 문예 출판사.

J. Hessen(1959), Lehrbuch der Philophie, 이강조 옮김(1994), 『인식론(수정판)』, 파주: 서광사.

J. Hessen(1959), Lehrbuch der Philosophie, Zweiter Band: Wertlehre, 진교훈 역(1992), 『가치론』, 서울: 서광사.

K.(Producer) Gregorio & M.(Director) Hancock(2001). Exclusions & Awakenings: The Life of Maxine Greene. [Film].

L. Galda & R. Beach(2001), Response to Literature as A Cultural Activity, The Reading Teacher, Vol.36, No.1

Lincoln Center Institute (2010). Guide for De signing an LCl Ins tructi ona l Unit: Lincon Center for the Performing Art, Inc.

Lincoln Center Institute (2008). Entering the World of the Work of Art: Lincon Center for the Performing Arts, Inc.

L. M. Rosenblatt(2008), 김혜리 역, 『독자, 텍스트, 시: 문학작품의 상호교통 이론』, 한국문화사.

L. M. Rosenblatt(1938), Literature as Exploration, 엄해영 외 옮김(2006), 『탐구로서의 문학』, 서울: 한국문화사.

L. M. Rosenblatt(1978), The Reader, The Text, The Poem, 엄해영 외 옮김(2008), 『독자, 텍스트, 시』, 서울: 한국문화사.

L. M. Rosenblatt(1978), The Reader, The Text, The Poem: The Transactional Theory of The Literary Work, Southern Illinois University Press.

L. M. Rosenblatt(1993), The Literary Transaction: Evocation and Response, in K. E. Holland, R. A. Hungerford & S. B. Ernst(Eds), Journeying: Children Responding to Literature, NH: Heinemann.

L.E. Raths & Harmin & Simon(1978), Values and Teaching Working with Values in The Classroom, 조성민, 정선심 역(1994), 『가치를 어떻게 가르칠 것인가』, 서울: 철학과 현실사.

M. Boden(2019), Creativity and artificial intelligence. Artificial Intelligence, 230, pp.60-73.

M. Csikszentmihalyi(1990), flow:the psychology of optimal experience, 최인수 옮김(2004), 『flow:미치도록 행복한 나를 만난다』, 한울림.

M. Greene, Democratic Community, and Education. The passionate mind of Maxine Greene: I Am—Not Yet. London ; Bristol, PA : Falmer Press, Taylor & Francis. pp.60-75.

M. Greene(1975). Education, Freedom and Possibility. Russell Lecture.

M. Greene(1978). Landscapes of Learning. New York: Teachers College Press. Greene, M. (1980). A Teacher Talks to Teachers: Perspectives on the Lincoln Center Institute. New York: Lincoln Center.

M. Greene(1995). Releasing the Imagination: Essays on Education, the Arts, and Social Change. San Francisco: Jossey Bass Inc.

M. Greene(2001). Variations on a Blue Guitar: The Lincoln Center Institute Lectures on Aesthetic Education. New York: Teachers College Press.

M. Greene(2006). Lending the Work your Life: A Celebration with Maxine Greene. New York: Lincoln Center Institute.

M. Greene(1973). Teacher as Stranger: Educational Philosophy for the Modern Age. 양은주 (편역)(2007), 『교사를 일깨우는 사유』, 용인: 문음사, pp.30-31.

M. Greene(2011), 문승호 역,『블루기타 변주곡』, 서울:다빈치.

P. Freire(2002), 남경태 역,『페다고지』, 서울: 그린비. (원서출판 1968).

R. Alexander(2005). Culture, Dialogue, and Learning: Notes on an Emerging Pedagogy. Education, Culture, and Society, 23(1), pp.7-21.

R. Arnheim(1984). Art and Visual Perception: A Psychology of the Creative Eye (New Version). Berkeley, CA: University of California Press.

S. Totten(2007). Maxine Greene: "WIDE-AWAKENESS" as a Prerequisite for Moral Vigilance and Action. Addressing Social Issues in the Classroom and Beyond: The Pedagogical Efforts of Pioneers in the Field. Charlotte, N.C. : IAP-Information Age Pub. pp.309-324.